中國文化史

方祖燊全集

（四）

黃麗貞
李鍌
方祖燊 著

文史哲學集成

中國文化史

文史哲出版社印行

國家圖書館出版品預行編目資料

中國文化史 / 黃麗貞，李鎏，方祖燊著. --
初版. -- 臺北市 : 文史哲, 民 85
面 ; 公分. -- (文史哲學集成 ; 374)
ISBN 957-549-045-2 (平裝)

1. 中國 - 文化

630 85013623

㉞ 文史哲學集成

中國文化史

著者：黃麗貞 李鎏 方祖燊
出版者：文史哲出版社
登記證字號：行政院新聞局局版臺業字五三三七號
發行人：彭正雄
發行所：文史哲出版社
印刷者：文史哲出版社
台北市羅斯福路一段七十二巷四號
郵撥〇五一二八八一二彭正雄帳戶
電話：三五一一〇二八

實價新台幣三二〇元

中華民國八十五年十二月初版

中國文化史自序

一九八〇年，秦孝儀先生邀我參與《中華民國文化發展史》的主編的工作。當時參與主編的還有王壽南、李瞻、李甲孚、李守孔、李國祁、林清江、侯健、張德文、龍宇純、羅宗濤等共十一人。這部歷史編撰的內容，起自中華民國元年（一九一二）至民國六十九年（一九八〇）年底，共十二章。第三章至第十二章：包括現代中國文化的變遷、教育、學術研究、語言與文字、文學、藝術創作、傳播事業、國民禮俗、中華文化復興運動、中國文化發展的回顧與瞻望，自民國元年至六十九年之間情況。只有第一章中國文化的源流與特質與第二章中國文化的內涵，爲追述往昔文化的根源與發展的歷史之作。這部歷史執筆人士有二十八位，都是各界著名的學者專家。秦孝儀先生主持的《中華民國文化發展史》，於一九八二年由近代中國出版社出版，全書二千二百五十二頁。

我負責第二章〈中國文化的內涵〉的編務，內分哲學思想、倫理思想、政治思想、教育思想、經濟結構、社會形態、禮與樂、文學、藝術、科技等十節，所涵蓋的時代上自黃帝以前的燧人、伏羲、神農，下至清末。我個人撰寫政治思想、經濟結構、社會形態三節。黃麗貞撰寫哲學思想、文學、科技三節。李鍌撰寫倫理思想、教育思想、禮與樂、藝術四節。禮與樂一節，亓婷婷也盡過力。

當時我們所動用的重要專史專著達數百冊一百六十二種，次要的尚不計在內。包容年代長達數千年，全書分七十個小目，約二十五萬字左右，應該是今天我所見到最精要較翔實的有關論述中國舊文化的一部歷史。

其實，這一部分應該可以從《中華民國文化發展史》中，分離出來獨立成書。幾年前，我曾向秦孝儀先生表示：將來我個人全集出版的時候，想將這部分收了進去，作個紀念。蒙他允諾，實在感謝。這樣經過了幾年，現在「文史哲出版社」打算印行我的論著，編爲《方祖燊全集》，因此，我把它編了進去，書名改做《中國文化史》，「節」改做「章」，其他不動。

方祖燊序於一九九五年十一月・臺北・花園新城・桃林樓

中國文化史 目錄

序　言

中國是建立在亞洲大陸的偉大國家，不但地大物博，人口衆多，而且歷史悠久，文化深厚，過去是亞洲文明的中心，展望將來，也當是世界的中心之一。自黃帝建國以來，經歷唐、虞、夏、商、周、秦、漢、魏、晉、南北朝、隋、唐、五代、宋、元、明、清，至今民國，已有五千年左右，四射出燦爛輝煌的文化光輝；許多民族就在這燦爛輝煌的進步文化融和之下，結合成我們偉大的中華民族。這當然都是我國過去的聖賢、英傑、才士，以及千千萬萬的民衆努力的結果。

今天回顧我國的文化，無論在哲學、倫理、政治、敎育等方面，都曾經有過豐盛的思想的花果；就是文學、藝術、科技各方面，也曾有過非常輝煌的成就；禮樂制度、社會形態、經濟結構，也由質樸，逐漸進步，趨向完美。本章特由「哲學思想」、「倫理思想」、「政治思想」、「敎育思想」、「經濟結構」、「社會形態」、「禮與樂」、「文學」、「藝術」、「科技」等十個項目，加以介紹；其所涵蓋的時代，上自黃帝以前的燧人、伏羲、神農，下至清末。由於內容廣泛，項目衆多，年代長達數千年，又限於篇幅的關係，所以只能採取精簡扼要的文字，加以介述。

第一章　哲學思想

黃麗貞

哲學是探討有關宇宙的來源、事物的根本原理，和人性、人生等問題，使人獲得知識，建立人生的理想。

一、春秋以前的哲學思想

中國在孔子之前，還未有私人的著述。孔子晚年專心教育的工作，整理詩歌、歷史、禮儀、音樂、易理各種文獻，編成詩、書、禮、樂、易、春秋六經，作爲教育學生的教材，中國的學術思想，從此才奠立了基礎。古代的哲學，也因六經的流傳，對後代產生很大的影響，其中最重要的，是五行、八卦，和天與鬼神的觀念。

五行的提出，是「尚書洪範篇」。周武王滅了商紂後，向箕子請教治國的道理；箕子爲他說明治國的「大法」共九項，傳說這是上天在夏禹治平洪水時賜給他的「洪範九疇」。範是法。第一項就是「水、火、木、金、土」五行，是人類日常生活必需的物質，所以受到重視。

八卦，相傳是伏羲所創，用蓍草作符號，排列成八種形式，古人用於卜筮，以決疑難。周朝人把這些用八卦來推測事物變化，解決心裏疑慮的道理記錄了下來，就是我們今天看到的「周易」。這本書是經過長時間由許多人陸陸續續寫成。八卦的基本，是陰（--）、陽（—）兩爻，由這兩個符號，作三個位置的交錯排列，就產生八個不同的「卦」。卦的意義就是「掛」，掛出一種符號的排列式，啓示人一些道理。後來八個卦式不够用，就把它們分別重疊起來，構成六十四個「重卦」。周易的發展次序是：

太極——二儀（陰、陽）——四象（太陽、少陰、少陽、太陰）——八卦（乾、離、震、巽、坎、艮、兌、坤）——六十四卦——三百八十四爻。

每卦的三個位置，分別象徵天、人和地，代表這三者的關連。太極是宇宙渾然未分、超現實的意念。二儀以下，都用陰、陽二爻來畫出。八卦發展的程序，是古人對自然的宇宙，對人倫的關係，對事物變化的原理等觀念的寄託，所以，「周易」所代表的思維方向是很玄虛、神秘、廣博的。

人類對天和鬼神的崇敬，是太古時代必然的現象。那時民智未開，對於許多事理和大自然的變化不能理解，便認爲上天有一個帝君，主宰整個宇宙，率領着無數的神和鬼，來統治、推動天地間的事情，像季節與氣候的變化，時間的更換，物類的孳息，生命的誕生和死亡等，使宇宙那樣的自然和諧，因此對天和鬼神產生敬畏的心理，所以有許多祭祀，天地山川……都是禮拜的對象。古人對於天地，還有一種更深的體認，覺得人應該效法天地，以天地的公正無私，作爲處事待人的法則，也就是要天心和人心一致，建立起「天人合一」的觀念。像堯和舜把帝位禪讓給賢能的人，就是大公無私的精神的發揮；又尚書提出「天子」是天帝命他來治理人民的人，他應該實行善政，爲人民謀福利，訂立理想的禮教制度，使同胞親愛和睦，才不違背天意，這些都可以看出中國人敬天拜神的宗教觀念，和後來某些哲學家的思想淵源。

二、春秋戰國的哲學思想

到了春秋時代，由於篡弑頻仍，戰亂不停，暴君虐政，民不聊生，貴族沒落，知識抬頭，政治與社會制度都發生劇烈的改變；再加原屬貴族階級專享的教育權，從孔子倡行平民教育後，知識普及。民間有學問見識的人，對宇宙、人生、人性等方面，紛紛提出他們有系統的學說；這種情況，到了戰國更見熱烈，形成諸子百家的思想體系，終使先秦時代成爲中國哲學思想最燦爛的黄金時代。在各家哲學思想中，以儒、道、墨、名、法、陰陽六家學說，影響後代最大。

(一) 儒　家

「儒」，本是對通曉禮、樂、射、御、書、數六藝之術的人的通稱，相當於現在「有才藝的知識分子」的意思。當時這些知識分子，多數都把知識傳授給別人，是受人敬重的教育工作者，後來成爲一家學說的專稱。孔子創始之後，有子思、孟子和荀子發揚光大。

1. 孔子（西元前五五一——四七九）名丘，字仲尼，魯國人，仕爲司寇，後來周遊列國，晚年回魯，删詩書、訂禮樂、贊周易、修春秋，講學以終。孔子的哲學思想，多從體驗自然得到。他體認到「天」在自然變化中具有規律性，萬物就在這規律中，生生不已，自強不息。他覺得天是一個有意志的上帝，至高至上，至公無私，無所不容，又有知識和靈性，主宰着萬物；但他並不迷信天，而是要效法天。因爲天道至善至誠，人性是天所賦予的；所以人生在世，應當克盡本分，不怨天、不尤人，聽從天命，發揮人性，把自強不息的規律，應用到個人的修身進德上，以造就生命的價值。天道的眞理，也就是人生的眞諦——這就是「天人合一」的觀念。

「仁」是孔子學說的中心，認爲是存心處世的基本原則，所以教學生特別強調修仁、行仁，可以說一切以仁爲依歸；而表現仁的實際行動，就是愛心。愛心的發揮，對自己來說，要克制私慾，循禮守法；對別人來說，要推己及人，設身處地，多替別人着想，教人「己欲立而立人，己欲達而達人」，又「己所不欲，勿施於人」。孔子認爲愛有差等，應由親到疏，由近及遠，應先由孝順父母做起，然後逐漸推廣，去愛兄弟，去愛鄉鄰，去愛同胞。他認爲一個人要樂天知命，盡本分，這樣才能心安快樂；壽夭貴賤，天意自有安排，用不着操心憂慮。人生的目的，是在效法天道的自強不息，達到至善的境界；人生所追求的，是精神上的愉悅和成就，富貴如浮雲，不是他所關心的。孔子的人生觀，在入世中顯示超凡的精神。

2.子思（西元前四九二——四三一）　名伋，是孔子的孫子，受學於曾子。作「中庸」來發揚孔子的人性思想。中庸談人性，仍基本於天人合一的觀念，更提出「誠」字。中就是不偏不倚、無過無不及；庸就是常用不變的原則。人以中庸來處事待人，自然適宜得當；萬物如循中庸而化育，就可各得其位，中庸是使宇宙達到至中和諧的境界，所以又叫「中和」。子思以為人性既是天所賦與的，自然也具備了天的至善本質，和至誠的美德。至誠的人，就能够完全發揮自己至善的本性。由於所有人、物的性，都是稟自上天，推而廣之，也能了解他人與萬物的本性，而善加運用發揮。譬如看到植物的種子落地，第二年重新生長，人類了解了植物的這種特「性」，就能用人力來播種，種植作物。這就等於幫助天地來化育萬物，和天地一樣的偉大；這樣，人的生命，便可以達到與日月同其光輝，與天地同其長久的永恆境界了。中庸被認為是儒家的人生哲學。

3.孟子（西元前三七二——二八九）名軻，字子輿，戰國鄒人，子思的再傳弟子，著「孟子」七篇。生於孔子之後一百多年，承受子思的思想，闡揚儒家的學說。告子說：人性沒有善與不善，就像流水，可以使它向東，也可以使它向西流。孟子反對告子的說法，建立「性善」的學說。他認為人心都有善良的本質，所以人人都有惻隱、羞惡、辭讓、是非之心；仁、義、禮、智都是人心中本來就有的美德。人心向善，就像流水之向下。人所以為惡，是受外物誘惑，旦旦伐之，就成「濯濯牛山」了。他認為人人應該好好培養發揮他善良的本性，實行仁義，就和聖人相同。他說：「仁，人心也；義，人路也。」尤其強調義的效用。發揮性善的涵養功夫，要從求放心，以去邪欲，養浩然之氣，節制物慾，存養精神純潔的夜氣各方面着手。養浩然之氣，就是培養理性、道義的意志力；有了這種力量，意志和行為就會表現出至偉大至剛強的氣度，不淫於富貴，不移於貧賤，不屈於威武，成為一個頂天立地的「大丈夫」。

4.荀子(西元前三一五——二三六左右)名況，時稱荀卿，趙國人，游學於齊，仕爲祭酒，到楚國爲蘭陵令，著作今存有「荀子」三十二篇。他生在權謀詐術盛行、道德頹敗的戰國末年，所以提出和孟子相反的「性惡」說，及與時人不同角度的「天論」。他在「天論」篇裏，認爲「天」只是一個「自然」體，並無知識和權力的作用，人用不着敬天、畏天，而是要體認天體自然運轉的情況，去配合、去利用，加強農桑生產，使衣食豐足，於是水、旱、疫病的天然災害，因我們有了預防，便不能爲害我們了。荀子生活在一個敬天如神的社會裏，能產生這種征服自然以爲人用的科學思想，實在令人佩服。基於這種觀點，可知「天」並不是純然至善的，它也有惡的一面，因此大自然賦與人的「天性」，當然也就有善也有惡了。荀子倡「性惡」說，主要是看到人性的本質，具有強烈的利己私慾，喜好聲色，是人世動亂罪惡之源。所以他說：「人之性惡，其善者僞也。」僞，人爲也；以爲善都是由於人爲的禮義法度來的。因此他認爲要用教育和禮義來敎化，以及法度賞罰來限制，以矯正人性惡的一面；若能長久積聚人爲的禮義與法度、敎化與鼓勵的力量，也可使人達到聖賢的境界。

(二)道家

道家對「道」字的解釋，是指「自然的公理」，「萬物產生的原理」；是指示人們認識宇宙和人事的一種觀念。就原理來說，它是無形的；就天地萬物來看，它是有形的，所以「道」兼具了「有」和「無」兩種特性，「有」是道的本體，「無」是道的功能。這種思想由老子提出，楊朱、列子、莊子分別發揚。

1.老子（西元前五七一——？）　姓李名耳，字伯陽，諡曰聃，春秋楚人。著有「老子」上、下篇，五千多字。他是道家學說的創始人，和孔子同時而較年長。他認爲「有物混成，先天地生」。這「物」是無形的，可謂之「無」，但它是產生天地萬物之母，也叫做「道」。天地萬物是有形體的東西，可謂之「有」。宇宙的原始是由「無」生「有」；又由少而多，所以他說：「道生一，一生二，二生三，三生萬物」。也就是說宇宙是由一種不生不滅、無聲無色、不能捉摸、隱然存在而超越時間和空間的自然力量所造成，時空的變化，也是由這種力量在推動。這種自然力，是人的智慧所難思議的玄理；他稱這種玄理叫做「道」。當道以自然無爲的柔和方法，分別造成了萬物，萬物因爲得道而有形象，就叫做「德」——德是道的具體化。道的功能，是成就了萬物，它表面上是「無爲」，其實是「無不爲」的。老子以爲天也是由道而來，所以天沒有神性，一個表現道性的自然體罷了！

人性也是由道所成，所以人人應該效法宇宙的自然，棄絕物慾、智慧、淡泊名利，才能清淨心靈的煩擾，善養天年；人生在世，最好效法水的謙下，以柔弱制剛強，從退却中求進步；他認爲「物極則反」、「禍福倚伏」，一件事發展到極點，會變成反面，所以維持事物不達到極點的情況最理想。他特別提出：知雄守雌、知白守黑、知榮守辱，和「慈、儉、不爲天下先」三德，爲啓示人處世的法則。

2.楊朱　戰國時人。學說以列子書中的「楊朱」篇較爲完整可信。他認爲人終一死，所以要重視生命，及時行樂，委棄禮教名利，追求個人自然本性的滿足，主張放情適志的生活；生命的目的只在尋求個人的快樂，充滿着縱慾、厭世的人生觀，極端的「爲我」，被認爲是自私的個人主義者。

3.列子（約西元前三一四年前後在世） 名禦寇，戰國時鄭國人。「列子」一書，經考證是魏晉時人所僞託。列子解釋宇宙是由恍惚的「道」演化而來，和老子的觀念一致，稱爲「太易」，由太易的自然變化而生萬物，化生的過程是規律性的，生態是不斷的循環。以虛靜、柔弱、自然爲處世原則，而表現濃厚的宿命思想，以爲天命勝過人力。

4.莊子（西元前？——二七五左右） 名周，戰國時蒙人，著作今存有「莊子」三十三篇。他發揚老子的學說，而思想更精進。他認爲萬物由「道」得生機，而有生命，每個個體各自得道的特性而具形體，就叫做「德」；但人和萬物都由道而來，所以人和萬物是一體的。道不僅是生命的泉源，也是自然界的原動力，它推動一切事物的化生和運轉，所以道是無所不在的，但它的存在却是令人不能感受到的「無」，和老子觀念一樣。但一般人因爲不知道宇宙間的事物都由「道」來的原理，只看到事物各取不同的「德」，所構成的形相和精神有異，便認爲物象有差別，而作不必要的比較，莊子因此提出「齊物」的平等觀，說「天下莫大於秋毫之末，而泰山爲小；莫壽於殤子，而彭祖爲夭。」認爲拿事物的大小、拿時間和壽命的長短來比較，都是不需要的；宇宙總是不斷的在變化，時間是永恒的流移，形相的生命一定會止盡的。人要認知世間一切都是順應自然而進行，是非也不是絕對的，即使死和生也沒有什麼不同，人命順着自然而生死，就像晝夜交替、四時變化那樣必然。人生的過程，就像一場夢一樣，在活着的時候，會受許多有形和無形的束縛，莊子特別用了很多寓言，來闡明人生應持的態度和理想境界。他覺得凡人應該秉順自然本性，而樂享自己的際遇，忘物慾、忘形骸、忘生死、忘是非，漠視利害，超然於人生的實際情況，要從精神上擺脫一切羈絆，使心靈逍遙在廣漠的自然境界，悠然自適地享受天年，「安時而處順」地修養到「至人」和「眞人」的境界。

莊子哲學的基本觀念，雖然和老子一樣崇尙自然，但老子對於社會、政治等實際問題，還熱心地討論；莊子却很少正面觸及現實的問題，他所關切的是人生精神境界的擴展，是心靈自由純明程度的提升。莊子的學說，是站在超然的立場來指導生命的原則。莊子的思想，對後代的哲學和文學影響非常大。

(三) 墨　家

墨家的「墨」字，有人認爲是以墨子的姓爲學術派別的名稱；有人認爲墨家刻苦勤勞，無暇顧及儀容，所以囚首垢面，如受「墨刑」；又有人因墨子思想言行，刻板規矩，而解釋爲「繩墨」。衆說紛紜，莫衷一是。以一致的言行，眞摯的態度，人人爲社會盡力，是墨者所追求的理想，由墨子所創始。

墨子（約西元前五〇一——四一六年間在世）名翟，戰國初魯人。生在孔子之後約五十年，和子思同時，先學儒家之術，以爲不切實用，自創一學派，著作今存「墨子」五十三篇。他所處的時代，諸侯爭雄，時常攻戰，造成遍地廢墟，人民饑餒的景象，墨子懷抱着救世的熱誠，想從事社會和政治的改革。他尋求社會所以動亂，戰爭所以產生，人民所以忍饑寒、受痛苦的原因，發現都起因於人與人間彼此不相愛；即或相愛，又因人的關係有親疏的分別，來論定愛的程度，有厚薄深淺的不同，因此他勸人人要「兼愛」。倡說「愛人若愛其身」，就是要用像愛自己一樣的愛，去愛每一個人；對待別人的父母兄弟姊妹，跟自己的父母兄弟姊妹沒有什麼不同。「兼愛」論所倡導的是無差別的平等愛，這也是墨子衍出他其他學說：「非攻」、「尚賢」、「尚同」等理論的基本觀念。他又提出「交相利」爲達成「兼愛」這個理想的具體方法，就是要人人摒除個人的私慾，要爲求對別人有利益、有好處而努力工作，「節用」、「節葬」、「非樂」等理論，便是他指示人們達成「交相利」的簡易方法。

由「交相利」而達到「兼相愛」，是墨子救世的理想和方法，一般人却不易做得到，因此他又提出「天志」、「明鬼」兩個理論來，使人對他的理想有信念。對於天，他認爲是個有意志、有權威的上帝，它不但主宰着人類行爲的善惡，而且統領着鬼神，來執行它的賞善懲惡，和監視着人的行事，使能符合它要人人兼愛的意思。但信仰天帝和鬼神的人，往往會迷信人的命運是天所定，不肯奮發工作，墨子便又提出「非命」來糾正這種意念，勸人應勤勞力作，以求溫飽富貴，不要怠惰放恣而淪於貧寒。

墨子的學說，不同於儒、道兩家，他重視功利，更着重實踐，他刻苦、勤勞，以身作則來實現自己所提出的理論，他爲崇高的理想而自我奉獻的犧牲精神，不但獲得許多人民的信服，當時學者亦多給他讚賞的評語。所以韓非將他和儒家並稱爲「顯學」。

(四) 法 家

法家學說的中心，是一種政治的理想，標榜「平等」、「公正」的法治精神。法字原作「灋」：从水，取「平準如水」之意；从廌、从去，意謂凡有不正直的人，讓神獸廌來除去他，後來省作「法」。

春秋戰國時候，商業日漸發達，社會經濟型態改變，儒墨的仁義兼愛，老子的謙退無爲，都不適用於那混亂的時代，有些政治家、思想家，認爲只有「嚴刑峻法」的手段，才能達成治世安民，止息紛爭的目的，因而促成法家學說的盛行，以管仲、愼到、申不害、商鞅、韓非等爲代表。他們除了共同主張以法爲治民的準則外，愼到又強調國君要用「威勢」來驅使臣下；申不害則認爲國君要懂得運用「權術」，才能不被臣下所蒙蔽。重「勢」和重「術」，都使原本公平的法，變成暴力和詭詐者的工具，而受後人所詬病，只有曾爲南陽賈的管仲，知道同情平民，把富國裕民放在法制之上；商鞅和韓非，出身貴冑，基於封建的傳統觀念，認爲強兵備戰是政治惟一的任務，刑法較爲嚴苛。尤其出生較晚的韓非，參取管、愼、申、商衆說之大成，以爲勢、術、法三者不可偏廢，都是「帝王之具」。法家嚴刑峻法的政治觀，是源於人性皆惡的觀點而來。儒家孔孟以爲人性皆善的「人治」思想，到荀子則認爲人性也有惡的一面，提倡用「禮」來導引矯正，使人歸於善；荀子的「禮治」，可說是輔助「人治」的實踐和推行的手段。韓非師事荀子，又認爲人性之惡，「禮治」的效用甚微，只有「法治」才能見速效，達功利。

法家除了用客觀的標準，以強制維持社會秩序外，又強調進化的歷史觀。認爲社會隨着時代而變遷，道德、風俗、政治等等制度作爲，都應該跟着改變，才能配合時代的需求，所以不能保守法古，沿襲古制，要重視現時，因應配合。這是法家思想最不同於其他各家的地方，也是法家政論的基礎，很有科學精神。

法家法治的最高理想，是「無爲而治」。帝王能善「用人羣之道」，人人各盡其能，做好份內的工作，帝王便可端拱於上，任人民自爲了。

法家學說的性惡觀，取自儒家荀子；「無爲而治」的政治理想，本是道家的學說；有關於宇宙、人性、人生等純哲學的思辨問題，是法家所忽視的。本章另有第三節中國政治思想，詳述法家諸子的思想，在此僅陳其大略，不一一贅述，以免重複。

(五) 名　家

在學說紛雜的春秋戰國，諸子各家對於「名」的問題，都提出個人的意見，儒家孔子、孟子、荀子都有「正名」之論，法家韓非有「形名」之說，都主張「名」要有「實」來配合，就是談「名實相符」的問題。道家的老、莊，却把「名」和形而上的「道」相配，以爲名是達道的障礙，而主張「無名」。後來有些人把對名實的討論觀念，擴展應用在知識問題的認識、了解和思辯上，建立起中國最早的邏輯哲學。這些人辯說事物，常常遠離常理常識，因此被當時人看成是好立異說的「辯者」，說他們的辯證是「詭辯」；但他們自命是辯「正名」的問題，後人因而稱他們爲「名家」學派，以惠施和公孫龍爲代表。

1.惠施　戰國時宋人，爲梁國丞相。與莊子是好朋友，莊子說他作的書有「五車」之多，但都已散失，只有在「莊子天下篇」裏記載他歷說事物的理論十條，稱爲「歷物十事」。如「至大無外，謂之大一；至小無內，謂之小一」：說明空間是無窮大，也是無限小，指出一切區別是相對的；並爲「至大」、「至小」定出了界說。又如「日方中方睨，物方生方死」，說明時間是無限地延伸，又飛逝得極速。十事中又有「大同而與小同異，此之謂小同異；萬物畢同畢異，此之謂大同異」，和「氾愛萬物，天地一體也」，認爲天地萬物沒有絕對的區別。惠施的學說，被稱爲「合同異」派。

2.公孫龍　戰國趙人，所著「公孫龍子」，今存六篇，是名家僅存有系統的著作。其中以「白馬論」、「堅白論」爲最有名。「白馬論」是說明「白馬非馬」的道理：白馬是由色（白）和形（馬）所合成，不是其他色的馬，或白色的其他動物，也就是要有「白馬」之實，才能應「白馬」之名。「堅白論」是說明石頭的堅和白兩種特性，不能同時並提，只可說堅石或白石。因爲用手拊石（觸覺），只知石堅；用眼看石（視覺），只知石白，單用手或眼都不能同時獲得石的「堅」和「白」兩種特性，由於這個論點，後人稱公孫龍的學說爲「離堅白」派。

名家學說，純粹思辯，不談政治和道德的問題，在先秦學說中是比較特殊的，所以荀子就批評他們「辯而無用」，而在中國文化思想上亦少有影響。

(六) 陰陽家

陰陽家學說源出於古代曆法，後來由日月四季的推移，演變爲祥瑞災異，和五行金木水火土的相生相尅的鬼神迷信，以戰國時鄒衍爲代表。

鄒衍，戰國時齊人，在孟子後，所著「鄒子」四十九篇，十餘萬言，均已散失。名重稷下，後遊歷諸侯，備受梁惠王、趙平原君、燕昭王所尊禮，燕昭王甚至拜他爲師。他認爲天道人事的演變，朝代的交替，都受天地間陰陽二氣消長、五行（木、火、金、水、土）生尅變化的支配，叫做「五德轉移」，並且能以歷史和當代事物來證驗，然後加以演繹，立說很有科學精神。這種學說使當時人感到新奇，漢以後各代神仙、方士等怪誕之說，也都受五行、陰陽觀念的影響。

三、兩漢的哲學思想

先秦諸子的學說，幾乎被秦始皇焚滅，漢代學者，努力於搜殘訓釋的工作，在思想上，沒有新的創立。漢初，道家、陰陽方士盛行，武帝時獨尊儒家。代表兩漢的思想家有劉安、董仲舒、揚雄、王充等。

1.劉安（西元前一七八左右——一二二）漢高祖的孫子，文帝時封爲淮南王。他喜歡道家方士之術，招致賓客，編有「淮南子」一書，今存二十一篇，集道家學說的大成，採取了儒、墨、名、法、陰陽、神仙各家的學說。認爲天地萬物都是從「道」產生。「道者，包裹天地，稟授無形」，是清靜柔弱，無爲虛無，無所不在，無所不成，由道產生宇宙，宇宙生氣，淸者爲天，濁者爲地，天地合精爲陰陽，由陰陽爲四時，四時化生萬物。人性本善，受外物的誘惑而有惡。他對人生看法，認爲人類要順應自然去做事，像春穀春生，人必須適時耕作，使五穀生長良好；這就是劉安所謂「無爲觀」，反對運用人力做違背自然的事，像引淮水去灌溉山地的「有爲」觀。他主張用清靜無欲的方法，來恢復本性。對生死的看法，認爲人「生而有形，死又淪於無形。」生是服勞役，死才算休息，他說：「大塊載我以形，勞我以生，休我以死。」把人生看做一夢，嚮往神仙超自然的生活。受陰陽家「天人感應」說影響，認爲人事與天道常常相通，萬物之間互相感應，如「法苛則蟲螟」，反映了我國中古時代宗教思想。

2.董仲舒（約西元前一七九——九三年間在世）在黃老盛行的西漢，首先發揚儒家的學說，使儒學獨尊，今存所作「春秋繁露」十七卷。他的學說，參雜了陰陽家的觀念，而特別尊天，以天爲宇宙本體，天之前又有「元」，是天地萬物和人的本源。天地之間，由陰陽、五行、四時、四方、五音、十二律、天干、地支、和數目的配合變化而成，而產生萬物；因陰陽的運行而活動。人和天的關係尤其密切，不但受生命於天，情性、生理也和天相類，所以天道卽人道，天人是互相感應的。在人性中，有性和情，就像天有陰陽一樣；人性無善無惡，要用敎化來引導它向善，也就是感應天心的仁愛，尊天行善。

3.揚雄（西元前五三——後一八）　字子雲，成帝時爲郎中等官，王莽時投天祿閣下自殺未死。有關思想著作，見「法言」與「太玄」二書。他揉合儒、道兩家的思想，以「玄」建立他哲學的根本。玄是宇宙的本體，和萬物生生的原動力。玄的本體虛靜幽冥，充塞天地；萬物的相生變化，都受玄和陰、陽三元的支配；人性也是三元所成就，混雜着善和惡，必須要用無過無不及的中庸之道來敎化，修養善性成爲善人。

4.王充（西元二七——一〇〇左右）　字仲任，東漢初思想家，著作有「論衡」八十四篇。他以「氣」爲宇宙萬物的根本；氣原是沒有意志的渾然物，但作動時分成陰陽，相交而生萬物。人也是稟氣而生，形體、智力和性，都因得氣的厚薄而有不同。人性有善有惡，善的要保持，惡的要用敎育去變化。他又倡言宿命論，說人的一切命運，自稟氣受胎時已經定了，人力無法改變。

四、魏晉南北朝的哲學思想

(一) 玄　學

漢末三國時，政治腐敗，連年戰亂，社會動盪，知識分子的學問道德不受重視，性命亦旦夕危亡；儒家學說注重訓詁章句的解釋，無補於精神心靈的渴求，於是道家的虛無清靜，佛家的因果寂滅，成爲消極者逃避實際人生的好歸所，由是融合佛、老之說，而演成一種重玄虛，尚清談，否定社會禮敎的風尙，重視自我，放浪形骸，一時士大夫爭相仿效，形成曠達厭世的新思潮。這時特別重視「老子」、「莊子」、「易經」三書，合稱「三玄」，所以稱爲玄學。他們只求擺脫自我的束縛，論說才性，辨三玄有無的作用，又叫「清談」。

1. 王弼（西元二二六——二四九）曹魏時人，好老氏之學，所注「易經」及「老子」，至今盛行；以老、莊自然之理來解釋「易經」，認爲對於易經卦象的說明，只是古人觀察自然現象後，心中所生的一種意念罷了，並非天用來顯示什麼災祥的。破除漢儒天帝主宰宇宙與人世的說法。道家認爲「道」是宇宙的本體，「道法自然」。王弼認爲「自然」是萬物之性，天地間一切變化都是自然的現象。所以「天地任自然，無爲無造，萬物自相治理」；像地不是爲了野獸而生草，而野獸吃草；不是爲了人而生狗，而人吃狗，這都是自然無爲現象。萬物都各適其所。又如死是生的自然結果。人之有情，也是來自自然的本性，所以不能沒有哀樂，以應外物的刺激；顏回死了，孔子不能不哭，這是自然有的事，不過聖人能不受物所繫累罷了。他認爲一切要順乎自然，萬物都在自然之中，「無爲而無不爲」。

2. 阮籍（西元二一〇——二六三）字嗣宗，生於漢建安十五年，卒於魏景元四年。官至步兵校尉，擺脫名教，任情傲物，著「達莊論」，發揮莊子「天地與我並生，萬物與我爲一」之說，認爲天地萬物，俱爲一體，個人是自然大整體的一部分，要是相仇敵對，就是殘害自己，糾正一般人只知有「我」的觀念。

3.嵇康（西元二二三——二六二）　字叔夜，漢魏時人，拜中散大夫，常修養性服食之事。比阮籍更輕視禮教和社會，要過放情適志的生活。他排斥儒家的名教，認爲是矯情違願的行爲；作「釋私論」，倡虛心順性之說，自然不違道。據神仙之說，作「養生論」，說以道養生，可得千歲長壽。

4.劉伶（約西元二二一——三〇〇年間在世）　放浪形骸，任性飲酒，作有「酒德頌」：「以天地爲一朝，萬期爲須臾，幕天席地，縱意所如，唯酒是務，焉知其餘；無思無慮，其樂融融！兀然而醉，不覺利欲之感情，俯觀萬物，擾擾焉如江漢之載浮萍。」可見當時人縱情肆恣的人生觀。

5.郭象（西元？——三一二）　卒於晉懷帝時。郭注「莊子」，有人說是向秀所注。他對莊子學說曾加以發揮，認爲天是「萬物的總名」，是一自然體，它不能生造什麼，萬物是自然生成的。他反對老子所說：「天地萬物生於有，有生於無」的說法，認爲「有」乃自有，非由「無」而來，天地萬物本是自然而有，自然而生的現象。各種事物之間，有必然的關係，雖然未曾相爲互利，其實却彼此相濟，如唇齒相依，唇之依齒，齒不可亡唇。所以天地萬物不可一日相無。萬物各有所能，並沒有高下之分。

王弼、郭象是以學說理論傳世；阮籍、嵇康、劉伶是竹林七賢的好友，以行爲放曠留名；分別代表了魏晉時代頹廢消極的思想和行爲的反映，其影響及於宋、明的理學。

(二) 佛學

佛，是「佛陀」的省稱，含有覺察煩惱、覺悟所知兩種意義。在印度，通稱一切「覺者」爲「佛」，要自覺，還要覺他；到釋迦牟尼集過去一切佛的大成，成爲佛教的始祖。佛教的主旨，在於尋求生、老、病、死、會聚、離散種種苦惱的解脫，而達到無老、無死、無憂愁慼、無穢污的無上安穩境界，叫做「涅槃」，即永寂不動的精神境界。涅槃之前，世間所見的一切物象，都是由人意念所幻生的妄境罷了，「我」也是這幻境中的一體。因此佛教以「諸行無常」（世間一切現象都不停地變動破壞）、「諸法無我」（破除假我的執着，不作肉體的奴隸）爲立教理論。使人對世間一切作正當價值的判斷，從而啓發智慧。東漢明帝時，佛教傳入中國，此後，就逐漸強烈地影響了中國的學術思想。但中國研究佛理的人，起初利用和佛教思想接近的老、莊學說講佛經，叫做「格義」，又漸漸加入中國的思想，而使佛教中國化了。在魏晉南北朝時，研究與宏揚佛學的名釋與學者很多，這裏介紹重要的幾人如下：

1.道安（西元三一二——三八五）　先從佛圖澄學佛，南遊襄陽。晉太元間，至長安講道譯經。作「本無論」說：如來以「本無」弘揚佛教，謂「夫冥造之前廓然而已，至於元氣陶化，則羣像稟形。」所以道安說：「無在元化之先，空爲衆形之始。」又說：「若能託心本無，則異想息矣。」大概是在強調人若能理解世間本來空無一物的道理，各種異想妄念也就不會產生了。

2.慧遠（西元三三四——四一六）　晉太元六年，到江西廬山建立精舍，宣揚佛法。在「沙門不敬王者論」中，提出了「形盡神不滅論」說：「（神）感物而非物，故物化而不滅」。「明報應論」說，「惡積而天殃自至，罪成則地獄斯罰。」說明佛敎以爲吾人形體死亡，而精神不滅，永遠存在，變化無窮，此身死亡，精神又可轉生爲他身，此生了結，又有來生，形成「生死輪迴」，作爲「報應說」的理據。到齊梁時，范縝提出相反之說，作「神滅論」，以爲形神一體，人死了，精神也跟着散滅。

3.僧肇（西元三八四——四一四）　晉安帝時人，爲中國佛敎玄宗大師。從鳩摩羅什學佛。姚興時，在長安助羅什譯經。他融合玄、佛思想，作「寶藏論」，講世界的起源，說宇宙本體，超於有無：有也無也，由心而生，因一念之起，而生「三界」（無色、色欲、無欲三境）和「諸法」的現象，及無數煩惱；這一切現象，皆非眞實。經云：「三界虛妄不實，唯一妄心變化」。這種因主觀而生的現象世界，只是一種假象，可以說是「無」；但旣有現象，也可說是「有」；所以萬物的存在，是「不眞」的。不眞卽空，又作有「不眞空論」，說明這種情況：萬物雖有而非有，雖無而非無，不是絕「無」，也不是眞有。並強調現象世界中諸物，都需待因緣湊合方有，不湊合就滅，這都是不眞實的，就像「幻化人」。又作「物不遷論」，說萬物時時變化，忽生忽滅；若就存在的一點而言，則會影響於以後的事物，像「如來，功流萬世而常存」。聖人不受妄生的現象所限囿，才能心明體虛，與眞實合一。

4.道生（西元？——四三五）和僧肇同學，倡「頓悟成佛」、「善不受報」二說。認爲衆生都有佛性，只因爲惑業所縛，以致不見，就像火被灰所覆一樣，所以只要能够徹悟人生的眞相，除惑滅累，返同本性，頓時卽可成佛。他以經典的語言文字爲「筌」，研究佛理的人必須「忘筌取魚」，才可與之談道，對「道」有了悟，卽可成佛。一般佛教徒認爲形骸雖然死亡，此生所造之業，並不隨之而去，造善業者，來生得樂報，受生爲人爲天（神）；造惡業者，來生招苦果，墮落畜生、餓鬼、地獄等惡道。道生却言「善不受報」，說：「畜生有富樂，人中有貧苦」，認爲果報實缺明徵。

5.謝靈運（西元三八五——四三三）晉末宋初的詩人，一生與佛徒來往。作「辯宗論」，闡明人要達到「無」的最高境界，積學的修養功夫，只能漸悟而信，不能達到；若能一旦淨除心中的累和垢，頓然悟知佛理，就可以獲得。附和道生的「頓悟」說。

自漢魏至六朝，佛學在中國，以翻譯、理解爲主，到唐代才大大發揚和建立新說。

五、唐代的哲學思想

(一)佛　學

到了唐代，中國人把中國文化的精神，融入佛教中，並且建立新宗派新學說，形成中國的佛教哲學，使佛教學說思想更精深宏博，義理、修持更圓明簡化，和人生、社會打成一片，使消極出世的思想，變爲積極入世。

1.玄奘（西元五九六——六六四）　唐太宗時大師，曾遊歷印度十七年，帶同經論六百多部，共弟子譯出七十五部，介紹世親、護法等一派的佛學，所著「成唯識論」，闡揚「唯識」義，他認爲宇宙萬象，都由（心）識所變。他說凡人依「內識」，都以爲「我」、「法」（諸事物）爲實有；我們要修養到能眞正了解「我」、「法」都是隨情所生的假相，即「我空」、「法空」。識，就是「心」的異名，心對外境事物，含有了別的意思在內。「成唯識論」說有眼、耳、鼻、舌、身、意、思量（末那）、異熟（阿賴耶）等八識。

2.慧能（西元六三七——七一三）　禪宗南派六祖，發揮南北朝時道生「頓悟成佛」的道理，認爲「一悟」是修行最高境界。以爲佛法不必外求，由內心體悟就够，經典的啓迪，到了大澈大悟時，文字反成障礙，所以人心要「無念無滯」，才能「明心見性」；尤其慧能以後，「以心傳心，不立文字」的修行方法，對後代佛教的影響很大。他所作偈：「菩提本無樹，明鏡亦非臺，本來無一物，何處惹塵埃。」尤其有名。

3.法藏（西元六四三——七一二）　康居國人，唐武后時在長安爲僧。助實叉難陀譯「華嚴經」，爲中國華嚴宗的創立人，作「金師子章」，指宮殿隅的金獅子爲喻，說金喻本體，獅子喻現象，工匠用金製成獅子，就像現象世界中的各種事物的緣起，都有其因緣和合，才能產生。現象界中的事物，因無自性，並非實有，只是依心而起，「似有幻相」，叫做「色空」。人不可偏執這空的色，教人認識眞心實性；眞心是幻象的全體，世人若能醒悟現象世界的事物，本來是「空」而不實的道理，則迷夢已經覺醒了，就已「入眞」，達到淨心成道的境界，就是「成菩提」，修行到最高境界時，不知有眞實、幻象的分別時，無主觀、客觀之見，叫做「入涅槃」。菩提、涅槃都是梵語。菩提中譯就是佛道、或覺悟；涅槃含義甚多，有圓寂、無爲、安樂、解脫、無生死、無煩惱、大寂滅各種意思。

(二) 理學先驅

當唐代佛教盛行之際，另有韓愈、李翺等崇尚儒學的人，認爲佛教空言說理，對實際人生和社會不切實用，倡導復興孔、孟的學說，堵塞佛學的流傳。

1. 韓愈（西元七六八——八二四）　他在「原道」中，力言儒家所稱堯、舜、禹、湯、文、武、周公、孔、孟以來的道德倫常，才是最理想的教化；稱引「大學」中的修齊治平、正心誠意，才是修養所循的道統。在「原性」中把人的性和情各分成上、中、下三品。性以善惡分上善、下惡，中則可導之上下。論情則由「中庸」思想出發，人之七情，上者動能處其「中」，中者動能求合於中，下者直情而行。

2. 李翺（西元？——八四四左右）　翺從韓愈學作文章。他在「復性書」中論性情和修養成聖的方法，以「中庸」的「誠」道爲根據；以爲「性」是至善至靜，會受情所惑，故努力修養，恢復本性，就可成聖人；他的立論中已雜入佛學的觀念。

佛學經過唐代的發揚和改革，使中國哲學受到激發和啓示；韓愈、李翺衞儒闢佛的理論，也給沈滯的儒學注入了新的活力。宋、明的學者，又把道、佛的思想揉進了儒學之中，便產生了「理學」；而「大學」、「中庸」經韓愈、李翺特別提出之後，獲得了新評價，成爲理學理論中極重要的典籍。

六、宋明的哲學思想

自從漢代定儒家學說爲學術思想主流，自漢至唐各代的儒家學者，大抵專力於訓詁考據，或株守人事上的修齊治平的舊說，對人生、宇宙的思辨，了無新說以爲啓示。到了宋代，儒者受佛家明心見性、意識辨析之說，和道家論宇宙的陰陽消長、天地自然的啓示，漸漸會通融貫了道、佛兩家的學說，爲儒學開闢了新境界，以儒學爲基礎，談論宇宙、人生的本源，心性修養等問題。這種偏重性命義理探尋的新儒學，便稱爲「理學」；而這性理的研究，即所以闡明天道、人道相配的道理，所以也叫做「道學」。

1.周敦頤（西元一〇一七——一〇七三）爲宋代理學的開山祖，世稱濂溪先生。他的「太極圖說」，將道教的思想引入理學，解釋「易經」，以太極圖來說明宇宙萬物的本源。宇宙的發生，由無極而太極，太極動而生陰陽，由陰陽變化而生五行；太極爲理，陰陽、五行爲氣；由陰陽交感，而化生萬物。人是萬物中得太極之理，具五行之性，所以人性是「純然至善」的，性發於行事上，不合於中道而有惡，要用「無思」「無欲」來修養人性，「以中正仁義而主靜，立人極」，是他的人生哲學。

2.張載（西元一〇二〇——一〇七七）　長安人，爲關中學者的宗師，世稱橫渠先生。他以「易經」爲立論根本，認爲宇宙本體就是「太虛」之氣，是一個只充滿着太和之氣的大空間；因氣有陰陽二性，故交感激盪，氣聚產生萬物，氣散又歸太虛，萬物有象，太虛無形，散而復聚，聚而復散，循環不已，但所成之物，無一相肖。人因稟受的氣有清、濁的不同，所以有純粹至善的天地之性，和駁雜不純的氣質之性。因此人的修養，在於變化氣質；變化的方法，是「正心」和「重禮」，以求復歸於天地至善之性；更求以仁爲基礎，破除物、我的分界，進而與宇宙合一——卽「天人合一」的境界。他確立了「氣」在理學中的地位。

3.程顥（西元一〇三二——一〇八五）　世稱明道先生，與弟程頤合稱「洛學」，但兩人觀點不同。程顥爲心學陸象山、王陽明一派的先驅，以萬物都是天地所生，說：「天地之大德曰生。」「仁者以天地萬物爲一體。」無論善惡，都是自然的天理，萬物各有它不同之理，吾人若能一任天理，不雜私意，則心空如明鏡，卽可洞悉萬物之理。能識得此理，而立仁心，再用敬和誠存養天理之善，不蔽於物慾，就是「定性」。這就是心學一派理論之所出。

4.程頤（西元一〇三三——一一〇七）　世稱伊川先生，爲理學朱熹一派的先驅。首先倡理、氣二元爲宇宙本源之說，理是事物普遍原「理」，是形而上的；氣有陰陽二氣，是形而下的。萬物皆由「氣化」而成；不過，他認爲氣散卽歸無有，不再復歸本源，與張載之說稍異。性出於天，天卽是理，理無不善，所以人性皆善。才由氣成，而氣有清濁，清氣善而濁氣惡，惡爲後天所誘發，所以人才有異，有善惡的分別，人要爲善去惡，必須靠居敬（內心時時防邪存誠）、致知（窮究事物之理）兩種功夫。各種義理都具備在吾人的心中，萬物之理也都具在吾人心裏，人能應用而物不能應用罷了，創立「性卽理」說，開創理學的一派。

5.朱熹（西元一一三〇——一二〇〇） 是集北宋理學大成的人，世稱閩學派。倡宇宙一切現象都由理氣合成，以太極是宇宙萬物原理的總和，太極含有動靜之理，有動靜兩種性能，靜爲體，動爲用；太極動而陰陽，陰陽變合而生萬物，萬物合形而上的理和形而下的氣而成。理氣先天地而存在，無先後之別。人物之生，必稟此理，然後有性；必稟此氣，然後有形；人性涵此理，故爲純善，但因稟氣有清濁，故有善有不善，聖人稟清氣，愚人稟濁氣，所以人的賢愚善惡是稟氣而來，和性無關。心是理和氣的結合，是人身的主宰；心之動是情，心之力是才，情和才的泛濫，都是心偏於氣的人欲。天理的性是道心，情欲之念是人心，所以要「去人欲，存天理」，來變化氣質。並倡「卽物窮理」說，認爲格物致知就是就事事物物求其理，將心與理分爲二，具有科學的精神。

6.陸九淵（西元一一三九——一一九二） 世稱象山先生，和朱熹同時，而持相反之說。他以「理」是宇宙萬物的根本，而「理」卽藏於吾人心中，倡「心卽理」說。他說「宇宙便是吾心，吾心便是宇宙」。因此只要明白本心，恢復天理之善就是。而修養方法，是閉目靜坐以存心養性，認識了自己的本心，就是把握住明理的重要原則，自然可以和天地合德了。

7.王守仁（西元一四七二——一五二八）因築室陽明洞中，世稱陽明先生。心學到明代的王陽明，又更有發揮。他繼承陸象山「吾心卽宇宙」的「心卽理」說，而更強調心的功能和價值，認爲宇宙萬物要不是靈明的心去體察認識，都不存在，所以主張「心外無理，心外無事」，天地萬物盡在吾心，求理只從自己心中去求就是。天理靈明，因此人的天性也是至善的；認爲「知」是心的本體，心自然會知理，這叫做「良知」；在天就是天理、天性；「致良知」就是發揚人性，自然合於天理而達到善的目的。但良知只是知，亦常受私欲的蒙蔽，要以「去人欲、存天理」爲發揚良知的功夫，致良知才能達到至善之境。致知格物，就是致吾心之良知於事事物物，就能獲得事事物物之理。人要順着能判別是非善惡的心，自然地發揮。又倡「知行合一」說，以知是行的主意，行是知的功夫，故強調知了就要行，不行不能謂之知。

理學發展到朱熹，理氣之說，已登極峯；明王陽明把心學帶上了高潮，而且支配了當時的思想界。程、朱、陸、王的理氣心性，本質上是偏向於抽象的空談，不切用於人生實際，尤其是王陽明的「心外無理」的說法，從此使許多人廢書不讀，使學術界走上徒知講論，思想空疏的歧途了。

七、清代的哲學思想

清人以異族入主中國，對漢人的學術思想，大力壓抑箝制，有識之士，痛心國土淪亡，認爲是理學空談誤國所致，因此對理學極力抨擊，提倡經世實用之學。哲學由於政治壓力，和人心務求實際的觀念，摒棄了舊有的理學，但也沒有建立新的哲學思想。有淸一代，只有淸代顧炎武和顏元等人，還算有一些新的思想。

顧炎武（西元一六一三——一六八二）排斥理學的空洞，提倡修己治人的實學，說實學都在古經，認爲「經學卽理學」。顏元（西元一六三五——一七〇四）說理學「晦聖道、誤蒼生」，讀書求學，要求致用，著書立說，爲移風易俗，治國平天下。由於他們提倡鑽研古經六藝實用之學，因而開展淸代的考證學，而遠離了哲學思想的範疇了。

第二章 倫理思想

李鎏

所謂倫理思想，是指人與人間如何相處的道理，爲中國文化中特有的精神之一。孟子滕文公篇說：「（舜）使契爲司徒，敎以人倫。父子有親、君臣有義、夫婦有別、長幼有序、朋友有信。」可見中國在上古的時代，便已知道利用敎育的方式，來敎導人民一些做人的道理，使人與人之間，能够和睦相處，人人能够享受和諧快樂的生活。

一、春秋以前的倫理思想

有人的地方，便有人倫的關係，中國的倫理思想，淵源甚早，在春秋時代以前，中國人便存有敬天、崇孝、明德、尙禮的觀念。

中國人對於天道，一直是存着敬畏的心理，說文：「天，顚也，至高無上，從一大。」古人指頭頂上那片蒼茫無極的世界，叫做天；天是喜怒無常的，風雨雷電，陰晴不定，是十分令人恐怖的。同時，日月升沈，星宿列張，寒暑往來，晝夜循環，又有一定不變的法則，足爲人類學習，所以，中國人在上古時期便存有敬天的心理。

孝道，是中國倫理思想的根本。論語學而篇：「君子務本，本立而道生，孝弟也者，其爲仁之本歟！」崇孝的思想，並不是創自儒家，實際上在春秋以前，便已經十分普遍了。舜之所以能繼承堯的帝位，卽由於孝順的緣故，可見當時對於能盡孝道的人，是非常崇敬與愛戴的。

堯典：「克明俊德」。古人是把德性視爲天生固有，不必外求，祇要把固有的道德發揚起來，自能成爲品格高尙的人。大學說：「自天子以至於庶人，壹是皆以修身爲本。」修身卽在於明德。中國倫理亦卽以修身爲本，先求本身的健全，然後由近及遠，由親及疏，向羣體服務。

中國人是最講禮的民族，禮的最早起源是祭天，以示對天的敬畏。之後，人與人之間，禮尙往來，「父慈、子孝、兄友、弟恭」。都是禮的表現。君臣之間，諸侯之間，也都各行其禮。於是便構成了人類共同生活的秩序。

二、春秋戰國的倫理思想

㈠ 儒 家

1.孔子　孔子是中國最偉大的教育家、思想家、政治家，中國的倫理思想，雖在孔子以前已有很好的基礎，但是經過孔子的整理和發揚，才輝煌光大，成爲中國文化中最珍貴的瑰寶。孔子的倫理思想，首先強調正名分，他說：「名不正則言不順，言不順則事不成，事不成則禮樂不興，禮樂不興，則刑罰不中，刑罰不中，則民無所措手足。」他所主張的倫常關係，是「君君、臣臣、父父、子子」，如果「君不君，臣不臣，父不父，子不子」，天下就不能太平了。

孔子的中心學說爲「仁」，孟子說：「仁者愛人。」就是人與人間要以仁愛相處。仁的一貫之道便是忠恕，何謂忠恕？盡己之爲忠，推己及人之謂恕。先由「己所不欲，勿施於人。」做起，推而至於「己欲立而立人，己欲達而達人。」如此人與人之間，自然也就無爭了。

孔子是極講孝道的人，他說：「生事之以禮，死葬之以禮，祭之以禮。」子女對於父母，應該盡心盡力的表達孝敬的心，父母在世的時候，要能做到奉養的責任，父母過世以後，要「厚葬久喪」，才算是大孝。

2.曾子　漢書藝文志：「孝經者，孔子爲曾子陳孝道也。」所以相傳孝經爲曾子所記。曾子是有名的孝子，臨死之時，猶念念不忘：「身體髮膚，受之父母，不敢毀傷。」孝經共有十八章，內容是述說自天子以迄於庶人，如何行孝之方。綜其所述，大抵不外乎尊德性而已。

3.子思　中庸一書，相傳爲子思所作。宋儒朱熹說：「此篇乃孔門傳授心法，子思恐其久而差也，故筆之於書，以授孟子。」子思的倫理思想，其最高目標是「致中和」。因爲「致中和」，才能使「天地位焉，萬物育焉。」中庸說：「喜怒哀樂之未發，謂之中；發而皆中節，謂之和。中也者，天下之大本也；和也者，天下之達道也。」要達到致中和的境地，只須率性而行卽可。子思以道德爲原於性，所以說：「天命之謂性，率性之謂道。」又說：「自誠明，謂之性；自明誠，謂之敎。」是則子思又以「誠」爲性之實體，不誠無物，唯有誠才能成己成物，唯有誠才能「不勉而中，不思而得，從容中道。」誠者，毋自欺也，所以要明誠，首先就要「愼獨」，其次「擇善而固執之」，再以學問之力，眞積力久，必可使誠者明。至於「君臣也，父子也，夫婦也，昆弟也，朋友之交也」的五達道，以及「知、仁、勇」的三達德，也是非誠莫行，至誠可以贊天地之化育，可以與天地並立爲參。

4.孟子　孟子主張性善之說，以爲仁、義、禮、智四端，皆我所固有之也，非由外鑠我也，所以主張存養善性。他說：「人之所以異於禽獸者幾希，庶民去之，君子存之。」存善之餘，還要擴而充之。苟能擴充，以之充實自我，則人皆可以爲堯舜；以之施於政事，則功至於百姓，而保有四海。所謂擴而充之，卽推而大之之意，亦卽孔子己所不欲，勿施於人的恕道。孟子的「老吾老以及人之老，幼吾幼以及人之幼。」就是恕道的最佳表現。

孟子對於人倫關係特別重視，他說：「人之有道也，逸居而無教，則近於禽獸，聖人有憂之，使契爲司徒，教以人倫；父子有親，君臣有義，夫婦有別，長幼有序，朋友有信。」所以設庠序之教，目的卽在於明人倫；人倫明於上，小民親於下，社會自然安定。至於君臣關係，雖說有「義」，可是孟子也認爲君要盡君道；臣要盡臣道。明辨理欲，也是孟子所重視的，他主張「養心莫大於寡欲」。要克制人欲，使歸於仁、義、禮、智指揮之下，勿使以小害大。

5.荀子　荀子的學說，是主張性惡論，他認爲「人之性惡，其善者僞也。」「今人之性惡，必將待聖王之治，禮義之化，然後皆出於治，合於善也。」因爲他主張性惡，所以要隆禮樂以化性起僞。古聖先王制禮作樂的目的，就是要使人民無爭、不亂，從修養的功夫來實踐仁義道德。

(二)道　家

1.老子　老子的倫理觀，是主張無欲無爲，不與人爭，絕仁棄義，返樸歸眞。老子是個史官，鑑往知來，明白天下治亂興衰的道理，以及一個人事業成敗得失的原因。他有見於世俗的澆薄，故主張返樸歸眞，順乎自然；了解物欲的誘惑，故主張絕聖棄智，復其淡泊；由於剛強易摧，爭競自害，故主張謙虛柔弱，以長保其身。

2.楊朱　楊朱「爲我」的思想，是中國倫理思想史中的一股逆流，孟子盡心篇：「楊子取爲我，拔一毛而利天下，不爲也。」因爲楊朱主張「爲我」、「貴己」，只顧小我的利益，罔顧對大我的貢獻，所以孟子罵他沒有國家觀念，沒有羣體互助合作觀念。

3.莊子　莊子和老子一樣，都是抱持出世的態度，反對文明，主張返樸歸眞。逍遙遊，一死生，齊萬物，混善惡，不譴是非，都是他的理論之一，而最主要的，是求得保身、養親、盡年。

老莊一派的道家思想，是消極的，他們要求無知無欲，虛靜恬淡，回歸自然原始社會，這與社會的進化原理不符，實是亂世社會的一種反動。

(三) 墨　家

儒家言愛，由親及疏，由近及遠，是有差等的，而墨子言愛，則是無差等的。他主張愛人之身若其身，愛人之家若其家，愛人之國若其國。如此則盜賊無有，君臣父子皆能孝慈。是卽所謂「兼相愛」，這是一種崇高的理想，但與人性不符，不如儒家言愛的合情合理，然而墨子「摩頂放踵而利天下爲之」的精神，是令人欽佩的，墨家之道，實卽禹之道，其所主張的節儉、短喪、薄葬、非樂等，均是本於禹之道而行，故亦不失爲中國文化的正統。

(四) 法　家

1.管子　管子的倫理思想，主要是在達成富國強兵的目的，以禮、義、廉、恥爲國之四維，以爲禮不逾節，則上位安；義不自進，則民無巧詐；廉不蔽惡，則行自全；恥不從枉，則邪事不生。四維張，君令才能行，國家才能興。他又訂有「弟子則」，提倡溫恭孝弟，正直整齊，凡起居飲食，灑掃盥漱，事長敬客，各種禮儀及其應行注意事項，均有明白規定。而五輔篇中所述義有七體，禮有八經，亦爲四維實行之細節，實是當時最進步之國民倫理實踐的教科書。

2.商鞅、韓非　商鞅任法重刑，反對倫理文化，視倫理道德爲富國強兵的障礙，故極力反對，他說：「國有禮，有樂，有詩，有書，有善，有修，有孝，有弟，有廉，有辨，國有十者，上無使戰，必削至亡，國無十者，上有使戰，必興至王。」商鞅在秦國變法，因爲過分強調「政」與「刑」，而捐棄「德」與「禮」，所以使秦俗日敗，反招滅亡。可見致強之道，法治與倫理，是必須相輔而行的。

韓非子集法家思想的大成，他的倫理思想，以荀子的性惡論爲基礎，也是主張法治主義，崇尚功利，揚棄仁愛，因此過於「慘礉少恩」。

三、兩漢時代的倫理思想

中國的倫理思想，是以儒學思想爲主流，秦火之後，儒術不興。漢代初期，崇尚黃老，行無爲之治，迄於武帝之時，罷斥百家，獨尊儒學，儒家思想始定於一尊，影響數千年來的政治與社會，尊經隆儒，崇德尚禮，成爲歷代君主施政的重點。兩漢時代，儒學大盛，倫理思想也十分受到重視。

1.董仲舒　董仲舒的倫理思想，以爲人的形體是紀天數而成，行爲的有倫理，也是與天地相副的。他特別強調孝悌與禮樂，他說：「天生之以孝悌，地養之以衣食，人成之以禮樂，三者相爲手足，合以成體，不可一無也。無孝悌則亡其所以生，無衣食則亡其所以養，無禮樂則亡其所以成也。」至於對人性的看法，則是介於孟子與荀子之間，並不主張性善之說，祇注重敎化，認爲「性者天質之樸也，善者王敎之化也。無其質則王敎不能化，無王敎則質樸不能化。」希望透過敎化之功，使習俗臻於美善。其次支配中國社會兩千餘年的三綱五常的觀念，實完成於董氏，三綱者，君爲臣綱，父爲子綱，夫爲妻綱；五常者，仁、義、德、知、信，董氏以之與陰陽五行配合，以提高君權、父權與夫權。董氏對於仁義的解釋，則是「以仁安人，以義正我。」愛人不在愛我，正我不在正人，此即儒家「修己安人」的正統觀念。

2.劉安　淮南王劉安，着有「淮南子」一書，此書內容，旨在調和儒、道兩家，因此一方面以道家爲依歸，主張淡泊無爲，蹈虛守靜。一方面也本儒家之敎，以禮樂道德救世。他說：「夫仁者，所以救事也；義者，所以救失也；禮者，所以救淫也；樂者，所以救憂也。……是故德衰然後仁生，行沮然後義立，和失然後聲調，禮淫然後容飾。是故知神明，然後知道德之不足爲也；知道德，然後知仁義之不足行也；知仁義，然後知禮樂之不足脩也。」

3.揚雄　揚雄對於儒家的道統，非常尊崇，他認爲道是無不通，但是要合於堯、舜、文王的才是正道，其他都是外道，對於人性，則主張善惡混，修其善則爲善人，修其惡則爲惡人，而以氣爲適善惡的馬。這是宋儒氣稟說的先河。然而如何修性而馭氣，使能適善而不適惡，則在於學，他說：「

學者所以修性也，視、聽、言、貌、思，性所有也，學則正，否則邪。」唯有學可以明辨理欲善惡，可以變化氣質。

中國倫理思想中的孝道精神，也極為揚雄所重視，他強調孝為至德，而謂「父母，子之天地與！無天何生？無地何形？」沒有父母，自然就沒有子女，所以父母之恩，昊天罔極，為人子的，誠難報於萬一，應該要像舜一樣，事父母自知不足，才能算是眞孝。否則便是不知孝了。

4.王充　王充是一位頗具革新的思想家，他對於漢初儒家採陰陽之說，而造出許多迷信無稽之談，甚為憤慨，自謂「論衡篇以十數，亦一言也，曰疾虛妄。」由於「疾虛妄」，所以重實證。他說：「事莫明於有效，論莫定於有證。」他觀察社會之所以亂，爭奪之所由起，在於穀食乏絕，饑寒所至，因而他非常同意管子「倉廩實知禮節，衣食足知榮辱」的說法。他是以物質生活的條件，來決定人的道德行為，至於對人性的看法，則是本孔子上智與下愚不移，以及中人以上可以語上，中人以下不可以語上之旨，將人性分為上中下三等，有善有惡。他認為善者固然可以自善，惡者也可以「敎告率勉」，使其為善。這種勸善化惡的責任，則應由政府與家庭共同負責。對於善者，不但要勸率，還要保育，對於惡者，不但要禁防，還要輔保。

5.班昭　東漢班昭作「女誡」七章，一曰卑弱，二曰夫婦，三曰敬愼，四曰婦行，五曰專心，六曰曲從，七曰和叔妹。論「婦行」一章說：「女有四行，一曰婦德，二曰婦言，三曰婦容，四曰婦功。……清閒貞靜，守節整齊，行己有恥，動靜有法，是謂婦德。擇辭而說，不道惡語，時然後言，不厭于人，是謂婦言。盥浣塵穢，服飾鮮潔，沐浴以時，身不垢辱，是謂婦容。專心紡績，不好戲笑，潔齋酒食，㠯奉賓客，是謂婦功。此四者，女人之大德而不可乏之者也。」

四、魏晉南北朝的倫理思想

經過東漢末年長期的戰亂，漢室衰微，因此，儒家失去武帝以來政治力量的支持，漸趨衰敝，於是清談成風，佛道的思想，應時而起，傳統的倫理道德觀念，遭到很大的破壞。

魏晉南北朝時期，由於政治十分紊亂，兵連禍結，人民性命不保，許多文人爲了逃避政治的迫害，便遁隱山林，借清談來發洩內心的苦悶，其中最有名的就是「竹林七賢」——阮籍、嵇康、山濤、向秀、劉伶、阮咸、王戎。他們這些人曠達自高，甚至放浪形骸，飲酒裸袒，蔑棄禮教的存在。世說新語任誕篇記載：「劉伶常縱酒放達，或脫衣裸形在屋中，人見譏之。伶曰：我以天地爲棟宇，屋室爲幝衣，諸君何爲入我幝中？」又如晉書阮籍傳：「鄰家少婦有美色，當壚沽酒，籍嘗詣飲，便醉臥其側。」像這些行爲，實在有傷禮教，但他們不但不以爲恥，反而互相標榜，以爲是名士的作風，結果使得綱紀蕩然，人心委靡，國家也被滅亡。永嘉之亂，懷帝被虜，諸王公大臣死者三萬餘人，王衍臨死前才說：「吾曹雖不如古人，向若不祖尙浮虛，戮力以匡天下，猶可不至今日，然而晚矣！」眞的，是已太晚了，實在令人痛惜。

五、隋唐五代的倫理思想

魏晉南北朝時，政治長期陷於混亂，及唐繼隋興，天下復歸統一，南北文化混合，儒、釋、道三家亦互相吸取，融合成爲以儒學爲主流的新文化，而傳統的倫理思想又步入正軌。

隋唐時代有兩件大事，對於中國的倫理思想有深遠的影響。一是唐高宗時代頒行五經正義。每年明經，依此考試。自唐至宋，明經取士，皆遵此本，使以五經爲根本的中國倫理思想，繼漢武帝「罷黜百家，獨尊儒術」之後，再取得正統的地位。第二，是科舉制度的完成。隋煬帝大業二年，設進士科，實爲科舉制度的開始，至唐代而其制大備。因科舉考試的刺激，促進教育的發達，也推廣了經學的發展，同時，使倫理思想的教育更爲普及。

蘇東坡曾稱讚韓愈是「文起八代之衰，而道濟天下之溺。」這句話的意思是說，韓愈倡導古文運動，於是興起東漢以來，八代的衰運；而他的發揚儒學，排斥佛老，有如障百川，廻狂瀾，救濟天下人於溺水之中。可見在唐代的文人學者當中，韓愈是最重要的一位。

韓愈著有「原道」一文，對於排斥佛老，提倡儒學，有很大的貢獻。他解釋仁義二字，肯定爲儒家道德的內涵。他說：「博愛之謂仁，行而宜之之謂義，由是而之焉之謂道，足乎己無待於外之謂德。……凡吾所謂道德云者，合仁與義言之也。」

當時，佛教思想極爲盛行，唐憲宗甚至派人從京城去鳳翔，迎接佛祖釋迦的一節指骨。韓愈爲了反對此事，向憲宗奏上「論佛骨表」的諫疏，差一點就被判死罪。韓愈所以有這勇氣，是因爲他以繼承孔孟的道統自居。他所謂的道統，是「堯以是傳之舜，舜以是傳之禹，禹以是傳之湯，湯以是傳之文武周公，周公傳之孔子，孔子傳之孟軻，軻之死，不得其傳焉。」因此，我們可以了解韓愈一生對倡導儒學的努力了。

六、宋代的倫理思想

宋代學者的論理思想，是以理學家爲主流。

1. 胡瑗　字翼之，泰州人，學者稱爲安定先生。與孫復、石介同學，號稱「宋初三先生」。宋代的學術，是由他們開端的。胡瑗非常重視師道的尊嚴，他曾先後爲蘇州、胡州教授，學生逾千，嚴師弟子之禮，雖盛暑必公服坐堂上，深得學生敬愛，宋代師道之立，可說是由他開始。

2. 王安石　王安石除在政治上有卓越的成就外，在倫理思想方面，也有傑出的見解，他主張性與情爲一體，而禮以順人之性。他的性情論說：「喜怒哀樂好惡欲，未發於外而存於心，性也；喜怒哀樂好惡欲，發於外而見於行，情也，性者，情之本；情者，性之用，故吾曰性情一也。」禮樂論說：「今人生而有愛父母之心，聖人因其性之欲而爲之制焉。故其制雖有以強人，而乃以順其性之欲也。」王安石是反對荀子「聖人化性起僞」的說法，他認爲禮並不是爲了防亂，而是爲了順應人性的需要。

3.周敦頤　周敦頤是宋代有名的大儒，學者稱他爲濂溪先生。著「太極圖說」：「立天之道曰陰與陽，立地之道曰柔與剛，立人之道曰仁與義。」他以陰陽動靜爲宇宙的本體，仁義道德爲人生的正道。

周濂溪的倫理思想，以仁義中正爲主，本孟子性善之說，強調人之本性爲誠，仁、義、禮、智、信五常皆在本性之內，在與外物接觸發生感動時，才分善惡，所以主張靜，以保其本性，宋儒性分天然與氣稟、以及主靜，皆由濂溪之說發展而出的。

4.張載　張載的倫理思想是以「民吾同胞，物吾與也」爲出發點，其最終理想，是要「爲天地立心，爲生民立命，爲往聖繼絕學，爲萬世開太平」，張載提倡爲學做人卽在行仁；變人氣質，要誠心盡性，求達無私的境界。

要如何才能達到理想的人生境界？張載認爲首先要變化氣質，而變化氣質的方法，則有待於學，因此他告誡學生最重要的一句話是「學必如聖人而後已」。

5.程顥、程頤　二程兄弟，程顥，學者稱爲明道先生，程頤，學者稱爲伊川先生。他們同爲宋代學者中很重要的代表人物。明道先生強調仁是百德的總體，所以他主張學者必先識仁。他說：「學者須先識仁，仁者，渾然與物同體。義禮智信，皆仁也。」其次，他提倡中道，他說：「天下善惡皆天理，謂之惡者本非惡，但或過或不及便如此，如楊墨之類。」明道之意，以爲中是天下的大本，無過不及便是中，楊墨兩家都走偏了，唯有中道才是儒家倫理思想的正統。其次，明道也主張做事篤實，明道心，去人欲。其修養手段，則是「敬以直內，義以方外。」使心主於一而行動中節。

伊川先生主張理氣二元論，伊川認爲萬物之形體，是由陰陽二氣所形成，而萬物的本性卽爲理。理是無不善的，氣有淸濁，因此有善惡之分。所以伊川先生的倫理思想，特別注重持敬的功夫，而且要明天理人欲之辨。

6.朱熹　朱熹是集理學之大成，他主張主敬以立其本，窮理以致其知，反躬以踐其實，而以主敬爲入手的功夫。他說：「敬不是萬處休置，只是隨事專一謹畏，不放逸耳。非專是閉目靜坐，耳無聞，目無見，不接事物，然後爲敬，整齊收斂這身心，不敢放縱，便是敬。」

朱熹的倫理思想中，亦十分重視五倫，認爲修身齊家爲人生的重要修養。朱氏白鹿洞書院敎條訂有五敎之目：父子有親，君臣有義，夫婦有別，長幼有序，朋友有信。朱子尤重實踐的功夫，他自己不但以此敎條要求學生，而且身體力行，令人景仰。

7.陸象山　朱子的學說，以道學問爲主，認爲格物窮理，是入聖的楷梯。而陸象山的思想，是以尊德性爲本，敎人要明本心，以應天地萬物之變。陸象山認爲許多人汩沒於聲色富貴間，良心善性都被蒙蔽了，所以人生的修養，卽在恢復心的靈明，而爲學的重點，首先要辨義利。他說：「凡欲爲學，當先識義利公私之辨。今所學果爲何事？人生天地間，爲人自當盡人道，學者所以爲學，學爲人而已，非有爲也。」陸象山這種思想，是孔孟思想的闡揚，孔子說：「君子喻於義，小人喻於利。」孟子見梁惠王，也說：「王何必曰利，亦有仁義而已。」可見義利之辨，是儒家思想的特色之一。

七、明代的倫理思想

1.吳與弼　號康齋，爲學重實踐，不好空談，力矯儒士不肯勞動的毛病，自己躬耕力食。黃梨洲稱：「康齋之學，一稟宋人盛說，言心則以知覺與理爲二，言功夫則靜時存養，動時省察，故必敬義夾持，明誠兩進，而後爲學問之全功。」吳氏亦曰：「此心湛然虛明，則應事可以無失，靜時涵養，動時省察，不可須臾忽也。苟本心爲事物所撓，無澄清之功，則心愈亂，氣愈濁，梏之反覆，失愈遠矣。」另外，他又說：「人須於貧賤患難上立得脚住，克治粗暴，使心性純然，上不怨天，下不尤人，物我兩忘，惟知有理而已。」綜上所述，可知吳氏的倫理思想，主要是存天理，去人欲，處事只顧是非，不問利害，講求居敬與存養的功夫。

2.薛宣　號敬軒，其學以復性爲宗，以濂洛爲鵠，特別注重修己功夫，對一切生活細節，均自持甚嚴，以爲飲食、男女、衣服、動靜、語默、處事、接物等，均要合乎天則。他尤其重視克己復禮，他說：「非禮勿視聽言動，便是克己，視聽言動之合理處，便是復禮。」而克己的功夫，則主張從主靜持敬開始，他說：「二十年治一怒字，尚未消磨得盡，以是知克己最難，然則必能主靜以歸於敬，乃能克己，靜則心常爲主，含蓄義理而應事有力；人不主敬，則此心一息之間，馳騖出入，莫知所止。」

3.陳獻章　學者稱爲白沙先生，爲學主張靜養的功夫。他說：「爲學須從靜坐中，養出個端倪來，方有商量處。」又說：「有學於僕者，輒教之靜坐，蓋以吾所經歷，粗有實效者告之，非務爲高虛以誤人也。」他撰有「爲人四要」及「教女十二條」，都是教做人的道理。

所謂「爲人四要」，是心地要寬平，識見要超卓，規模要遼濶，踐履要篤實。「教女十二條」，是安詳恭謹，承祭祀以嚴，奉舅姑以孝，事丈夫以理，待娣姒以和，教子女以正，撫婢僕以恩，接親戚以敬，聽善言以喜，戒邪妄以誠，務紡織以勤，用財物以儉。

4.王守仁　梁啓超認爲明代中葉有兩位大儒，一爲白沙，一爲陽明。陽明之學，有三大綱領，一爲心卽理，二爲致良知，三爲知行合一。傳習錄：「心之本體卽是性，性卽是理。」又說：「心卽理也，無私心卽是當理，未當理便是私心。」陽明說的「心卽理」之心，必須將私心除外，私心不是理，沒有私心才能當理。

孟子曰：「人之所不學而能者，其良能也；所不慮而知者，其良知也。」陽明先生說：「良知卽天理，天理之昭明靈覺，卽所謂良知也。」陽明先生所謂「致良知」的學說，便是要把人人都有的天理良知，發揚光大起來。

陽明先生曾說：「知是行的主意，行是知的工夫；知是行之始，行是知之成。」又說：「行之明覺精察處便是知，知之眞切篤實處便是行。」陽明先生主張知行合一，因爲「若行而不能明覺精察，便是冥行，便是學而不思則罔，所以必說一個知；知而不能眞切篤實，便是妄想，便是思而不學則殆，所以必須說個行。」

八、清代的倫理思想

1.黃宗羲　學者稱爲梨洲先生。着述繁多，最重要者爲宋元學案、明儒學案及明夷待訪錄。南宋以後，學者空談性命之學，梨洲先生則主張向史學及經世之學發展，他以爲儒者之學，當以經緯天地，不應以語錄爲究竟，他雖然推崇陽明之學，但對王學末流之流於空疏，頗爲不滿。他不贊成專講心性，就是因爲專講心性，易流於空虛，不近實務，與世無補。黃氏的倫理思想，在明夷待訪錄原君篇中，力主人君當以天下爲主，民利民福爲本，凡所經營，皆是爲天下。不應以一己之利爲利，要使天下受其利；不以一己之害爲害，應使天下釋其害。

2.朱舜水　本名之瑜，以號行。晚年曾在日本講學，對日本學術界影響極大。他的學說，以朱子爲宗，而亦反對宋儒空虛之談，主張爲學要有益天下國家。他說：「學問之道，貴在實行。」又說：「爲學之道，在於近裏著己，有益天下國家，不在掉弄虛脾，捕風捉影。」舜水論學，以利羣益世爲目的，正與中國的正統倫理思想相合。

3.顏元　學者稱爲習齋先生。宋儒好談性命天理，漢儒從事訓詁注解，顏元全都反對，而主張上承孔孟，以虞書所載之六府：水火金木土穀。三事：正德利用厚生，及周禮之鄉三物：六德——知行聖義忠和，六行——孝友睦姻任恤，六藝——禮樂射御書數，爲教育的內容，以求實用益世。

顏元對於宋儒理氣二元之說，不表贊同，而贊成孟子性善之說。但他以孟子所言性善，卽氣質之善；以爲捨氣質別無以爲性，他也反對宋儒「正其誼不謀其利」的說法，他認爲「以義爲利」是聖賢平正的道理，爲矯其偏，於是提出「正其誼以謀其利，明其道而計其功」的論調。他特別主張力行，所以說：「君子莊敬日強，安肆日偷。」又說：「吾嘗言，一身動則一身強，一家動則一家強，一國動則一國強，天下動則天下強。」他是反對宋明諸儒因習靜而造成文弱的毛病，而強調實用力行，以強身強國。

4.戴震　字東原，性善讀書，長於考辨。他的倫理思想，主要是個和知、情、欲。以思仁、言義、行禮、竭忠、履信，來實踐倫理道德。他說：「人生而後有欲、有情、有知，三者血氣心知之自然也。有是身，故有聲色臭味之欲；有是身，而君臣、父子、夫婦、昆弟、朋友之倫具。故有喜怒哀樂之情，唯有欲、有情、又有知，然後欲得遂也，情得達也。」戴氏志在明道，以爲「道猶行也」，天道就是天行，生生不息；人道也應配合天道而生生不息。生生不息是動的，所以他不贊成宋儒主靜之說。至於「理」字，他也反對宋儒作爲形而上的解說，更反對宋儒「存天理，去人欲」的主張，將人類所有情欲都看成是罪惡，對人束縛太嚴。因而主張存欲，他說：「凡事物皆有於欲，無欲則無爲矣，有欲而後有爲，有爲而歸於至當不可易之謂，無欲無爲，又焉有理？」是所謂「理存乎欲」也。

第三章　政治思想

方祖燊

有了民族或國家之後，就必然要建立起種種政治制度，來管理種種事情；這其間也必然有許多困難的問題發生，有些政治家與思想家針對這些政治問題，提出了改善辦法，理想方針，因此產生所謂「政治思想」。本節所要簡介的，就是中國歷代的政治思想。

一、中國政治思想的濫觴

我國自黃帝以後，國家的形態逐漸確立，數傳到帝堯，讓位給舜，舜又因禹治水有功，讓位給禹；這就是後人所歌頌的「天下爲公，選賢與能」的堯舜禪讓政治。夏禹傳位給兒子啓，自此家天下的政治局面形成。傳至夏桀，暴虐荒淫，湯起來革命，建立商朝；傳至殷紂，昏亂暴虐，武王起來革命，建立周朝。這就是後人所讚美「順天應人，革故鼎新」的湯武革命。

這時人認爲王權出自天授，天子是上天的兒子，天命令他統治下民；天子要秉承天意（卽民意），作人民的君師；愛護人民，像人民的父母。所以有「作之君，作之師」，「天子作民父母」，「天視自我民視，天聽自我民聽」的說法，認爲施政應力求符合民意。

尚書堯典說：「克明俊德，以親九族。」大禹謨說：「惟德動天，無遠弗屆」。德治主義，成了中國的政治思想；治理國家的人必須修身明德，具有愛民的心，宵衣旰食，把國事辦好，才能得到人民的擁戴。

二、春秋戰國的政治思想

周平王東遷之後，四十九年（西元前七二二）進入春秋時代，世道衰微，邪說暴行，充塞人間，臣弒其君，子弒其父，諸侯互相呑併，爭戰不已，計二百四十二年。又數十年，到周威烈王二十三年（西元前四〇三），韓、趙、魏三家分晉，進入戰國時代，最後形成秦、楚、燕、齊、韓、趙、魏七雄紛爭的局面，直到秦始皇盡滅六國（西元前二二一），才告統一。這時，連年戰爭，人民肝腦塗地，是率獸而食人的時代。諸子百家針對這兩個不安戰亂的時代，發表各種救世的言論，以求解決人類的痛苦。儒、道、墨、法各家都談到政治問題。

(一) 儒　家

儒家認爲堯、舜三代的禮樂制度，是後代所比不上的，主張要改革現狀，只有法古，高揭「祖述堯舜，憲章文武」的大旗。以孔、曾、孟、荀四人爲代表，倡導仁義，主張禮敎治國，形成倫理政治。

1. 孔子　先在魯國做司寇，後來離職，帶着弟子周遊齊、衞、曹、宋、鄭、陳、蒲、蔡、葉、楚各國，高談理想的德治，說：「爲政以德，譬如北辰，衆星拱之。」執政者須先進德修業，爲民典範，所謂「其身正，不令而行；其身不正，雖令不從。」孔子認爲五帝時大同之世，天下爲公，能够眞正做到「選賢與能，講信修睦」，把國家治理好，做到「盜竊亂賊不作，外戶不閉」；到了夏、商、周三王的時代，家天下的局面形成，但政治修明，人民尚能安居樂業。又認爲國君雖然聖明，也不能單靠一己之力治理全國的政事，必須知人善任，因才器使，使各盡所長。還有要倡導禮樂教化，孔子說：「道之以德，齊之以禮。」要使人民知道背德違禮是可恥的，以提高國民的道德，養成良善的習俗，遵禮自然守法，治國就不難了。還有在人口增加後，首先要謀求解決人民生活問題，實行「富之」政策；既富之後，就要「教之」。孔子又認爲執政者要以仁爲心，實行「愛民」的政治。辦法由自己的所欲，推想人民的所欲；由自己的所不欲，推想人民的所不欲；這樣就能瞭解人民的需要。孔子說：「己欲立而立人，己欲達而達人。」這就是忠；「己所不欲，勿施於人。」這就是恕。依據這種忠恕之道的愛心，去辦理政事，則政府的一切措施，必能符合民心了，這就是仁政。孔子又倡言爲政必須「正名」，糾正當日名實不符的亂象，使人人各盡其本分職責；人能各盡其分，物能各盡其利，做到國富民安，小康到大同的政治理想，就不難實現了。

2.曾子　孔子的學生。朱熹以爲「大學」是曾子的著述，也有人說這說法不可信。不過，「大學」確是一册代表儒家政治哲學的論著，包括明德、親民、止於至善三綱領，格物、致知、誠意、正心、修身、齊家、治國、平天下八條目。格物、致知、誠意、正心是「修身」前所要下的功夫。齊家、治國、平天下是修身後的成果。「大學」一書，專講修己治人，高倡德是治國的根本，所以從天子到人民，都應該以修身爲本，認爲天子要發揚他自己光明的德性，來領導人民，革新人民的德行，使達到最完善的境界；要想治理國家，就必須從修身做起，由修身，而齊家，而治國，而平天下。蓋一個人做人的父親、兒子、兄弟，值得效法，然後人民才會取法他。另外提出「絜矩之道」——矩是方尺，可作畫各種方形的標準；也就是說，應該根據自己的心意，去揣度人民的心意，以「民之所好好之，民之所惡惡之」；要像慈母照顧嬰兒（赤子），那樣的誠心去體會人民的意思；那麼，政府一切的措施，自然就能够完全符合人民的需要了。就像康誥所說：「如保赤子，心誠求之，雖不中亦不遠矣。」

3. 孟子　繼承孔子的思想，遊歷各國，游說齊宣王、梁惠王、滕文公，正是各國講富國強兵，攻城掠地的時候，所以對他主張「民貴君輕」的民權，倡說堯舜三王的仁政王道，被視爲迂濶，不合時宜。他認爲治理國家，應該行仁義之政，作利民之事。執政者應該「樂民之樂，憂民之憂」。譬如公劉好貨，太王好色；這沒有關係，只要能由此推想人民，與你相同，也是好貨好色的；由此去關心人民，求人民的生活的富裕，家庭的幸福，就行了。因此，他主張省刑罰，薄賦稅，實行井田制，使民以時，注意農林漁牧，使人民「仰足以事父母，俯足以畜妻子」，無飢無寒，老者能食肉衣帛，建設「民有恆產」的安樂社會。他極力反對爲爭土地城池，發動殺人盈野、殺人盈城的戰爭，土地原用以養人，現在爲了爭土地而殺人，這就是率獸食人的行動。他反對用武力征服人的霸政；以德服人，才能使人悅服，自然歸心，就像「水之就下」，而可以稱王天下了。

4.荀子　在楚國做過蘭陵令。他說「天之立君，以爲民也」，「君者，善羣也」，認爲國君是爲服務人民，領導人民而產生的。他由「性惡說」出發，認爲人有各種欲望，假使放縱人性欲望，必然發生爭奪淫亂，而且善是人爲的，所以必須由聖人爲王，制訂禮樂法度，刑罰獎賞，矯正情性，使之行善，引導人欲，使合天理。並且主張選用賢良，裁制萬物，薄稅減役，節用裕民，興利除害，重農富國，發展貿易，流通有無，實現「王政」，以滿足人民生活的需求。所以他說：「制禮義以分之，養人之欲，給人之求。」他認爲國君不必每事躬親，只要量能授官，用人得宜，依名位，求實績，使人盡其才，官盡其職，政令教化，能如影隨形，應付事變，自然政通事行，身逸國治。主張「正名」，認爲事物之名，應該由政府統一制定；對於邪說，應加禁止；這後來就成了他學生李斯在秦始皇時控制人民思想政策的論據了。

(二) 道家

在哲學上，老子與莊子的思想相同；在政治思想上，兩人也有許多相同的看法。

1.老子　做過周守藏史，因爲時局動亂，就辭去職務，出關西去。他認爲「道」是天地萬物的根源；在宇宙中，人類和天、地、道，稱做「四大」，說：「道常無爲而無不爲」，又說：「人法地，地法天，天法道，道法自然」。用於政治方面，就是治國要取法道的「無爲」。他說：「治大國者，若烹小鮮。」煎小魚不能經常翻動，翻多了就要碎爛，所以治理國家也要清靜無爲，不要擾民。「法令滋章，盜賊多有」，反而與預期的目的相反。又說：「我無爲而民自化，我好靜而民自正，我無事而民自富。」他認爲世間動亂的原因，在於人類多智貪欲，爭強好勝，所以要根絕「聖智、巧利、仁義、禮樂」這些亂源，採取愚民政策，使人民無知無欲，「不尚賢，使民不爭；不貴難得之貨，使民不爲盜；不見可欲，使民心不亂」，只要虛靜人心意，解決人口腹，自然而治。他理想中的國家，是小國寡民，社會純樸，雖有文明器物，卻棄而不用，人民安居樂俗，鄰國相望，雞犬相聞，老死不相往來。能做到這地步，天下就不會有戰爭動亂了。

2.莊子　楚威王派人請他做卿相；他說不願做受人供養的犧牛，然後送進太廟祭神。他認爲治理天下，要隨順民性。蓋人物各有所好，不必強同，如「魚處水而生，人處水而死。」又如海鳥飛到魯國，魯侯奏九韶的音樂，具太牢的膳食；海鳥不敢吃，驚駭而飛，過三天死了。魯侯養鳥用意未嘗不好，結果愛之反而是害之。因此，他反對制定各種制度，強制人民服從。這就像穿牛鼻，絡馬首，用人爲辦法改造自然，結果反給人帶來許多痛苦。「鳧脛雖短，續之則憂；鶴脛雖長，斷之則悲。」所以應該給人民絕對自由，人民生活就自然幸福。他又說：「絕聖棄智，大盜乃止；擿玉毀珠，小盜不起。」才智與文明都是造成人世動亂的原因，都應該加以棄絕；文章、禮樂、道德思想、言論，也都要加以消滅，使一切返回原始社會，「山無蹊隧，澤無舟梁，萬物羣生，連屬其鄉」，與禽獸同遊，萬物一體，沒有「君子小人」的分別，這才是「至德的時代」。

(三) 墨家

柳宗元將晏子列於墨家。晏子反對戰爭，提倡節儉，和墨子的思想相近，但比墨子的時代早。

1.晏子（?——西元前五〇〇） 名嬰，齊景公時爲相，有「晏子春秋」八卷。他認爲搞政治沒有比愛民更崇高了，應行惠民之政，如關市省征，勿使凍餒。他主張一人一職，認爲兼職太多，就不能專心盡職；而且人不是萬能，所以要用人專長。做一個官吏要守法，要節儉，不可遊樂奢侈；而且要不飾過，不諂諛，不阿私，不誣能，用心盡職。這可以看出他很看重行政人員的道德。他反對侵略戰爭，說：「攻義者不祥，危安者必困。」他曾勸止齊莊公的攻晉，景公的伐魯。

2.墨子 宋國大夫，對守城防禦，深有研究。當他聽到公輸般替楚國人製造雲梯，準備攻打宋國，就趕往楚國，去見公輸般和楚王，阻止他們侵略宋國。他所以這樣做，是因爲他素來主張「兼愛」與「非攻」。他認爲人人都應該愛人如己，做有利他人的事；因此特別反對侵略的戰爭。他認爲人與人發生爭鬥，國與國發生戰爭，都是由於不能相愛的緣故；人愛別人的國家，能像愛自己的國家一樣，那就不會發動戰爭了。戰爭是一種罪惡。他說殺害一個人，要判他死罪；攻屠一個國家，却讚譽做「正義」，這是錯誤的。同時抨擊那些好戰的論調：什麼戰爭可以擴張領土，增加人民囉。他說由戰爭而擴大了領土，不過是極少數的四五個國家罷了，許多國家都因戰爭而滅亡。縱然獲勝，也將得不償失，戰死許多人民，糜費許多物資，換來不過一些廢墟空地。攻與被攻，土地都將荒廢，生產都將停頓，大家都要蒙受戰爭之害。但也不是說提倡非攻，就不作戰備。要反對戰爭，就必須有擊敗侵略者的力量。他認爲反侵略的戰爭，是正當而合理的。而且主張弱小國家應該結盟，彼此救援，合力抵抗大國的侵略；這樣，就能消泯戰禍於無形了。

對於治理國家，他主張上自天子，下至官吏，都應該選擇賢人來擔任，與辦利民的事；國家境況不同，要採取不同的政策，務期實現安定天下、樂利人民的理想。

(四) 法家

法家，就是講形名法術的人士。他們大多從君主與國家的立場來談政治問題。蓋自周室衰落之後，我國的政治制度，逐漸由貴族分治趨於君主集權，由人治趨於法治，由紛爭趨於統一。過去，諸侯各國的領土都很少，大的百里，小的幾十里，人口不過幾十萬。在這樣小的國家內，又由若干「貴族之家」分管，人與人關係當然很密切，所以可以實行「以德治人」的「人治」。到了後來，一個國家的領土擴大了許多倍，人口增加了許多倍；這時，勢必走向法治，制定各種法令與制度，作治國的準則。這樣，也必然會加強了君主的權力了。當時，重要的法家，有首倡法治的管子，重術的申不害，重法的商鞅，重勢的愼到，集大成的韓非。現在分別介紹如下：

1. 管仲（?——西元前六四五）　做過齊桓公的宰相，南征北戰，尊王攘夷，使齊桓公成了春秋時的霸主。班固將他列於道家，劉歆將他列於法家。今傳「管子」八十六篇，前人認爲是後人所依託。其中有許多是講治國的方法。看他的思想，可以說管仲是首先主張法治，認爲法度是天下的程式，萬事的儀表。國君應該「以法治國」，順應民心，符合民意，制定法度，以處理政事，規範人民。因爲所立法是依從人民的意願，所以政令下來，人民自然遵守。他認爲在法律面前，應該做到人人守法，上下平等，沒有特殊不同的待遇。他說：「君壹置其儀，則百官守其法。」假使「法禁不行於親貴，刑罰不施於便辟，求法令必行」，不可能做到的。無論何人都要守法，法律的權威才不會遭到破壞。蓋法令是代表政府的權力，國君的尊嚴。他說：「君國之重器，莫重於令；令重則君尊，君尊則國安；令輕則君卑，君卑則國危。」法毀令輕，國君地位自然減輕，無法指揮臣民了。至於如何推行政令？他認爲可以採用「嚴罰信賞」的辦法。在施政方面，他認爲「君者執本，相執要，大夫執法」，採取分層負責制度；並且以「地方自治」做基礎，行政的區分，有「家」、「軌」、「邑」、「率」、「鄉」、「屬」、「大夫」各級；由此，抽調人民組織軍隊，則「人人相識，家家互助，以守則固，以戰則勝」。談到經濟與財政問題，他說：「倉廩實則知禮節，衣食足則知榮辱」，所以先要解決民生問題，強調著重農業，增加生產，像「務五穀，養桑麻，育六畜」，富裕人民的生活；又倡國有政策，由國家買賣穀米，調節物價，管理森林，封禁礦藏，徵收鹽鐵稅等。在外交方面，他主張要靈活運用，「強國衆，合強以攻弱，以圖霸；強國少，合小以攻大，以圖王。」

2.申不害（?——西元前三三七）做韓昭侯的宰相十五年。韓國處在齊、楚兩強的中間，却能做到國治兵強，諸侯不敢來犯。黃、老講靜虛無爲，以爲名實相應則治，不應則亂。申不害的思想，本於黃、老，講形名術，認爲君主應該有駕御臣下的技術，循名責實，依人能力授與官職，就人職銜督責盡職，掌握生殺的大權，考核羣臣的政績，而不必自恃智力，也不可被人情所左右，應該靜虛無爲，聽任公法；這樣就可以辨別姦邪，不會受臣下蒙蔽了。

3.商鞅（？——西元前三三八） 秦孝公時爲大良造，實行變法，經過十年，秦國大治，路不拾遺，家給人足，人民怯於私門，勇於公戰。他特別注重「法制」，認爲人口衆多，自不免有人爲非作歹，所以要制定種種法令禮制來管理；制定法令是爲了愛護人民，禮制是爲了方便處事；當然也是爲了鞏固君權，控制人民。君主的德行、智慧、勇力，並沒有過人處，他能夠號令人民，因爲有法制存在。但法律知識，應該儘量使它普及，所以法令要儘量制定得明白，使人民都能瞭解，並且由政府公開頒佈，務使官吏與人民都知道，官吏好據之辦事，人民知法就不敢犯法，官吏也就不敢以非法來訛詐人民。這樣大家自然奉公守法。他說：「聖王不貴義而貴法。」認爲法律比道德對人民的約束力更大。推行法制，他認爲必須憑藉賞罰。厚賞守法，嚴懲違令；這樣，人民就不敢玩法犯罪，那麼重刑就等於無刑。又強調法律平等，刑無等級，不論誰犯法，都應該依法判罪，不得減刑，就是君主也要愼守法令。他又說：「三代不同禮而王，五霸不同法而霸。」法制應該配合時代的需要，加以改變，不必沿襲古禮舊法。他主張中央集權，廢除封建制度，將秦國劃分三十一縣，直隸政府。又提出「農戰」二字，說：「欲利者非耕不得，避害者非戰不免。」認爲農人是戰爭的根本，說：「農者寡，食者衆，國家貧危。」大家都要努力耕作；所以他廢除井田制度，任人民自由買賣土地，擴大耕地面積。另一方面又用戰爭去破壞敵國的農業生產，說：「春圍其農，夏食其食，秋取其刈，冬陳其寶。」並招徠三晉人民，前來秦國從事農耕工作，使秦國軍隊能夠得到充分的糧食供應。又提出「舉國皆兵」，把人民分做三軍：壯男一軍，直接用於作戰；壯女一軍，協助盛食負壘；老弱一軍，致力生產，收集糧食。又用「殺敵人一個，升爵位一級」來鼓勵人民。他認爲戰爭本是人民所厭惡的，要使大家喜歡戰爭，看見戰爭就像餓狼見肉似的，父遣兒子，兄遣弟，妻遣夫，都說「不打勝仗，就不要回來！」一聽到戰爭，就舉杯相賀，同聲歌頌戰爭；能做到這一點，「三軍之衆」，自然「視死如歸」，殺敵致果了。他說：「邊利盡歸於兵者強，市利盡歸於農者富」，國家自然富強無敵了。

4.愼到（約當西元前三五〇——二七五） 由於周室衰微，權力旁落；愼到看到這種情況，主張「重勢」，認爲才幹與智慧不值得羨慕，有地位與權力才能治理人。一個人有權力，並不是由於才幹智慧，而是由於他所處地位。「飛龍乘雲，騰蛇游霧」，有雲有霧，龍蛇才能夠飛騰空中；沒有了雲霧，就跟蚯蚓和螞蟻一樣的渺小。當堯是一個老百姓時，不能治理三個人，人民也不會聽他命令；做了天子，就能「令則行，禁則止」；特別強調地位與權力的關係。有地位有權力，就可以指使有才幹有智慧的人；所以國君必須掌握權勢，因自己的地位，善用權力，依據法制，驅使臣下，盡他們的才智，做好事情。這樣，事情沒有辦不好的了。

5.韓非（西元前二八一——二三三） 韓國諸公子，研究權勢法術，又師事荀卿，後來到秦國，游說秦王，被李斯陷害，下獄毒死。他的學說，以老、荀爲依據，集法家諸子思想的大成，自成一家之言。認爲法、勢、術都是治理國家的工具，要好好配合運用。他篤信荀子性惡說，以爲人類滿懷自私利己，徒靠禮治，是不能改正人的惡行，所以主張法治。

他採取商鞅重法的思想，認爲法令可以使一國人步調齊一，主張訂立法制，作治國規矩。法令要編著於圖籍（卽今成文法），向人民公布（公開法），官吏絕對要依法辦事，而且上下都要遵守，不作法外考慮，不在法內施惠，執法要公正，不徇私，「刑過不避大臣，賞善不遺匹夫」，要求絕對公平（平等法）。認爲時代不同，法制必須新訂，以適合當代需要，說：「法與時轉則治，治與世宜則有功。」只知沿用舊制，等於守株待兎，不會有效果。主張重刑，認爲判刑太輕，不足懲罰；許多人不知害怕，繼續犯罪，取非法的利益，終致犯了大罪，不得不判重刑；這時「誅之」，政府又不免有「爲民設陷」之嫌。政府愛民，就應該重刑，使人民早早認識到作奸爲非，所得利小，所加罪大，也就不敢爲非作歹了；假使仍觸犯刑章，被判重刑，也就沒話可說了。

他站在君主立場，採取愼到重勢的思想說，孔子要聽魯哀公的話，是因爲哀公有權勢。所以君主要掌握權勢，領導臣下。其辦法就是要把握「刑」「德」兩個權柄。刑就是殺戮，德就是慶賞；臣子畏刑罰，利慶賞，自然盡心做事。賞與罰是造成權勢的利器，「在君則制臣，在臣則勝君」，權勢不可輕授他人。他認爲權勢對國家與人民都非常重要，好國君（如堯舜）掌握了權勢，就能把國家治理好；權勢要是落入不肖者（如桀紂）的手中，等於「爲虎添翼」，天下就要大亂，成爲人民最大的禍害了。不過，他認爲像堯舜，像桀紂，千百世才會出現一個，一般君主都是中等的人，如能「抱法處勢則治，背法去勢則亂」。

他採取申不害重術的思想，認爲君主也要運用各種治術，駕御臣下；爲君之道，以靜退爲寶。國家待理的事非常多，國君實在無法一一自己處理，所以只能舉拔人才，分職任事，循名責實，考核事功，加以賞罰。這樣，智者自然盡其慮，賢者自然盡其才，君上只管作最後的裁奪決斷罷了。成功由君上享其盛譽，失敗由臣下分擔罪名，國家自然大治。

韓非認爲治國先要解決經濟問題，他說人口是五倍五倍的增加，一個人有五個兒子不算多；一個兒子又各生五個兒子，那麼這個人還沒有過世，就已經有二十五個孫子了，人民生活當然難以解決。他這種學說，比起西元一七九八年英國經濟學家馬爾薩斯的「人口論」，所謂「人口是按幾何級數的方式而增加」的說法，要早了二千年。他認爲只有鼓勵人民努力增產，才能改善人民生活。

三、兩漢三國的政治思想

秦始皇統一中國後，就實行皇帝專制獨裁的制度，壓制人民的思想與言論的自由，像焚書坑儒，禁藏百家著作。漢朝繼秦亂之後，瘡痍未復，民生窮困，人人渴望安養休息；在政治上，道家無爲的政治思想乘機而起。到了武帝時聽從董仲舒、衞綰的言論，推崇儒術，抑黜百家，以後成爲儒家學說獨尊的局面。到西漢末，王莽篡位，更改制度，爲貴族豪強所反對。到光武中興，又改從漢舊，鑑於王莽由三公篡位，故事歸尚書臺，並寵及外戚近習，以柔道御下，獎勵名節，休兵息民，薄役省刑。

至東漢末，外戚宦官，結黨爭權，貪殘牧民，疲駑守境，終至天下大亂。

在兩漢四百多年間，著名的政治思想家，西漢有陸賈、賈誼、劉安、董仲舒、揚雄，東漢有桓寬、桓譚、王充、王符、荀悅、仲長統等人。

1.陸賈　追隨漢高祖平定天下，爲大中大夫，著有「新語」十二篇，包含儒、道二家的思想。他鑑於秦用酷法而亡，漢繼動亂之後，主張要像虞舜的政簡無爲，與民休養；要像周公的制作禮樂，刑格法懸；認爲「君子爲治」，要做到「塊然若無事，寂然若無聲，官府若無吏，亭落若無民，閭里不訟於巷，老幼不愁於庭。……老者息於庭，丁壯者耕耘於田，在朝者忠於君，在家者孝於親。」國君應該修身，任用賢聖，以仁義治國，領導人民，轉移風俗，要像「堯以仁義爲策，舜以禹、稷、契爲杖」。但賢人多不願自求進用，應該「求賢自助」，反對無才，竊據大位。並且認爲法令只能懲惡，不能勸善，說：「穰道者衆歸之，持刑者民畏之。」所以設刑要從輕，爲德應加重，行罰不厭薄，布賞不厭厚。這跟法家主張，恰恰相反。易曰：「天垂象，見吉凶」，這種「天人相應」之說，到了陸賈更加強調，說堯、舜之興，桀、紂之亡，不是天道變更，只是人道改變。「衰亡非天所爲，乃人自取之也」，以爲人道會影響上天，惡政會產生惡氣，惡氣會產生災異，向人示警。像「黑氣苞日，彗星揚光……」都是反常的天象。「聖人因天變而正其失」。

2.賈誼（西元前二〇一——一六九）　博學多才，通達國事，漢文帝很想破格用爲公卿，爲周勃、灌嬰等所阻。後來爲梁懷王太傅，懷王騎馬摔死，傷抑以終，年才三十三。著作今存「新書」

五十六篇，採取道、儒、法各家思想，主張尊君，高倡民本。他認爲漢朝天子，無論對內對外都是至尊至貴，是天下元首，一切都應由君主作最後決定；但又認爲人民是國家的根本，得民國家就安定，失民就危亡；所以法令的制定，政策的釐訂，官吏的任用，一概要爲謀求人民的福利而著想。又提出「天下非一家」所有，像秦代君主專制，以萬民爲芻狗，陳涉發難，人民就起來響應，而推翻了暴政。治民之道，務在裕民富國，應該鼓勵農耕，提倡節約，注重仁義教化。認爲「事愈煩，天下愈亂；法愈滋，姦愈熾」；君主治國，胸襟要恢宏大度，淸虛而靜，擧賢使能，優禮大臣；這樣爲人臣者才能做到國爾忘家，公爾忘私，惟義所趨，助君理民，因應時勢，實行改革。並主張不可刑戮大臣；所以漢時九卿有罪，大皆自殺。

當時諸侯王國封地很大，多的一百多城，小的三四十縣，淮南王、濟北王都因謀叛被誅。賈誼雖贊成封建制度，却認爲這是病腫，一脛大如腰，一指大如股，難以指揮，久必成錮疾；國小就不會有邪心，形勢也不足以行逆；認爲應該採取分化政策，命令諸侯王將土地分封子孫。這政策，後來爲文帝、景帝、武帝所採用。

對當時諸侯王的官屬后妃的稱謂，與天子相同，車服室廬的僭制，主張採取嚴格階級制，地位不同，名號、權力、秩祿、服飾、車馬、妻妾也都要不同。更改官名服制，制定禮樂，使天子高高在上，顯其獨尊。

對當時對匈奴沿用和親妥協，供應采繒的政策，則力加反對，認爲這是「足反居上，首領居下」

，所以應該採取懷柔政策，建三表，設五餌，與單于爭人民，使匈奴的部衆，變成大漢臣民，列處塞外，保衞邊境，這樣就可以制單于的死命了。

3.劉安　認爲國君應該爲民憂勞，不過一個人的聰明不能遍照海內，應該結合天下人的智慧與力量，如此才能得到大衆眞正的擁護。國君要用無爲之術去處事，統一法度，委任臣下，督求成效，如此才能慮無失策，謀無過錯。要分層負責，如果凡事君上跟臣下爭着做，在下爲着保持職位，就只會知道服從，往上推卸，而不肯用他的智能了。政令過繁，就會擾民，好比抱薪救火，越弄越糟，越簡單收效越大。聽人建議，對的就加採納。法律是治國準繩，在伸張公道，要杜絕循私，大家都要嚴守，有法律而不能實行，就跟沒法律一樣。用人要各盡其能，國君只要清靜無爲，總攬大權，責令臣下，各司其事，守法盡職，就够了。這是調和了道家與法家的政治理想，頗合現代的民治主義。

4.董仲舒　漢武帝時爲江都相、膠西王相。他在政治上，特別強調「天人相應」之說。帝王將興，先見美祥；將亡，先見妖孽。天子受命於天，治國施政應該法天之行，深藏爲神，博觀爲明，任羣賢，汎愛衆，以無爲爲道，不私爲寶，自然功成。天有春夏秋冬四時，王有慶賞刑罰四政。如春勸農事，夏賞有功，秋誅賊殘，多刑有罪，以配合天的所行。他認爲遇到亂世就會產生五行的變異。如樹「木」春凋秋榮，就是徭役衆，賦稅重，人民貧窮叛去，反應於天象的現象。這時應該修德政，改缺失，挽回天意。對官吏考績，不管賢愚，只論功罪，加以升黜，百官自然勤職，爭進其功。教化是爲政之本，主張首惡罪特重，餘都可原情輕處。又引孔子說「不患貧而患不均」，認爲要使貧者足以養生。

5.桓寬　漢宣帝時爲廬江太守。所著「鹽鐵論」六十篇，追記昭帝始元六年（西元前八一），丞相車千秋、御史大夫桑弘羊與賢良文學的人士，討論問題，可以看出來自民間的賢良文學等人士，對政府的施政不同的意見。

⑴對漢武帝時爲征討匈奴，補助軍費，實行鹽、鐵、酒專賣，採取均輸、平準法，調節物價。他們認爲這是與民爭利，政府收購物品，徒使商人屯積，物價騰躍，未見調節功能，反成病民之政，應該藏富於人民。⑵對田賦三十稅一，認爲稅率雖低，但以頃畝計稅，凶年也要收足，反不如古代豐歉都和人民分擔的辦法好。⑶對徭役至五十六歲，認爲五十歲以上還要服力役，不是養老之意。⑷對武帝用兵匈奴的政策，認爲過去和匈奴和親時候，胡人親附，沒有邊患，財政求寡易贍，人民安樂無事。後來用王恢之計，引起戰爭，連年不息，勞師動衆，佔領無用的土地，邊民不安之極，只見失策，未見好處；而且「四海之內，皆兄弟也」，故宜修德柔遠。⑸對獻粟買官，戰功授職的辦法，不大贊成，認爲古代用人，只論才能，鄉擇里選，非常愼重。郡國守相，責任至重，尤應愼擇，進用賢能。⑹對貪汚起因，認爲是由於祿薄，不足贍養；並且認爲要屬下廉潔，先要從自身做起。⑺對當時御史大夫強調立法陳刑，在防非矯邪，法疏罪漏，則輕於犯禁，刑一罪人，而萬民歡喜的說法，不完全贊同。認爲「法」不能使人廉與仁；好官吏應該在罪惡未萌前，設法根絕，使人不去爲非，並非以能捕人入獄，判人刑罰爲貴。批評當時官吏，不懂立法的本意，却專依殘心，藉刑法，陷無辜，用連坐法

，由子及父，因弟及兄，所以一人有罪，州里驚駭；無罪相連，這是不對的。德教比刑罰更重要，聖人不過藉法以成教，教育成功，就可以不施刑罰了；「用刑」應持「哀矜勿喜」的心情去執行。並批評當時律令有一百多篇，文繁法瑣，官吏尚且不知所處，何況人民！應多做宣傳工作。(8)對當時接待外賓，多採顯示兵威，炫耀富奢；認爲不宜多誇耀珍奇東西及角牴諸戲，應多陳示中國的人才與文化。

6.揚雄　所著「法言」，論及政治，主張修德爲治國之本，君主應做人民的表率，說「導之以仁，則民不相賊；莅之以廉，則民不相盜；臨之以正，則下不相詐；修之以禮義，則下多德讓。」又認爲施政莫如採取仁者愛民之道：「老人老，孤人孤，病者養，死者葬，男子畝，婦人桑。」

7.桓譚（西元前？——後二五年左右）　漢光武帝時拜給事中，上疏陳時政。著有「新論」二十九篇。主張賢材爲立國之本。王翁攻王莽，因不擇良將而敗死，治國應以尊賢爲務。鑒於秦朝因廢除封建而滅亡，漢朝因景、武二帝抑奪諸王而衰弱，認爲王者初興，應該以同姓親屬、功臣德行爲羽翼，建立藩屏，鞏固國家的基礎。後來晉室大封宗室，却釀成八王之亂，五胡亂華之禍。

8.王充　漢章帝時爲揚州治中。他認爲國家安危，時代治亂，都是由於「命運」與「曆數」，無關「德」化。堯、舜時太平，桀、紂時動亂，由於「命」也。賢君無法改變該亂的時代；就像該命盡，就是扁鵲也沒法醫好。一個人富饒安樂是命祿厚；國家安定，政化通行，也是曆數吉。應效法自然，像曹參爲相，汲黯爲太守，無爲而治。不過，他還是認爲治國應該養德敬賢，養力用兵。像徐偃王修行仁義，有三十二個國家來朝貢，却被楚國所滅；這是有德守國、無力禦敵的結果。像韓非專主用刑法，也不能把國家治好。治理國家，必須德與力兼重，才能使人不戰而服，畏兵而却；對內應該儲德化民，對外應該蓄力防敵。

9.王符（約西元七六——一五七間在世）為人耿介，終身不仕。著有「潛夫論」三十六篇。認為天立人君，在為民除害，應以利民為本；重視輿論，作為治鏡，誘使良士集議，多方採納意見，才能做到上無遺策。事情辦不好，是由於所用人沒才幹，並非世上沒有人才；蓋有才幹的人不肯奉諛，不會阿衆，不願撓法，再加大家嫉忌，所以要據大衆意見，自己觀感兩方面，來選拔人才，只要是人才，就起用，不論其疏遠低下；並且用考試鑑定他能力，像劍不試一試，就不知它利鈍。根據考績，貶愚勸能。制定官俸，要夠人生活，愛職位，而不貪心。刑法是威奸懲惡、為民除害的，要明法嚴刑，改變風俗，令人勿相欺詐，要使好人勸德，壞人痛悔，要無偏無頗，親疏相同，才能建立法律的威權。刑戮是不可避免的，反對元首利用特權，時頒特赦，認為這是「以養姦活罪為仁，放縱天賊為賢」。能教民知，化民心，改變民性情，自成良俗。當時商業發達，從商人多，認為這是一人耕田，百人吃飯，一婦蠶桑，百人穿衣，而提倡耕織，增加生產，不然，天災一來，國家就危險。並批評當日社會風氣的奢侈，說「奢衣服，侈飲食」，無益實用。對於安帝、順帝時，羌人犯邊，認為只有厲武選材，誅虜全境，一步也不可退讓，否則非至亡國不可。

10.荀悅（西元一四八——二〇九）漢獻帝時，官至秘書監、侍中，曹操專權，無法發揮才幹，著有「申鑒」五篇，認爲國家是一個整體，國君是元首，羣臣是股肱，人民是手足，關係至爲密切。元首勤政愛民，等於自愛，所以說：「足寒傷心，民寒傷國」。元首要承天意，正己身，任賢人，恤民情，明（法）制，立農業，淸除虛僞、徇私、越軌、敗制等四患，專力於興農桑，審好惡，宣文敎，立武備，明賞罰五政，務使上下親和，團結爲國。像大家好遊樂，爭名利，政出多門，法令時變，君民相疏，大臣爭權，婦言用，私政行，是衰亂危亡的徵象。治民之道不能專賴嚴刑與敎化，首要還在解決人民生活；衣食富足，才能敎之禮義，使之守法。俸祿過薄，則賄賂公行，貪汚舞弊，主張裁省閒署冗員，節省開支，提高俸祿。

11.仲長統（西元一八〇——二二〇）漢獻帝時，參丞相曹操軍事，主張宰相專政，政專而和諧。著作今存「昌言」四篇。認爲重要的國家行政，有十六項：「明版籍，以相數閱；審什伍，以相連持；限夫田，以斷並兼；定五刑，以救死亡；益君長，以興政理；急農桑，以豐委積；在末作，以一本業；敦敎學，以移情性；表德行，以厲風俗；可才藝，以敍官宜；簡精悍，以習師田；修武器，以存守戰；嚴禁令，以防僭差；信賞罰，以驗懲勸；糾游戲，以杜姦邪；察苛刻，以絕煩暴」；包羅各部門各種措施。

四、魏晉南北朝的政治思想

從東漢衰亡，魏、蜀、吳三國鼎立，紛爭了六十年。到晉受魏禪，統一天下，鑒於曹魏，孤立失國，就大封懿親，作爲屏藩；至惠帝、懷帝時（西元二九〇——三一二），却又發生八王爭權作亂，骨肉相殘，前後二十多年，因內戰死了數十萬人；胡人乘虛入侵，佔領中原，釀成五胡亂華；晉人渡過長江，奠都建康。後來劉裕代晉，建立宋朝。到宋文帝元嘉十六年（西元四三九），北方爲北魏所統一，形成南北朝對峙的局面。南方經宋、齊、梁、陳四朝。北方拓拔魏（西元五三四）分裂爲東、西魏，東魏又被北齊所篡，西魏又被北周所篡；北周又滅北齊；後來北周相國楊堅，廢主自立，是爲隋文帝，又南滅陳（西元五八九），中國復歸統一。這其間，近四百年，是中國歷史上最動亂的時代之一，封建貴族，夷狄胡人，擁兵割據，君多幼弱昏庸，臣多權奸擅制，弒君篡代，戰爭喪亂，幾乎年年不停，人民流離失所，肝腦塗地，生活痛苦極了，所以佛道大盛，玄風獨熾，士大夫對政治問題，除了魏晉的阮籍、傅玄、鮑敬言、葛洪、陶潛……幾人外，很少發表意見。

1.阮籍　認爲天下的危亂，都是由於君子制定了禮法，使人競爭，所以上下相殘。他在「大人先生傳」中說：「夫無貴則賤者不怨，無富則貧者不爭，各足於身而無所求也。……今汝尊賢以相高，競能以相尚，爭勢以相君，寵貴以相加，驅天下以趣之，此所以上下相殘也。」極力抨擊「禮法」，認爲是致亂之源。

2.傅玄（西元二一七——二七八）　晉武帝時爲太僕，著有「傅子」。在政治上，主張正心、講信、至公、舉賢，人力計畫數端。他說君有正心，必有正德，以正德臨民，如樹表望影，不令而行。禍莫大於無信，周幽以詭烽滅國，齊襄以瓜時致殺；示人款誠，民莫敢欺上。政在去私，惟公然後可以正天下。治國先要擇佐，齊桓稱覇，是管仲爲之謀，秦孝富強，係商君爲之佐；賢者，聖人所與共治天下者也。人力應視社會需要，先加計畫；通計天下需要若干人爲士，才足副在官之吏；若干人爲農，三年耕才足有一年儲糧；若干人爲工，才够器用；若干人爲商，才够通貨：爲政之要，即在計人置官，分人授事；士農工商的分配，要隨時注意。

3.鮑敬言　喜歡老莊的書，見葛洪「抱朴子」中的「詰鮑篇」，高倡無君與無政府的說法。他認爲古代「無君無臣」，大家「日出而作，日入而息」，「不競不營，無榮無辱」，沒有兼併，沒有攻伐，沒有賦稅，沒有刑罰，人人「純白在胸，機心不生，含哺而熙，鼓腹而遊」，生活很快樂。後來有了國君與政府，就要供養他們，當然乏衣少食，說：「有司設則百姓困，奉上厚則下民貧」，「況加賦斂，重以苦役」，更加困苦。若再加「桀、紂之徒」做了國君，窮驕淫的惡行，用炮烙的虐政呢！假使桀、紂只是個百姓，生性雖然兇奢，也不能行酷恣欲，屠割天下！這都是由於有國君的緣故。假使沒有國君與政府，「身無在公之役，家無輸調之費」，人民當然可以安居樂業了。

4.葛洪（西元二五〇——三三〇左右）　曾任東晉司徒王導的諮議，著有「抱朴子」一書。他在「詰鮑篇」中論議政治，針對鮑敬言的「無君」，倡說「有君論」。他根據宇宙的演進道理，是由「太極混沌，兩儀無質」，進化到「玄黃剖判，七曜垂象，陰陽陶冶，萬物羣分」（註）；而推論國君的產生，也是人類文化進步的一種現象。認爲原始時代，人類「巢栖穴竄，毛血是茹，無六親之尊卑，無階級之等威」，不如文化進步之後，有「庇體廣厦，稻粱嘉旨」，有「明辟（君）良宰，設官分職」，使「宇宙」呈現出「穆如」的情況好。又認爲大家勢齊力均，就不免有爭奪；所以才有聖人出來領導人類捕魚、鑽燧、耕田、建屋，爲人類去害興利；因此，大家樂意擁戴他做國君。君臣之道，也因此產生。假使沒有政府與官吏，個個爭利訟地，私鬥就要超過了公戰，木棒、石頭可能比干戈還銳利，就要造成叠屍遍野，流血滿路的了；要是長久沒有國君，恐怕人類早就死無噍類了。太平盛世，都是在「有君」的時代。因此，他提出要注意的，是賢君與昏君的問題。在「君道篇」中，他寫出心目中賢君的形象，是能修身爲則，至公無私，進善黜惡，嚴守法度，褒貶公允，立法創制，宏略遠圖，明察抑佞，博採衆見，愛民如己，改絃宜調，以廉恥治人，考試選材，執法嚴明，又能虛心納諫的人。

〔附註〕兩儀、玄黃，均指天地。七曜，謂日、月與火、水、木、金、土五星。

5.陶潛（西元三七二——四二七）　是東晉時著名的田園詩人與隱士。他生當東晉末，親自看到連年戰爭動亂，造成郡縣殘破，農村荒墟，人民死沒的慘況，極端厭惡戰亂，就在他所作的「桃花源記」與「桃花源詩」中，發表他理想的國度，是一個非常完美的世外桃源；這裏沒有暴政徭役，沒有改朝換代，沒有動亂與戰爭，甚至連政府與稅收都沒有，住在這個樂土中，男女努力耕種田地，採桑養蠶，日出而作，日入而息，家家豐衣足食，人人相親相愛，兒童可以快樂地遊戲唱歌，老人不必工作，也可以安閑過日，訪友聊天。正如詩所說：「童孺縱行歌，班白歡游詣」，「怡然有餘樂，于何勞智慧。」

五、隋唐的政治思想

隋朝由於煬帝南平林邑（越南南境），西定西域，東收流求（今琉球），功業甚盛。乃縱心遊幸，大興土木，動用民工兩百多萬人，營東京，造西苑，建迷樓，開運河，再徵集大軍一百一十幾萬征服了高句麗，又南遊江都，人民困苦至極，四方盜賊成羣，紛起割據，終至無法回京。太原留守李淵，聽從次子世民的話，率兵進入西京長安，立代王侑爲帝，遙奉煬帝爲太上皇，自爲丞相。第二年（西元六一八），煬帝被宇文化及所弑，李淵就代隋稱帝，國號唐，任李世民爲尚書令，率兵蕩平羣雄，統一中國。不久，世民繼位，史稱唐太宗，任用李靖、房玄齡、杜如晦、魏徵，振興文教，開闢疆土，東達朝鮮，北併蒙古，西至中亞，聲威遠播，奠定唐代鞏固的基礎。玄宗時，爲加強國防，在邊鎭設置范陽等十節度使。後來終引致安、史動亂，藩鎭跋扈，宦官干政，到昭宗時，崔胤召朱全忠入京，芟除宦官；唐朝宗社，至此也同歸於盡。不久，朱全忠自立爲帝（西元九〇七），國號後梁。其後就進入後梁、後唐、後晉、後漢、後周五代，和吳、前蜀、楚、閩、吳越、南漢、南唐、後蜀、荆南、北漢十國的時代了。

隋、唐時的政治思想家不少；這裏只介紹王通、李世民、陸贄、韓愈、柳宗元數人。

1.王通（西元五八四——六一八）　隋代著名的學者，曾進見隋文帝，奏太平策十二策。煬帝大業中，在河、汾一帶，教授學生，前後有一千多人，卒後，門人諡曰「文中子」。著作極豐，有六百七十五篇，今都散佚，僅存「中說」十篇。他的學生，如李靖、魏徵、房玄齡、杜如晦等人，在初唐政壇都佔有極重要的地位，發生重大的影響。他的政治思想，純屬儒家，想以「王道」政治，安定魏、晉以來的混亂社會，主張注重禮樂文理。他認爲要是將冠、昏、喪、祭等禮制廢止，將使一切大亂，甚至無成人，無家庭，遺親忘祖了。爲政務要役簡刑淸，使君子愛其理想（樂道），小人愛其生命（懷生）。先施德政，才能使民悅服；用刑壓制，徒自使人怨望；賞一勸百，罰一懲衆，就够了，最好用言語與道德感化人民。又說古人出仕，志在行道養人，和今人的逞欲養己不同。行道，就是實行理想的政治；養人，就是爲人民服務的意思。

2.李世民（西元五九七——六四九） 就是唐太宗，在位二十三年（西元六二六——六四九），是我國歷史上有名的君主，著有「帝範」十二篇。由「帝範」與吳兢所撰「貞觀政要」二書，可以看出他對「當一位國君」的意見。他認爲君主應當像山嶽日月一樣的，爲人民所瞻仰，志要寬大，足可包容萬物；心要平正，足可作合理制斷，要威嚴有恩德，要仁慈而溫厚，以愛待九族，以禮接大臣，奉先思孝，處位思恭，盡己勤勞，實行德治義政，使天下無事，百姓安樂。損民奉己，像割股啖腹，腹飽而身斃。「食爲人天，農爲政本」，要崇尚節儉生活，不興土木，減輕徭役，不奪農時，勸課耕織。再說「天下安危，繫之於己」，所以處理各種政事，務要日愼一日，雖休勿休。天子高居簡出，不可能盡見天下事，有過錯聽不到，有了缺點也無法彌補；「以銅爲鏡，可以正衣冠；以人爲鏡，可以明得失」，務使下面的人，遇到不妥地方，直言勿隱，盡情極諫，忠者瀝心，智者盡策，上下無隔，這樣對政教才有好處。絕不可因爲人家的話不合己意，就護短不納。要博求俊英賢才，作自己匡輔，要獎勵忠義，不念舊惡，寬大爲懷，要賞罰公平，有功卽賞，有罪卽罰，只有對不軌之輩（政治犯），可以行特赦。「兵甲者，國之凶器也」，戰爭是關係國家存亡之事，「好戰則人凋」，武力與戰備不可全除，也不可常用。

3. 陸贄（西元七五四——八〇五）唐德宗時做過翰林學士、兵部侍郎、中書侍郎平章事。著作有「翰苑集」十卷，「奏議集」十二卷。他主張國君要注重輿論，「虞舜察邇言，故能成聖化；晉人聽輿誦，故能恢覇功」，要「以衆智爲智，以衆心爲心」，「孜孜訪納，唯善是求」。又說要重義輕利，「以人爲本，以財爲末」，才能振興國家，鞏固君位；國家制定賦稅，首先要輔導厚生之業，然後再收取十分之一的賦稅。對於培育人才，他認爲爵位是天下的公器，有功勳，有才德，才宜處之，要以拔擢表揚異能，黜罷糾正失職，考績高就給特別升遷，無用的趕快斥退，其他「績非出類，守不敗官」的，就據其年資，循序進級。他對於邊防，認爲「武欲勝其敵，必先練其兵」，練兵辦法有兩種：攻討敵國的軍人，要訓練到「進退死生，唯將所命」；鎭守邊疆的軍人，應該安定他們的家庭，使他喜歡他工作，堅定他意志，奮發他氣勢，厚結他恩情，恩威並用，感德敬肅，足兵足食，才能做到「守則固，戰則強」。

4. 韓愈在「原道」篇中，說明君主的產生與責任。他認爲古時災害很多，有聖人出來，教導大家相生相養的道理，像君主，像老師，教他們做衣服，找食物，建宮室，製造用具，交易貨物，研究醫藥，治病救死；建築城郭，設置軍隊，制訂各種禮樂制度，替人民解決各種問題，消除各種禍患；所以人民要出粟米麻絲……來奉事君上。在「對禹問」中，討論君位繼承人的問題，認爲堯、舜傳位給賢人，是基於人民利益；禹傳位兒子，是顧慮大家爲爭君位而發生動亂。傳位給聖人，大家不敢爭；假使沒有這樣的人，就不免會發生爭位的事。傳位給兒子，由於君位繼承人早就決定，因此不會發生爭位的事。國君的兒子雖然不一定都好；天生的大好人不多，大壞蛋也不多；大體說來，一般君主還都能遵守法度。當然，傳位給兒子，要是遇到大壞蛋，人民也就不堪其害了。

5.柳宗元（西元七七三——八一九）　唐順宗時，王叔文當政，被引用做禮部員外郎；王叔文失敗，也被牽連貶作永州司馬；後來調任柳州刺史。著作有「柳河東集」。他演繹老子「無爲而治」的政治哲學，作「種樹郭橐駝傳」；借郭的話，認爲政府對人民，不宜採取過分的干涉制度，像早晚派人來催你耕田，要你種植，快些收穀，早些繅絲織布，好好撫育孩子……這樣，小百姓忙着慰勞招待，就沒有時間增加生產了；像是愛民，結果却害苦了百姓。他在「送薛存義序」中，認爲一個官吏應該知道自己的職務，爲「民之役」（猶今言公僕）。人民納稅，僱傭官吏；官吏接受人民所付直（待遇），若不好好做事，就應該受到黜罰。

六、宋元的政治思想

宋太祖趙匡胤，原是後周世宗時的殿前都虞侯，屢立戰功。世宗崩，恭帝繼位，年才七歲，軍隊擁匡胤爲帝，建立宋朝（西元九六〇）。在五代幾十年間，更換了八姓十二君；這些君主，大多是因擁有兵權而得位，所以軍人率多輕視天子，跋扈專權。宋太祖有鑑及此，登位第二年，「杯酒釋兵權」，收回了節度使的各種權力，並採取「重文輕武」及集權中央的政策，設立禁旅，由自己統帥，又漸用文臣主管軍政，由於做法過分，軍隊戰力自然削弱；再加後晉石敬瑭將燕、雲十六州割讓給契丹，險要盡失，胡騎可以長驅直下；兩宋三百多年間，遼、西夏、金、元，交互入寇。最後終爲元人所滅（西元一二七九）。元人入主中國後，壓迫漢人，四出用兵，約九十年，就被朱元璋所逐，退回蒙古。

元朝因歧視文人，在政治上，當然談不到有什麼大思想家；這裏介紹宋朝的范仲淹、歐陽修、王安石三人。

1. 范仲淹（西元九八九——一〇五二）　宋仁宗時，爲陝西安撫詔討副使，守邊數年，西夏不敢來犯。升爲樞密副使、參知政事，大行改革。著有「范文正公集」二十九卷。他論政的文字，多見於論議書奏之中。他論治國之道，要文武並重，認爲與四夷交好，少能始終；何況由京都至邊地，沒有關嶮，一旦釁端忽作，胡騎一縱，信宿千里，若無名將，恐怕無法守住，或守不能戰，戰又無功，必須趁太平時選擇有謀有勇之士，加強邊防軍備。國事太多，無法獨當，故要選任賢能；但上下職權，定要劃分清楚。如宰相職在「師表百僚，經緯百事」，將帥職在「修方略，威夷狄」。地方行政主管（刺史縣令），尤應愼加選擇，百姓休戚，實繫其人。應由各有關方面舉薦人才，再審查他們過去工作的功過；允當了，再加引對，才能得到適當的人選。對於人事問題，政能可嘉，擢以不次；無可稱述，至老不遷；這樣，人人才會奮勉，求其績效。現在文職三年一遷，武職五年一遷，叫做磨勘（考績），好壞並進。這那裏是升黜的本意？誰又肯多做事呢？爲國家興利去弊呢？

2.歐陽修（西元一〇〇七——一〇七二） 宋仁宗時歷官右正言、翰林學士、樞密副使、參知政事，著作有「歐陽文忠集」一百五十三卷、「新唐書」、「新五代史」等。當時夏竦與王欽若、丁謂等朋比爲奸，誣陷范仲淹、杜衍及歐陽修爲「黨人」。修乃作「朋黨論」，說明自古小人，要陷害忠良，就指做「朋黨」；要動搖大臣，就誣爲「專權」；希望藉此盡逐忠良，傾陷大臣。又說小人常爲利祿，暫引爲朋；利盡就相殘害；只有君子，才眞正爲道義，結爲朋黨，期能同道相益，同心濟國；應當用君子的眞朋，斥逐小人營私取利的僞黨。堯用八元八凱，天下大治；東漢末禁錮名士，目爲「黨人」，天下大亂；強調黨派關係國家的興亡治亂。

3.王安石（西元一〇二一——一〇八六） 宋神宗時爲翰林學士、參知政事，著有「王臨川集」一百卷；其中劄子、奏狀、書、疏、論議等文字，談論政治的很多。宋人每年要輸送歲幣給遼，給西夏。王安石認爲要富國強兵，湔雪國恥，必須變法維新，作全面性改革。建國根本在立法與理財，法子好才能去弊，有錢才能辦事，首先設立一個策劃財經的臨時機構，由度支使、鹽鐵使、租庸使三司集中人才組成，叫做「三司條例司」，編訂財政法規，國家預算。又採集各方意見，研討時弊，提出改革性的新法：

(1)青苗錢：猶今農貸。由政府貸款給農民，收利息二分，春貸秋還，幫助農民度過青黃不接的難關，避免農民受富豪高利剝削。政府收些利息，作薪俸、運費、消耗、辦事的經費。

(2)均輸：使各地互通有無，徙貴就賤，用近易遠，旣便轉輸，又省勞費，並防止商人，壟斷擡價。

(3)市易：設立市易省，扶助商人，辦理抵押貸款，收購滯銷貨品；每年政府又可以有幾萬緡的利息收入。

(4)募役：又叫「免役法」。國家的各種勞役，都是由鄉戶義務充當。他認爲這是不公平的，主張所有人（包括官戶、單丁、女戶在內）都應據家資高下，出錢僱人代役，叫做「募役」。

(5)保甲與保馬：他主張施行精兵與皆兵的政策，先淘汰老弱，裁軍六十萬人，爲加強各地防務，改變過去由京師派禁軍更戍各地，分禁旅爲九十二將二十五指揮，駐防各區。並實行「保甲」，藉鄉村的人民，二丁取一，充當保丁；十家爲一保，五十家爲一大保，十大保爲一都保，設都保正，負責訓練保丁武藝、作戰、陣法，使全國民兵都能參加作戰，防盜守土。並由政府借馬匹給保丁，委託他飼養使用；馬病死則由保丁賠償，叫做保馬。

(6)兵器：設立軍器監，總管兵器的製造與改良。

(7)方田：以東西南北九千步爲「一方」，每年九月按田地的肥瘠，分做五等，徵收稅款。

由此，可見王安石的政治主張與措施，偏重於實務，尤其重視富國強兵的政策。

七、明清的政治思想

朱元璋建立明朝（西元一三六八），奠都金陵。永樂初，成祖遷往北平（西元一四〇三），國勢頗盛。至正德間，重用閹黨，國事漸非。萬曆時大事開礦擾民。天啓時復用閹黨魏忠賢。崇禎時，搢紳爲惡多端，百姓痛恨入骨，再加連年飢饉，流寇蔓延，李自成攻陷北京（西元一六四四），思宗自縊死。清人乘機入關，建立清朝。在康熙、雍正、乾隆三朝最盛。以後終因專制腐敗，閉關自守，不求進步，至道光間，逐漸衰落；與英國鴉片戰爭失敗後，清廷弱點畢露，引致列強勢力不斷入侵，國內也動亂不安。至光緒、宣統之間，中國幾瀕於被列強瓜分的危運。曾國藩、李鴻章、張之洞等主張自強，輸入西方的船堅砲利各種洋務；終因政治腐敗如昔，收效甚微。康有爲、譚嗣同等主張變法維新，亦告失敗；國父 孫逸仙先生首倡革命救國，組織興中會，在日本東京聯合華興會、光復會等革命團體，組織「中國同盟會」，在國內積極發動革命。辛亥年（西元一九一一）十月十日武昌起義，終於推翻了滿清，建立中華民國。我國數千年來皇帝專制的政體，至此宣告結束。

明、清二代，在政治上有卓越見解的人不少；這裏僅介紹王守仁、黃宗羲、顧炎武、王夫之、康有爲、譚嗣同等人。

1. 王守仁　明正德時巡撫南贛，平定宸濠之亂；嘉靖時總督兩廣，破斷滕峽賊；著有「王文成全書」三十八卷。他的政治觀，是由儒家的「大學」思想出發，主張「政在明德、親民」；而且要求「止於至善」。他在「大學問」、「親民堂記」、「答顧東橋書」中，強調治理國家的「大人」，當以天地萬物爲一體，視天下猶一家，中國猶一人」，都像是他的兄弟赤子的親人，莫不要「教而養之」，達成「萬物一體」的想法。在「答顧東橋書」中又說，要選擧有德的人，出來任事，使終身居其職，不加更易；假使工作正合他的才能，他也就不會感到煩劇勞苦，卑瑣低賤了，都應以安定天下的人民爲職志，才是。

2.黄宗羲（西元一六一〇——一六九五）　明末清初的學者。明朝將亡，爲救國奔走各地；明朝滅亡，奉母回鄉，努力著述，有「明儒學案」、「明文海」、「明史案」、「南雷文集」……等八百三十九卷。所著「明夷待訪錄」一卷，專論政治，鼓吹民權。他在「原法」中，說：三代以前，是爲着人民的利益而立法；二帝三王知道人民不能沒有吃、穿、教育，所以給田地種稻栽麻，設學校，制婚禮……這些法，未嘗爲一己的利益而立。後代，君主得到了天下，只怕祚命不長，子孫不能保有，思患未然，制定各種法，却都是爲了一家的利益而立的；像秦設郡縣，漢封庶孽，宋解除方鎭大權，都是爲着帝王一家的利益而立的。帝王要囊括天下的利權，盡藏自己的筐篋裏，事事出於自私，懷疑別人也是如此，用一個人，就用另一人箝制。天天爲筐篋中物擔憂，所立法當然也就是箝制人民的法了。在「原君」中，說：古代的君主是不以一己的利害爲利害，務使天下蒙受其利，盡去其害，勤勞超過天下人千萬，又不能享受其利，自不是人情所要做；所以古人不要做君主的有許由、務光；做了又離開的有堯、舜。後代，君主認爲利害之權，都由我支配，要將天下的利盡歸於我，害盡歸於人。視天下爲自己的大家產，要傳給子孫，受享無窮。這就是漢高祖所說：我所建立的家業，比老二，誰多？古代以人民爲主人，後代以國君爲主人；所以爲了爭天下，不惜屠毒人肝腦，離散人子女，來博得產業，奉養我一人。在「原臣」中，說：一個人出仕，要認清是爲天下，不是爲國君，是爲萬民，不是爲一姓；要注意的是人民的憂樂，不是一姓的興亡。

3.顧炎武　明末的名學者，在吳江起兵抗清，戰敗逃走；明亡，交結志士，密謀復明。著作有「天下郡國利病書」、「日知錄」、「亭林文集詩集」等數十種。他痛恨當時士大夫無恥，臣事異族，作「廉恥」一文，認爲「禮義，治人之大法；廉恥，立人之大節。」做大臣無恥，就會無所不作，天下又那有不亂，國家又那有不亡的道理？說：「士大夫之無恥，是謂『國恥』。」而治亂關鍵，在能否轉移人心，整頓風俗；所以教化紀綱是不可缺少的。又主張廢封建，爲郡縣，說：「使縣令得私（治）其百里之地，則縣之人民，皆其子姓；縣之土地，皆其田疇；縣之城郭，皆其藩垣；縣之倉廩，皆其囷窌；爲子姓，則必受之而勿傷；爲田疇，則必治之而勿棄；爲藩垣囷窌，則必繕之而勿損。」地方行政，由地方辦理，可以鼓勵大家努力建設。

4.王夫之（西元一六一九——一六九二）　明末的學者，抱有匡復國家的大志，涉嶺表，入桂林，依大學士瞿式耜。明亡，逃隱於湘西石船山中，著作極豐富，包羅經、史、子、集四類，共七十種三百五十八卷。他在「黍維翰論」中，對「桑維翰勸石敬瑭，借契丹兵，滅後唐」一事，痛斥爲「禍及萬世之罪人」；蓋有感於當日吳三桂引清兵入關，洪承疇率清兵南侵的無恥。在「噩夢」中，對於當日清人圈占漢人的田地，作畋獵、下營之所，說：「若土，則非王者之所得私也。」對當日安置流民，提出「屯邊」、「分田」等辦法。認為官吏的職守，在清、愼、勤三點，但俸祿須能養廉，才能爲國效功；不然，「誘取其錢穀於前，而聽其取償於民，各予之以生計，而委之以自掠」，不是辦法。

5.康有為（西元一八五八——一九二七） 清末學者及政治家。光緒十四年（西元一八八八），伏闕上書，主張維新變法，未被採用。後又屢次上奏，終爲光緒帝所重視，用爲工部主事，與譚嗣同等人實行新政。舊黨擁慈禧太后臨朝，囚禁光緒，殺譚嗣同等六君子；康有爲與弟子梁啓超逃亡海外，組織「保皇黨」，鼓吹君主立憲。民國成立後，勾結張勳，謀復辟，終無所成。著作有「大同書」等多種。大同世界是他的政治理想；他所提改造社會的辦法，據梁啓超「清代學術概論」所列，有十三條：

(1)沒有國家，全世界分成若干區域，設置一個總政府。
(2)總政府、區政府，都由民選。
(3)沒有家族，男女同居，不得超過一年，屆期換人。
(4)婦女懷孕時，入胎教院；產兒入育嬰院。
(5)按兒童的年齡，分發入蒙養院，以及各級學校。
(6)成年後，依政府指派，分任農工等生產事業。

(7)有病就入養病院，老就入養老院。

(8)各區胎教、育嬰、蒙養、養病、養老等院設備，都期最完全，使進入其中的人都能享受到最高的愉樂。

(9)成年男女，須若干年間，服役於此諸役，恰如世界各國的壯丁，都應當服兵役一樣。

(10)設立公共宿舍，公共食堂。其中又分等級，使各按勞作的收入，自由享用。

(11)用最嚴的刑罰，警惰懶。

(12)有學術的新發明，或在上述五院中，著有勞績的人，得受特殊獎賞。

(13)死就火葬。火葬場的鄰近，就設肥料工廠。

6. 譚嗣同（西元一八六五——一八九八）從小有大志，博覽羣書，在長沙和唐才常、黃遵憲等組織「南學會」，談論新政。光緒二十四年，德宗召他入京；七月起用爲軍機章京，加四品卿銜，參與新政。不及十日，卽爲舊派反對。他暗邀袁世凱入京護駕，對抗舊派，爲袁出賣，密告榮祿，發生「戊戌政變」，光緒被慈禧太后囚禁瀛臺，譚與康廣仁、楊鋭、楊深秀、林旭、劉光第六人，在八月十三日被殺害。著作有「仁學」等數種。他在「仁學」中說：孔子立教，在廢君統，倡民主，變不平等爲平等。豈謂爲荀學者（指韓非、李斯、董仲舒），盡亡其精意，反授君主莫大無限的權力，使君主能挾持孔教，以制天下。二千年來，君臣一倫，尤爲黑暗，無復人理。君主並非智力過人，所恃以虐四萬萬的大衆，實賴三綱五倫的字樣能制人心。歷代君主一面宣稱維持倫常，一面却破壞倫常，瀆亂夫婦之倫，妃御多到不可計算，割勢閹寺，幽閉宮人，殘暴連禽獸也比不上。生民之初，本來沒有君臣，大衆共擧一民當「君」，可說由民擇君，非君擇民。君旣由人民共擧，必然也可由人民共廢；君不過是爲人民辦事的人，臣是助辦民事的人；人民繳納賦稅作辦事的經費，還辦不好，換了他，也是天下的通義。豈謂擧戴爲「君」，他就竭盡天下人的身命膏血，供他游樂怠傲、驕奢淫殺呢？供一身之不足，又要傳之萬代子孫！人民却俯首帖耳，坐受鼎鑊刀鋸，壓迫殺害，不以爲怪。實在太可怪了。由此，可見他反對君權言論的激烈。他也反對滿清專政，說：奈何使愛新覺羅，竊據中國，壓制中國；中國猶奉之如天。對當日外患日深的形勢，認爲只有「變法」，才能挽救亡國亡種之禍。他也主張「世界大同」，認爲沒有國家，沒有君主，天下成爲一家，地球才會和平大治，說：「無國則畛域化，戰爭息，猜忌絕，權謀棄，彼我亡，平等出。君主廢，則貴賤平；公理明，則貧富均。千里萬里，一家一人；視其人，同胞也；父無所用其慈，子無所用其孝，兄弟忘其友恭，夫婦忘其倡隨；……殆彷彿『禮運』大同之象焉。」

＊　＊　＊　＊　＊

自從辛亥革命成功，在國父　孫中山先生領導下，建立中華民國，將幾千年來的帝制政體，從此掃除廓清，使全國各種族的人民永遠掙脫了奴隸的枷鎖，所有的人民恢復了平等的地位。但建設富強的國家，改善大衆的生活，仍是現在我們所應該繼續努力的方向。過去時代，各政治思想家所發表的政治言論，適合現代的，我們可以採用它；但要永遠牢記住：一切應以全民的利益爲施政的方針，一切應以國家的富強爲立國的大計；所以人人都應該徹底以實現　國父倡導的三民主義的理想政治，作爲我們的政治理想。

第四章　教育思想

李　鍌

「教育」一詞，可以有廣義與狹義兩種解釋，廣義地說，所謂教育，就是生活。例如原始時代的人類，穴居野處，茹毛飲血，進化到鑽木取火，養牲畜以充庖厨，再進而到農業社會，這些生活的演進，實際上都是教育活動的結果。所以說人類全部的歷史，也就是人類的教育史。狹義地說，教育是指由特定的人員，特定的場合，在特定的制度下，指導受教育的人，學習某種事物的活動。說文云：「教，上所施，下所效也。」「育，養子使作善也。」這便是教育二字狹義的解釋。

依照廣義的解釋，自有生民以來，便有教育。因爲教育既與生活範圍相同，則有人類便有生活；有生活便有教育了。依照狹義地解釋教育，則人類文化，必須進步到特定的階段，方才能夠產生。因爲其時社會組織漸趨複雜，各種事業也有分化的必要，人類學習生活必需的智識技能，也日益迫切，於是正式的學校教育，就應時而產生了。

一、唐虞夏商周的教育思想

我國的教育，自廣義而言，從中華民族的起源，便有教育的存在。自狹義而言，則可推至唐虞時代開始。尚書堯典云：「乃命羲和，欽若昊天，曆象日月星辰，敬授人時。」羲氏、和氏是掌天地四時之官，所以堯命他更定曆法，教導人民，使人民知道耕作的時日，不至於有所缺失。可見這時也有特定的教育人員，從事於農業教育；而且教育內容愈益豐富，除了耕種之專門技能外，又注意到天時了，這在農業教育上，可說是一大進步。

尚書舜典云：「帝曰：『契，百姓不親，五品不遜，汝作司徒，敬敷五教，在寬。』」所謂五品，就是孟子所說的君臣、父子、夫婦、長幼、朋友。五教，也就是五常之教。父子有親、君臣有義、夫婦有別、長幼有序、朋友有信，舜典又云：「帝曰：『咨四岳，有能典朕三禮。』僉曰：『伯夷。』帝曰：『俞，咨伯，汝作秩宗。』」三禮是指天神、地祇、人鬼之禮。秩宗是主郊廟之官，又云：「帝曰：『夔，命汝典樂，教胄子。直而溫，寬而栗，剛而無虐，簡而無傲。』」舜命契教五倫，命夔教音樂，命伯夷掌三禮，可見當時的教育內容，主要是倫理與禮樂，而司徒、典樂、秩宗便是掌教育的主管了。

根據禮記王制：「有虞氏養國老於上庠，養庶老於下庠。」舜的時候，不僅有專官掌管教育，而且有特定的教育場所了，庠者養也，又曰米廩。蓋學校是基於孝養之心而設。王制又云：「凡養老，有虞氏以燕禮。」柳詒徵氏認爲：「其養之法，必不止於帝者來庠之時，一擧燕禮而已。凡在庠之老者，必有常年之膳食，如近世各國之有養老金者然。而老者在庠，無所事事，則又等於素餐。故必各就所長，及其多年經驗，聚少年學子而敎之。於是耆老之所居，轉成最高之學府。而帝者以其爲宿學之所萃，亦時時蒞臨，以聆其名言至論，取以爲修身治國之準繩。少年學子，見一國之元首，以隆禮在庠之師儒，則服敎說學之心，因之益摯。」這一段話對於虞舜時代學校養老的用意已說得非常的透闢。

夏代的敎育思想。大抵沿襲虞的舊制，仍重養老。不過學校的名稱不曰庠，而曰序。禮記王制云：「夏后氏養國老於東序，養庶老於西序。」「東序」「西序」，相當於舜時的「上庠」「下庠」，也就是所謂大學、小學，設在國都，此外在西郊別有鄉學曰校。至於敎育內容，除沿用禮樂二科外，特重習射。射以序爲主，故以序名學。可是此時已有專門的體育與軍事的養成敎育學科了。

商代的學校名曰學，禮記王制：「殷人養國老於右學，養庶老於左學。」右學就是太學，在西郊；左學是小學，在國中。另外還有鄉學曰序，設在州遂，爲平民敎育的場所。而右學、左學則爲貴族受敎育場所。所以殷商時代的敎育，似乎已有貴族與平民分途受敎的狀況。禮記明堂位云：「瞽宗，殷學也。」瞽宗，是樂師瞽矇之所宗，由此知道，商人特重於音樂敎育。

西周是承襲殷商的文化，自文王以來，已形成一個禮義之邦，至周公努力有加，一切文物燦然大備。敎育方面，尤所注意。西周學制，分爲國學與鄉學兩種。鄉學是地方之學，其名稱依區域的大小而異。閭曰塾，黨曰商校，州曰夏序，鄉有虞庠。里胥鄰長分爲之師，中年考校，三年大比，彙其賢能，貢於國學。國學有四郎：虞庠在其北，夏序在其東，商校在其西，當代之學居其中，南面而三學環之，命之曰膠，又曰辟雍。

據周禮地官所載，鄉學課程，約有三種，一曰六德：知、仁、聖、義、忠、和；二曰六行：孝、友、睦、姻、任、恤；三曰六藝：禮、樂、射、御、書、數。國學課程，師氏以三德三行教國子。三德，郎：一曰至德，以爲道本；二曰敏德，以爲行本；三曰孝德，以知逆惡。三行郎：一曰孝行，以親父母；二曰友行，以尊賢良；三曰順行，以事師長。保氏則以六藝六儀教國子。六藝郎：五禮、六樂、五射、五馭、六書、九數。六儀郎：祭祀之容、賓客之容、朝廷之容、喪紀之容、軍旅之容、車馬之容。從這些課程看來，西周時代的教育思想：㈠注重倫理道德教育，由孝親開始，推及至於社會國家；㈡注重藝能教育，訓練學子，使能具有六藝之技能；㈢注重禮樂教育，使能化民成俗，尤能喪禮特別重視。因爲宗法社會，尊祖敬宗最爲緊要；㈣注重實行教育，對於日常生活之儀容禮節訓練倍受注意；㈤注重軍事教育，由六藝中的射、御，以及六儀中的軍旅之容、車馬之容，可以知道軍事教育之受重視；㈥注重政教合一教育，所謂官師不分，做官的郎是教育執行者，當時負責實際教育責任的官吏是師氏、保氏。

二、春秋戰國的教育思想

東周包括春秋與戰國，在此時期，舉凡政治經濟之制度，社會之組織，皆有根本的改變，故教育制度，亦不能不隨之而變。

1.官學式微　西周時代，官學本極興盛，東周以後，漸形荒廢。詩鄭風子衿序云：「子衿，刺學校廢也。」左傳昭公十七年：「天子失官，學在四夷，猶信。」十八年：「葬曹平公，往者見周原伯魯焉；與之語，不說學；歸，以語閔子馬，閔子馬曰：『周其亂乎……夫學，殖也，不學將落，原氏其亡乎?』」由此可見官學的衰微。至於貴族子弟，皆有師傅與公族大夫，則不因官學沒落而失却其受教育的機會。

2.私學興起　由於官學的衰微，私家講學便代之而起，各樹一說，設館授徒。首先辦理私學者，當推孔子，其次墨家也主辦私學，呂氏春秋當染篇謂孔墨二家：「徒屬彌衆，弟子彌豐，充滿天下。」可見當時墨家弟子的衆多。此外名、法諸家，也皆招徒講學。此種私學的興起，以彼此思想相同之關係，各自形成一個團體，在社會上造成極大的潛在勢力。

3.學術發達　私家講學之風既起，各家除了聚徒講學之外，在學術上也多能自成一家之言。又因當時社會的劇變，於是產生許多新理論與新方法，以解決日益滋繁的實際問題。同時各國雄峙，也非大批英才俊秀不可，凡此，皆為導致當時學術發達之主因。所以春秋戰國學術之發達，為前所未有，對於後世之影響亦極大。

春秋戰國時代，各家蠭起，各有各的思想，各有各的解決時局辦法，就教育思想而論，重要而足可一述的，厥推儒、道、墨、法四家。

㈠ 儒家教育思想

可以孔子、孟子、荀子三人爲代表。

1. 孔子　孔子生於混亂的春秋時代，以爲欲救治社會秩序之紊亂與人民之貧困，唯有教育。所以即以教育作爲挽救世道人心之主要政策，一本「吾道一以貫之」的精神，從事於教育工作。所謂「一以貫之」之道，即是「仁」。「仁」爲孔子的整個思想中心。無論教育目的，教材內容，教學方法，訓育目標等，莫不以「仁」爲其指導原則。

孔子的教育思想，最主要的是要使人成爲一個術德兼修的君子，所以特重道德教育與人格教育。雖然論語述而：「子以四教，文、行、忠、信。」以文爲首，實則學而篇所云：「弟子入則孝，出則弟，謹而信，汎愛衆而親仁，行有餘力，則以學文。」才可以眞正看出孔子對於道德教育之重視。所以對「德之不脩，學之不講，聞義不能徙，不善不能改。」最感憂慮，因而要求學生必須「志於道，據於德，依於仁，遊於藝。」

孔子的人格教育，着重於身敎。他認爲以身教者從，以言教者訟。爲政如此，爲師亦然。所以說：「政者，正也。其身正，不令而行；其身不正，雖令不從。」無論是爲君爲師，都必須具有偉大的人格，如泰山北斗，化雨春風，行不言之敎，感人更深。他說：「天何言哉！四時行焉，百物生焉，天何言哉！」便是身教重於言教，也是人格教育最具體而微的說明。

孔子的教學精神，一是「學而不厭，誨人不倦。」一是「有教無類」，所謂「自行束脩以上，吾未嘗無誨焉。」至其教學方法，要求學生先博後約，學思並重。同時採取「不憤不啓，不悱不發」的啓發式教學，注重因材施教，人之個性各異，所需的教導也各自不同，所以論語書中諸弟子問仁問孝，孔子所答亦各有異，凡此皆可見孔子重視個性發展的教育。此外，孔子還主張學習應重興趣，有興趣學習才有成效，所以說：「知之者，不如好之者；好之者，不如樂之者。」

總之，孔子的教育思想，雖時隔兩千餘年，而歷久彌新，與現代教育思想，頗多吻合，孔子之被稱爲萬世師表，可見絕非偶然。

2.孟子　孟子的教育思想，是以性善說爲根本。以爲人性皆有善端，教育之道，祇在順其本性，予以擴充，便可以達到聖賢的境地，所以孟子論教，特重自動，亦即所謂啓發式教育，教師之與學生，有如「時雨化之」，不言而教，使學生深受感化，是教育最高方法。至於如伯夷、柳下惠，聞其風，能使頑夫廉，懦夫立志，薄夫敦，鄙夫寬的人格教育，更是孟子所特別重視的。

其次，孟子認爲教育應有一定的標準，學者絕不以進程遲緩而改變其志趣，教者也不以資質魯鈍而降其標準，懸的以趨，不達不止，才能見到教育的功效。

再有，環境之於人，關係也非常綦巨，富歲子弟多賴，凶歲子弟多暴，並不是先天的才質有什麼不同，而是後天的環境，使其心陷溺，所以孟子對於環境教育也非常注重，如何使學生處於良好的環境，使其日益向善，則是教師應有的責任。

3.荀子　荀子對於人性的看法與孟子迥異，主張性惡，如果順人之情，「必出於爭奪，合於犯分亂理而歸於暴。」所以必須經過教育，才能起僞化性。而且特別主張「隆禮與樂」，以爲禮能節制人的私欲，樂能陶冶人的性情，都是促使去惡向善的好工具。荀子對於人性的看法，雖然與孟子不同。但是注重環境教育與學貴有恒，却與孟子相同。「蓬生麻中，不扶自直」即是說明環境教育的重要。而學者則必須具有「鍥而不舍」的苦學精神，方克有成。同時荀子又注重「積善」，認爲積土可以成山，積水可以成淵，積善可以成德，要成聖必須從積善做起。至於教材，除詩、書、禮、樂外，又益以春秋。學習的層次是「始乎誦經，終乎讀禮。」以爲天下之道盡於此矣。

總之，荀子的教育思想，是以性惡爲出發點，以爲理性並無最高指導力，必須以外在禮義的修爲，眞積力久，才可以達到至善之境。

4.學庸　大學、中庸原是禮記中的兩篇，朱熹始將其與論語、孟子合爲四書。學庸兩書，實際上包含有儒家全部的倫理哲學與教育哲學，所以探討儒家的教育思想，便不能不注意學庸二書的教育思想。

大學首章卽云：「大學之道，在明明德，在親民，在止於至善。」此三綱領可以說就是大學的教育目標。三綱領中以明明德爲首要，因爲能明其明德，才能親民，才能止於至善。要明其明德，必自修身始，所以大學教育特重修身，「自天子以至於庶人，壹是皆以修身爲本。」而修身之道，則自格物、致知、誠意、正心入，修身之事做得完善，然後可以齊家、治國、平天下。

「止於至善」是大學教育的最高目標，學者在學習的過程中，必須知其所當止，才可以做到定、靜、安、慮、得，達到預期的教學目的。

此外，大學對於推己度人的絜矩之道，也特別重視。所謂絜矩之道，就是「所惡於上，毋以使下；所惡於下，毋以事上；所惡於前，毋以先後；所惡於後，毋以從前；所惡於右，毋以交於左；所惡於左，毋以交於右，此之謂絜矩之道。」此實即發揚孔子忠恕之道的教育思想。

中庸開章明義即云：「天命之謂性，率性之謂道，脩道之謂教。」標明教育的宗旨，在於遵循人性，修明人道而已。而論治學的方法，則提出五個步驟，即博學、審問、愼思、明辨、篤行。同時勉勵學者要有「困知勉行」的精神，所謂：「有弗學，學之弗能，弗措也；有弗問，問之弗知，弗措也；有弗辨，辨之弗明，弗措也；有弗行，行之弗篤，弗措也。」能够如此，必定可以收到「雖愚必明，雖柔必強。」的效果。

中庸最主要的教育思想，是要使人自誠而明，或且是自明而誠，而達到「至誠」的地步。因爲只有至誠，才能盡己之性進而盡人之性，盡物之性，贊天地之化育。明誠最基本的功夫，便是「愼獨」，同時還要注意到「致中和」。

中庸有云：「尊德性而道問學，致廣大而盡精微，極高明而道中庸，溫故而知新，敦厚而崇禮。」應該可以說中庸的教育思想盡在於止矣。

(二) 道家教育思想

道家以返歸自然爲最高理想，所以反對一切穿鑿性眞與繁文縟節的教育內容。可以老子、莊子二人爲代表。

1.老子　老子是主張自然主義者，以爲社會動亂，盜賊多有，是由於人類有無窮的欲望，所以說：「罪莫大於所欲，禍莫大於不知足，咎莫大於欲得。」人之所以會有無窮的欲望，則是由於知識的過多。所謂：「智慧出，有大僞；民之難治，以其知多。」故主張「絕學無憂」，祛除純粹主知的教育。老子認爲最理想的教育，莫過於「行不言之教」，亦卽自然教育的意思。準此而行，便可以使民自化、自正、自富、自樸的地步，收到教育的功效。

2.莊子　莊子以爲「吾生有涯，而知無涯。」以有限的人生，去追求無涯的知識，自然是勞頓終生而不能窺其全貌。而且知識之內涵，往往因觀點之不一，立論根基之或異，而有淆亂不清之情形，所以齊物論說：「彼亦一是非，此亦一是非。」與其捲入若覺若夢的是非漩渦中，何如排遣一切爭辯而游心於逍遙自適的境界中。莊子又認爲「天下每每大亂，罪在於好知。」因而也反對主知的教育。

(三) 墨家教育思想

墨子時代略後於孔子，當時國際社會，已因諸侯的大力擴張而變得戰爭連年，百姓窮困流離，所以墨子的主張便與孔子大異其趣。他認爲天下之亂，均由於人類不相愛，所以教學生要「兼相愛，交相利。」如此則天下無由而亂。墨子同時也教人要勤儉，勤儉則足，足則不相爭，不相爭自然便相愛了。墨子的教育思想中，特別重視實用的觀念與實證的態度，經說中提到知識的來源，認爲是由於師長的傳授，理智的推論，與親身的體驗。非命篇更主張研究學問，第一要本於古代聖王之事，其次要原察百姓耳目之實，而最重要的，要發以爲刑政，以觀察其中國家百姓之利，其講求實用與實證的態度，完全是一副篤實踐履的作風。

(四) 法家教育思想

法家主張法治，所以在教育思想上，也異於其他各家。由於太平之道在於法治，因而對人民之教育，就不在乎如何啓發個人的思想，培養個人的自尊，而只着眼於如何使百姓瞭解法律，遵守法律，此爲法家教育的基本目標，又因法家之興起，正是戰禍頻仍的春秋戰國時代，當時最大的要求，莫過於如何富國強兵，所以法家的教育思想中，難免都帶有軍國主義的色彩。其間可以管子、商鞅與韓非三人爲代表。

1. 管子　管子輔佐齊桓公成就霸業，其成功因素固然很多，但是對教育的重視，應該是最重要的一點，他說：「十年之計，莫如樹木；終身之計，莫如樹人。」至其教育思想，着重教民禮、義、廉、恥，因爲禮、義、廉、恥乃國之四維，四維不張，國乃滅亡。要使人民知道四維，就必須先要使人民衣食無虞，所謂「倉廩實而知禮節，衣食足而知榮辱。」所以管子非常重視民生教育。其次，管子認爲士、農、工、商各有其專業教育，不可使雜處，如此可以使其父兄之教不肅而成，子弟之學不勞而能。這是最早重視職業教育的主張。管子的軍國民教育，在兵法篇中論之甚詳，要使卒伍之人，人人相保，家家相愛，死喪相恤，禍福相憂，如此則夜戰其聲相聞，足以無亂；晝戰其目相見，足以相識。自然以守則固，以戰則勝。用此方法來教育百姓，無怪乎能使桓公稱霸天下。

2.商鞅　商鞅的教育思想，完全在於富國強兵。嚴格要求百姓遵受法令，同時主張農戰教育，使百姓平日努力於生產，戰時則勇於爲公家作戰。而最反對一般儒生放言游說，農戰篇說：「雖有詩書，鄉一束，家一負，獨無益於治也。」史稱商鞅治秦，重戰勳，尚首功，可謂實利的軍國主義教育的典型。

3.韓非　韓非爲法家的集大成者，其教育思想不外一「法」字，五蠹篇說：「明主之國，無書簡之文，以法爲教，無先王之語，以吏爲師。」韓非認爲「聖人之治國，不恃人之爲吾善，而用其不得爲非也。」所以不贊同啓發式的教育，而主張嚴刑峻法的教育。他說：「今有不才之子，……夫以父母之愛，鄉人之行，師長之智，三美加焉，而終不能動其脛毛。……州部之吏，操官兵，推公法而求索姦人，然後恐懼，變其節，易其行矣。」至於儒家的尊古法先王的觀點，韓非也是極力反對的，因爲社會是進化，合於古的，未必合於今，不切實際，徒然令人「疑當世之法，而貳人主之心。」此外，軍國民教育，也是非常重視的。

三、兩漢的教育思想

漢代自武帝之後，儒術定於一尊，所以漢世的教育思想，大多爲祖述儒家的傳統學說，有一小部分則是儒家學說的反動。

1. 董仲舒　董仲舒有見於當時社會，師異道，人異論，百家殊方，指意不同，法制屢變，上無以持一統，下不知所守，因而主張抑黜百家，獨尊儒家，使異端之學滅，邪僻之說息。他的教育思想，正是循儒家思想而來。不過他不承認人性有絕對的善惡，性固然可以爲善，但不一定就是善，所以特別重視教育的重要性，以爲性非教化不成，教化才能使性爲善，而教化的工具，則是仁、義、禮、樂，尤其是樂最能移風易俗，除此之外，諸凡不在六藝之科，孔子之術的，都在摒除之列。他要求學者要「正其誼不謀其利，明其道不計其功。」此說對後世宋儒影響極大。至於立學校之官，州郡舉茂材、孝廉等制度的建立，也都由董仲舒所發。

2. 劉安　淮南王劉安，其思想屬於儒、道兩派之間，而以老莊爲主。他認爲人性是「清淨恬愉」的，是善的，其所以惡的緣故，是由於嗜欲所致。他說：「水之性眞清，而土汨之；人之性安靜，而嗜欲亂之。」所以主張養性，以全其眞。而教育的目的，卽在於使人反其本性，不爲物欲所遮蔽。他特別重視人格教育，以爲「身曲而影直者，未之聞也。」此正孔子所云：「其身正，不令而行；其身不正，雖令不從。」之意。至於教學內容，仍不出儒家之仁、義、禮、樂。他說：「仁以爲經，義以爲紀，此萬世不更者也。」又說：「賢者立禮，而不肖者拘焉。」「義者，人之大本也。」此外詩與春秋也是教育重要科目。教學方法則重因材施教，循序漸進，使各有所宜，各盡所能，以收教學之效果。至其所重視之羣學切磋，環境教育等，均與現代之教學原理相吻合。

3. 揚雄　揚雄的教育思想，建立在他對人性的見解。他認爲人性是善惡混，修其善則爲善人，修其惡則爲惡人。要修善去惡，就必須學，他說：「學所以修其性也，視、聽、言、貌、思，性所有也，學則正，否則邪。」學必有師，尤其需要良師。因爲「師者，人之模範也」。所以務學不如求師。有了良師之後，還得要「彊學而力行」，努力而不懈，與朋友相互切磋。他強調「學以治之，思以精之，朋友以磨之，名譽以崇之，不倦以終之，可謂好學也已矣。」揚雄除了人性有其個人的見解外，其他大抵繼承了儒家教育思想的精華。

4. 王充　王充對於人性有新見解，以爲性是稟氣而生，稟氣有厚泊，所以性有善惡。他將性分爲上中下三等，上等人性善，如孟子所述；下等人性惡，如荀子所述；中等人之性，則善惡相混，如揚雄所述。性有善惡之分，所以必須教育以改變之，而教育中改變性情力量最大的，莫過於禮樂。他說：「性情者，人治之本，禮樂所由生也；故原情性之極，禮爲之防，樂爲之節；性有卑謙辭退，故制禮以適其宜，情有好、惡、喜、怒、哀、樂，故作樂以通其敬。」其次，王氏主張實知之學。任何知識，必須要源於觀察，成於思考，不可憑空虛構，亦不盲從盲信，對於教學，重視環境，以及因勢利導，至於個性之適應，亦不容忽視。

四、魏晉南北朝的教育思想

魏晉三四百年間，世亂頻仍，戰禍連結，在中國歷史上，是一大動亂時代。此時儒家思想漸趨衰微，而道家清靜無爲，與世無爭的思想，便乘機而起，清談之風大爲盛行，而佛教思想，因與道家有相近之處，故亦引起普通的信仰。清談之風大盛，進而排斥道德，反對禮教，缺乏奮鬥向上之精神，對於教育不無影響。而佛教思想的盛行，固能引起學者對於哲理之探究，成爲宋明理學之先驅，但在另一方面，却也養成消極的態度，以致於厭世而不積極。好在教育思想上，儒家的勢力並未完全喪失，反對清談無爲的世習，力排厭世消極態度的，仍大有人在。其中可以傅玄、顏之推、田疇、葛洪等爲代表。

1. 傅玄　傅玄對於人性的看法，與揚雄的善惡混說極近似，他認爲人有好善尙德之性，也有貪榮重利之性。同時又認爲人之性如水，置之圓則圓，置之方則方。是極活動，極易於教化的。而教育的目的，即在於貴其所尙，抑其所貪。傅玄是極反對當時清談的氣習，所以極力主張尊儒尙學，設太學以教百官子弟，以禮義爲教，造就人才。他也主張農工商應施以職業訓練，俾收豐其衣，足其器，適其貨的效果。

2. 顏之推　顏之推生當南北朝之時，目覩亂世士子只知崇尙清談，毫無實學，完全失去中國人節操之觀念，所以主張重禮義，尚德操。顏氏家訓中說：「君子當守道崇德，蓄價待時，爵祿不登，信由天命。」顏氏特重家庭教育，家訓中所述，皆訓勉其子弟立身治家之法，讀書處世之道，實是家庭教育的最佳教本。他重視幼兒教育，認爲人當幼小之時，性情純潔，尚未染上惡習，易於教誨，否則，既費力，又費時，還未必能收到效果。其次，主張教育必須重師道，效法古聖先賢，因爲良師的感化力最大，家訓慕賢篇說：「言笑擧動，無心於學，潛移默化，自然似之。」這說明教者「身教」的功效與價値。

此外，顏氏鑒於當時士大夫只知宴遊玩樂，而不知從事生產，於是積極提倡勞動教育，以爲不知耕稼之苦，勞役之勤的人，是難以應世經務。

顏氏的教育思想，在南北朝萎靡之學風中，當能一正當時的世風人心。

3.田疇　河北人，幼好讀書，善擊劍。東漢末年，董卓當政，綱紀破壞，他卽不問世事，隱入山林，畫疆而治，從事於社會教育事業，如制訂約束殺傷犯盜爭訟之法，以及婚姻嫁娶之禮，興辦學校等，遂致道不拾遺，遠夷致貢，是當時極出色的一位社會教育家。

4.葛洪　葛洪在歷史上，雖以道家修練著名，但在他早期的生活中，倒是服膺純粹的儒家思想。他認爲人是萬物之靈，但必須賴教育的力量，才能使人之天性得到充分的發展。教育的功用，固是使人察往知來，變化氣質，而另一方面，教育也是爲人處世，治國安民的要道。所以他認爲，帝王元儲，比一般人更需要入學受教，加強學識，增進品德，否則主持國家大政，難免會因學識涵養不足而禍國殃民。

五、隋唐的教育思想

隋唐時代，結束魏晉南北朝數百年紛擾的局面，而恢復大一統的國家，政治漸趨安定，在學術思想上，儒家亦恢復其崇高之地位。尤其科擧制度的實行，政府以利祿籠絡士人，而科擧考試的內容又不出儒家的經典，是以儒家思想大興。同時、佛敎思想也極爲昌明，於是形成儒釋兩大洪流，影響敎育思想頗大。

1.王通　字仲淹，河東龍門人，後人稱爲文中子，曾作王氏六經，今已不傳，傳者唯其弟子所集之中說，可以代表儒家之思想。他以爲人性乃五常之本；五常者，仁、義、禮、智、信。五常同本於性，則性無不善，故其主張窮理盡性，允執厥中，則人人可以成爲聖人。教育的目的：在求道，而不在求利。而教育的內容，則以禮、德、仁、義爲重，惟王通以爲民生裕而後教之比較容易，故主張「富而教之」，要使民富，當以勤勞爲宜，故又提倡勤勞教育，此在科擧取士之時，誠屬難能可貴。王氏又力主教師教人，必須先「度其言，察其志，考其行，辯其德。」再隨學者之個性，予以適當之教學，此與孔門因材施教之方法是相承的。

2.孔穎達、顏師古　孔穎達、顏師古二人，均爲唐代著名的經學家，奉唐太宗命校訂五經異同，撰五經正義，遂成爲當時學校的統一教材，官吏考試亦以此爲本，對於唐代教育影響極大。孔、顏二氏因係經學家，經學家的教育思想重在明經，經明而後，一切道理亦隨之而明。是則孔、顏二氏，在經學教育的推進，可說是功不可沒。

3.韓愈　韓愈是繼王通之後，惟一堅持儒家道統最力的人，他極力反對佛老的思想，所作「原道」一篇，可見其衞護儒家之道的精神。他的思想有破有立，在教育上，他主張性分三品，而教育的功效，非但對於上品的人，可以導之爲善，使其學而愈明，卽使下品的人，亦可使之畏威而寡罪，成爲一個守法的良民。而中品之人，介乎善惡之間，其可塑性尤高。他批評孟子、荀子、揚雄以爲「擧其中而遺其上下者也，得其一而失其二者也。」此外，他認爲教育的目的，在明先王之道。先王之道，不外仁義道德，禮樂刑政，此皆表現在詩、書、易、春秋之中。而教師的職責，則在於傳道、授業、解惑。他特別強調尊師重道，而且要不恥下問，才能學有所成。至於老氏所謂「剖計折衡」，佛家所謂「清靜寂滅」，旣違先王之敎，又反自然之理，所以極力排斥。

4.柳宗元　柳宗元的教育思想，是混和儒、釋二家而予以折衷。他的教育目的，是爲了明道，其答韋中立論師道書云：「及長，乃知文者以明道。」他認爲學者習聖人之文，應該求其道而遺其辭。對於管仲的四維論，則不表同意，以爲廉恥係由禮義入，未有禮義而無廉恥，有廉恥而無禮義者，故云：「吾見其二維，而未見其所以爲四也。」至於爲學的方法，則是受佛家的影響，以爲人有道德之本，五常之質，只要明以鑑之，志以取之，就可以彌六合而奮百代，聖賢之事畢矣。

5.釋家　佛敎在唐代極爲興盛，其根本思想雖是出世的，但是除天臺宗外，其他各宗都肯定人性爲善，故其教育主張，多以「見性」「顯性」爲主旨，其方法則重守戒律，靜養省悟，以打破人我之界限，徹底了解生死之眞義。尤有進者，佛家特重智慧的啓發，意志的鍛鍊與情操的培養。此皆與近代教育理想極相似。同時，佛門的教育方法，知識的傳授與身體的勞動並重，啓發式教學與灌輸式教學相互參用，可說是頗爲實用的教學法。

六、宋元明的教育思想

宋代國勢雖然積弱不振，但學術的成就却是輝煌的。書院講學之風大盛，理學也隨之而起。理學家講學，每有新意，而不限於經典，且注意宇宙本體問題，以及人性與宇宙之關係，修養問學之道。雖然其間有朱陸之別，然其強調教育的重要性，則是各家之意見均同。元朝以異族入主中國，對漢族，除施以威迫外，尚利用中國固有柔性文化之宋儒學說，而爲教育上之種種設施。故程朱之學，到元代尤爲昌明。明代承宋元之餘，仍以理學爲中心，至王陽明之說出，王學遂與宋學相頡頏矣。茲將宋元明諸大家的教育思想，分述於下：

1. 王安石　王安石是有宋一代有名的政治家，他的思想全出自儒家。在他從事政治改革之時，深感人才的缺乏，於是主張培養人才爲修政之要道，而教育的目標，正是要培養出能爲天下國家用的才智之士。所以徹底改革學制，罷科擧，興學校，廢詩賦明經諸科，專以經義策義取士。又提倡武學、醫學、律學等，在教育方法上，注重人格的感化、反對規律的束縛，所謂：「善教者藏其用，民化上而不知所以教之之源。」如此才能收到潛移默化之功。同時，他也主張道德教育，以為「朝廷欲有所為，異論紛紜，莫肯承德，此蓋朝廷不能一道德故也。」至於陶治人才，他提出教、養、取、任四原則。而教養取任又總括於教育範圍內，可見王氏之教育思想，完全是受其政治理想所影響。

2.程顥、程頤　程顥、程頤兄弟二人皆為宋代有名之理學家，同時也是教育家。學生極多，造就不少人材，成為宋代理學的主流。程顥主張人之心性本善，發之於情，乃有善與不善，而教育的目的，卽在「求其放心」，將已放之心，復入身來，自然便能下學而上達。他最重仁德，以為仁者渾然與物同體，義、禮、智、信皆是仁，所以教人要識仁。識仁之法，祗在於誠敬存之而已。從誠敬入手，居處恭，執事敬，與人忠，便是求學最善之法，誠敬之極致，便能心地鏡明，與天地萬物同體，此亦卽仁之境界。此外，他也要求學者要內外兩忘，然後可以澄然無事，而至於「定」「明」的地步，同時，還要博學而篤志，切問而近思，如此則仁在其中矣。

程頤學說，有與程顥不一之處。他以為性卽理，理無不善，故性亦善；氣有清濁，才禀不同，乃有善惡之分。而教育的目的，則在於學聖人。要達到聖人之道，必須從盡心、知性、反身而誠上下工夫。至其教育方法，首重居敬，使心不二用；其次在於養氣寡欲，求精神之統一，然後不為外物所惑，可以專志於學問。而進學之道，則在於致知，致知在窮理，窮理的方法有三：一是讀書講明義理。讀書明理，非思考不可。二是論古今人物，分別其是非，以為一己之榜樣。三是應接事物而處其當。

3.朱熹　朱熹論性本於張載，分爲天地之性與氣質之性。天地之性生於「理」，理是善的，故天地之性亦是善的；氣質之性生自「氣」，氣有清濁之別，故氣質之性亦有別。此實「理氣二元論」之說。是以他認爲人之心，發於理者爲道心，發於氣者爲人心，教育的功效，即在發揮道心而變化人心。亦即發揮本然之性，變化氣質之性，使達於聖人之境，他也承繼程頤之說，主張人之修養應自內外兩方面入手，內則居敬，外則窮理。居敬貴在專一，專一則不至爲物欲所引誘。此又必須自「內省體察」與「外修靜坐」下工夫。窮理則偏重於知識的探討，朱子在這方面成就較大。至於教育方法，首重立志；志立然後學問可次第著力。其次求精進，唯有精進不懈，方能「做得工夫」；三是力行，他說：「知之之要，未若行之之實。」可見他非常重視力行。他主持白鹿洞書院時，曾訂有學規。主要在教人明五倫，父子有親，君臣有義，夫婦有別，長幼有序，朋友有信。方法即是博學、審問、愼思、明辨、篤行。朱子對於童蒙教育也極爲重視，他認爲古時小學教人以洒掃、應對、進退之節，親愛、敬長、隆師、親友之道，都是修身、齊家、治國、平天下的根本。所以幼稚教育，主要目的是要使其「習與知長，化與心成」，不至於有扞格不勝之患。因而他特別蒐集經傳中有關幼童教育之文字，別輯爲「小學」一書，以作爲幼童教育的教本。此外，朱子對於孟子特別重視，自從他撰四書集註以來，士林學子，莫不弦誦，自元至清，且與五經同爲科舉取士之所本。

4.陸九淵　陸九淵是個純粹的「唯心論」者，他主張「心卽理」，以爲宇宙卽吾心，吾心卽宇宙，所以說：「萬物森然於方寸之間，滿心而發，充塞宇宙，無非此理。」因而教育的目的，卽在於明理，他說：「塞宇宙一理耳，學者之所學，要明此理耳。」明得此理，則外物不能移，邪說不能惑。陸氏的教育方法，首重「有所立」，能有所立，則卓然不為流俗所移；次為重思考，能思考，則是非取捨，判然而明，決焉無疑矣；三為主靜，他教人為學多靜坐，以固本心，本心存，精神自能在內。由於陸氏之學以己心為主，所以主張教育者只在保存此良知良能，不必支離瑣碎去追求外在的知識，故云：「學苟知本，六經皆我注脚。」此與朱子頗不相同，朱子偏重於道問學，而陸氏則偏重於尊德性。

5.王守仁　王守仁是明代的大儒，世稱陽明先生。他承繼宋儒陸九淵「心卽理」的說法，而主張「致良知」，「知行合一」。他與朱子根本不同之處，朱子主「卽物窮理」，王氏則主「卽心窮理」。他的教育目的，在養成一種安分守己、勤業務正的善人，善人修養到盡處，卽可成為聖人。此為王氏學說的平實處，亦是其高明處。而入手的工夫，卽在致良知，因人與天地萬物本為一體，只是人時為私欲所蔽，乃致本體不明，所以祇要以教育力量，去人欲而致良知，使其恢復原本靈明不昧、眞誠惻怛的面目，卽是一個堂堂正正的善人，若能推極此工夫，以達到盡性知命的境界，便是聖人。王氏極反對朱子將修養與問學分作兩段事，所以提倡「知行合一」之說，認為「一念發動處便是行。」又說：「知是行之始，行是知之成。」以此為教育思想史上一大創見。至其教育方法：一、去私欲，存天理，立聖人之志。二、戒愼恐懼，勿失其本體之正。三、由近及遠，推己及人，可與天地萬物為一體。王氏又極注重幼稚教育，以為幼時打定根柢，至長自然成材。他不注重打罵，而注重啓發，並提倡情感教育。其主張見於訓蒙大意一文。

七、清代的教育思想

清初，明末遺老感於家國之痛，一面著書立說，鼓吹民族思想，一面痛詆理學之空疏無用，大倡「舍經學而無理學」之主張，使學者脫離理學之羈絆，用力於經世致用之學。中葉以後研究學術，以漢學爲主，採用漢儒治經之方法，竭力於考據與訓詁。晚季，因受外力之衝突，及西洋學術之影響，於是紛紛提倡新式教育，派遣留學生出國，主張中學爲體，西學爲用，此在中國教育思想史上，是一重大之改變。茲分述具有代表性之各家教育思想如下：

1.黃宗羲　黃宗羲曾從學於劉蕺山，蕺山是王學的殿軍，所以他的教育思想，大致本於陽明的「致良知」說。但他並不墨守王學的舊說，他認爲致良知的「致」卽是「行」，聖人教人，祇是一個行，因而反對王學末流的空虛靜坐，而力主「卽知卽行，卽心卽物，卽動卽靜，卽體卽用，卽工夫卽本體，卽下卽上，無之不一，以救學者支離眩騖務華而絕根之病。」其目的是想造就實用之人才。在教育方法上，他認爲學者應兼通經史，以致用爲依歸。所以「學者必先窮經，然拘執經術，不適於用，欲逸迂儒，必兼讀史。」他一生便致力於史學的研究，因而成爲清代史學之祖。黃氏的教育思想中，尤其值得重視之點，就是他對於學校職能之看法，他認爲學校不僅是養士之所，而且是社會中心，表達民意與監督政府的機關，所謂「治天下之具皆出於學校，而後學校之意始備。」在三百年前，有此民權之教育思想，確具卓見。

2.顧炎武　顧炎武是淸初致力於民族復興運動的學者，深悉明朝亡國的原因。於是極力抨擊當時的科舉制度，批評當時的教育措施。認爲教育只不過是爲應試科舉而已，造成空疏不學，枉道從人。所以主張教育目的，應在於「經世致用」，造就一批有才能之士。所謂才能之士，非僅要有豐富的實用知識，還得要志節高尚。因而他的教育方法便從兩方面入手，一是博學於文，以造就學者廣博有用的知識；一是行己有恥，以樹立學者高尚的人格。同時他認爲學問之事應包括下列諸項：一、獨立的創造；二、實地的考察；三、廣博的考證；四、實用的學問。其中考證方面，他的成就極大，影響所及，造成乾嘉之世考證獨盛的風氣。

3.顏元　顏元治學，初是研習宋明性理之學，先信王、陸，後宗程、朱，最後捨宋明直承孔孟之學。他論性卽宗孟子性、情、才皆善之說，而反對宋儒所謂氣質之性是惡的主張。他特別重視勞動教育，以爲勞動乃道德修養的極則，他說：「人心動物也，習於事，則有所而不妄動，故吾儒時習力行，皆所以治心。」又說：「吾用力農業，不遑事寢，邪妄之念，亦自不起。」凡人之治心，去邪念，滅私欲，勞動是爲最有效之方法。此論點與一般理學家以唯心方法作道德修養者不同。此外勞動可以使筋骨竦，氣脈舒，身體精壯，所以也是養身的最好方法。再者勞動也是知識的源泉，他認爲「格物」，就是放手實做某事，亦卽孔門六藝之學，勞動是求知的唯一方法，凡事經過實習之後，才能徹底瞭悟。因而他反對書本知識，反對虛靜爲教育方法，在他主持漳南書院之時，卽將其理想付諸實施。設有文事、經史、武備、藝能等課。除文事、經史外，其武備課，卽教以戰法、陣勢、技擊；藝能課則教以水學、火學、土學等課程。其目的卽在要學者從勞動實踐中，求得實用的科學新知。此見解打破中國兩千年來鄙視勞動的觀念，而奠立近代勞動教育思想的基礎。惜其思想未能在當代發生作用。

4.曾國藩　曾國藩曾將學術分爲義理、考據、辭章與經濟四大類，且認爲義理與經濟特別重要。曾氏有見於海禁洞開以後，在幾次戰爭之中，中國屢敗於外人，深感西洋之科學文明，非中國固有學術所能及，於是力主派遣子弟出洋學習軍政、造船、步天、算法、測海、製器等新知識。並設江南製造局，以從事於西書的繙譯，主要目的，是想大量介紹西洋的學術思想，希望一般知識份子能藉此瞭解西學的重要，蔚成風氣，革新教育。

5.李鴻章　李鴻章對於洋務最爲重視，認爲與洋人交接，必先通其志，達其欲，周知其虛實誠僞，而後才能有稱物平施之效。而且洋務是國家懷遠招携之要政，不能假手於「通事」往來傳話，所以大力主張設外國語言文學館，期能藉以盡得西人之要領。於是在上海設立廣方言館，以教授西語文爲主。同時，他見及西方的技藝非常發達，力主派遣子弟出洋學技。主要是學軍械技藝，俾使學成回華，分撥各營訓練，以開風氣。並創辦武備學堂，儲備人才，以爲國用。

6.張之洞　張之洞最有名的主張是「中學爲體，西學爲用。」認爲在學習西學知識之同時，亦應奠立中國舊學的根基，使學者能以忠孝爲本，以中國經史爲基，將來才能蔚爲國用。對於西學，他又分爲西藝與西政兩種，算、繪、礦、醫、聲、光、化、電等稱之爲西藝；學校、地理、度支、賦稅、武備、律例、勸工、通商等稱之爲西政。他認爲西藝必須專門研究，短期內難以見效，而西政則易得要領。因此，主張西政急於西藝。同時他又主張改訂學堂章程，規定中等以上學校，必習西語文，大學堂無論經學、理學、中文學、史學各科，尤必精通洋文而後所用乃廣。本此宗旨，他在湖北創設自強學堂。對於派遣學生出洋留學，他尤看重日本，認爲日本與我同文同種，距我國甚近，學習西洋業已有成，其學有西洋之長而無西洋之弊，故無論由語文習俗及經濟與實效觀點，均應派遣學生赴日，尤重於赴歐美，清末大批國人赴日留學之風，實係彼全力倡導之功。

第五章　經濟結構

方祖燊

經濟越快速成長，國家的力量越見強大，國民的生活水準越見提高。要想經濟快速成長，必須有健全的經濟結構。這裏專從文化史的觀點，介紹中國過去的農業、商業與工礦業的萌生與發展，度量衡與貨幣的制定與演變，交通的開發與成果，財政賦稅的制度沿革等等情況，使大家對我國歷代經濟情況，有個概要的認識。

一、農　業

中國是一個以農業爲主的國家，農業是解決我們生活主要的生產事業，所以歷來都非常重視。

㈠ 先秦時代的農業

相傳伏羲教民畜牧，神農教民耕種，開創了中國農業；我們的祖先才有了來源穩定的食物，而不虞匱乏了。

堯舜時，禹治洪水，開闢許多溝洫，對灌溉農田有很大貢獻。後人對農田水利設施，也代有創建。

在殷墟甲骨文中，已有很多和農業有關的文字；由此，可知殷在盤庚後，農業已相當發達。西周時，農業已成人民主要的生產事業，耕作技術與農具改良，都有很大的進步，並且採取井田制，平均分配耕地，沒有貧富問題，農民的生活頗為安定。

其實，「井田制」在黃帝時就存在了。農耕與畜牧都需要土地，自不免有爭奪土地的情事發生。為解決這個問題，相傳黃帝就實行土地公有制，採取「井」字形狀，將每塊土地劃分為九區，中央一區為公田，鑿一口水井，大家公用；周圍八區為私田，平均分配給八家農民耕種，產生了「井田制」。這種制度，經過唐、虞、三代都未加改變，耕種的農人只有土地使用權，沒有所有權，不能買賣移讓；所有權歸天子所有；周詩有「普天之下，莫非王土」的說法；土地支配權，屬於貴族（天子、諸侯、卿大夫）。孟子說：「夏后氏五十而貢，殷人七十而助，周人百畝而徹，其實皆什一也。」夏朝每家農民分配土地五十畝，以五畝收入作交給政府的租稅，叫做貢。殷朝每家七十畝，周朝每家一百畝；中間公田，借八家人力耕種，所收穫的穀物，卽歸公家所有，當做租稅，叫助叫徹。家，指已婚成家的男人，又稱「夫」。就周朝來說，百畝土地，勤力耕種，上可養活八九人，下可養活五人。平均每畝年可收粟一石半，豐收可達三四石。耕種三年，有一年餘糧，因此歉收也不致餓死。這種平均分配土地的制度，使人民生活沒有特別的差異，足可維持一家人生活。至人口過多，另外加授土地；下級官吏工商子弟沒有工作的，也分配若干土地給他們耕種。

農家注重副產業，如女人織絲績麻，爲製衣裳；飼養家畜，供食用、祭祀，種樹做棺槨，完全採取自給自足的經濟制度。再加鐵製農具，牛爲犂田，糞作肥料，開發溝渠，整修隄防，提高技術，產量增加，自然使人民豐衣足食了。

井田制度，到春秋以後，由於分配不均，界限不清，逐漸隳壞。秦孝公時，商鞅因爲秦國地大人少，鼓勵人民擴大耕地的面積，以盡人力地利，徹底破壞了井田制度，規定可以自由買賣田地，「任人所耕，不限多少」，人民對土地擁有所有權，爲永久產業，只要他向政府繳稅，就行。這的確刺激了生產，大大提高了產量。但也造成了後來有錢人大量兼併土地，形成貧富懸殊的問題。

(二) 漢朝的農業

漢朝承戰亂之後，農村衰落，田地荒蕪，一石米，五千錢，人相食，死過半。孝惠、文、景諸朝屢下勸農的詔令，力謀復興農村。土地政策，仍沿秦制，收十五分之一的田稅；景帝時，更降低到三十分之一。遇到天災地震，常減免租稅。經過七十年的安定與努力，可說家給人足，生活富裕。可是，富商大賈，經商獲利奇盈，就大量購買土地，每畝良田，約值萬錢（黃金一斤），產生了不少大地主。至使有些農民無地可耕，降低稅率的好處，多落入地主的手中；富者愈富，地連阡陌，生活奢侈，極其尊榮；貧者愈貧，無衣無食，有嫁妻賣子，有流爲盜賊的。所以武帝時董仲舒、哀帝時師丹，都曾建議「限田」，都因人反對，未能實行。京城中民食，由各地產糧區轉運入京；歷代都特別注意漕運政策。武帝實行「屯田制」，利用戍邊軍人開墾邊荒，自給自足；屯田政策，唐、宋尤盛，後來更擴展到內地要地。漢宣帝五鳳年間，豐收穀賤；耿壽昌建議，設立「常平倉」，增價收購；待穀貴時，再平價出售，以調節穀價。其實平糴的辦法，春秋戰國時管仲、李悝就曾施行過。常平倉也就成了歷代常有的一種設置了。

王莽代漢，下令恢復井田制，將田地收歸國有，叫做「王田」。男口不滿八，田地超過一井的，要分給沒有田地的人。但遭到強烈的反對，王莽也因此敗亡。東漢因襲舊制，佃農生活始終未能改善多少；末季大亂，穀一斛五十餘萬錢，民生之困，無以復加。

(三) 魏晉南北朝的農業

魏晉南北朝時，戰亂，稅重，農民力耕積粟，安定時豐足，兵災時艱苦。

晉武帝統一天下，取法井田遺制，實行占田制。男女按照年齡，分等配田課稅。不幸惠帝時發生內亂，未能徹底實行。晉人渡江，土地政策，毫無規畫，農村由於戰亂，成爲廢墟，時見於詩什。北魏孝文帝，模仿占田制，實行均田制，將無主的田地，加以分配，男子受田四十畝，女子減半。桑田定爲世業，可以買賣，田數則加以限制。

(四) 隋唐宋的農業

隋朝統一天下，由諸王至都督給永業田，多者一百頃。官吏給職分田，一品也高達五頃。對農民政策，開皇五年設立義倉，備救濟歉收；唐人還貸放種籽；後人相沿，不出隋唐範圍。

唐朝仿北魏均田制，實行授田制，男子由政府給田一百畝，八十畝爲口分田，只限一代；二十畝爲永業田，可傳給子孫。移居他鄉時候，可以出售。中葉以後，授田制廢弛，王公、大官、豪富、寺觀，大量兼併土地，每擁有幾萬畝田地，形成「莊園」，因此許多農民又淪落爲佃戶。陸宣公奏議說：「有田之家，坐食租稅。每田一畝，官稅五升；私家收租，殆有至一石者」，二十倍於官稅。佃農生活困苦，可想而知。

宋朝政策保守，不敢改革，一任吏豪，剝削農民。莊園更形發達，各地常見整個村，屬於某大地主所有；其姓卽爲莊名。佃農莊戶差不多佔全國農民三分之一。謝方叔說：貴勢之家，租米有達百萬石者。王安石提出「方田法」，賈似道提出「官田制」，都是想抑制土地的兼併，都因地主反對，而不能實行。自耕農也因徭役繁重，高利剝削，生活也十分困苦。王安石頒行「青苗法」，貸款農民，利息只收兩分，也因舊派反對，亦告失敗。南宋初，朱熹倡設「社倉」，由農民自己經營，辦理貸款；利息公積達到本金十倍時，貸款就不收利息，饑荒時還可發倉辦理賑濟，是農業合作的組織。

(五) 元明清的農業

元朝在種族歧見下，漢人生活就很悲慘。蒙古王公官吏大力侵奪土地，作爲采地，大的數萬戶，小的千戶、萬戶，招募農民耕種。江南豪族仍擁有大量土地，每年收租二三十萬石，也多的是。地主對佃戶，視同奴隸；佃戶子女，地主可以任意取爲奴僕婢妾。田稅雖然不高，但佃農交給地主田租却很高。農民不斷被徵服兵役，隨蒙古人遠征，馬匹也被徵用，生活非常悲慘。元末水旱成災，饑饉連年，饑民就起來反抗了。

明太祖洪武間，命戶部丈量天下田地，計有八百五十萬七千多頃，製訂地籍册，登記地主姓名、畝分，並畫田地的圖形、分界，稱做魚鱗册。在地政上，這是一個很大的措施。土地分官田、民田兩種。官田數量很大。明武宗時，皇莊不下三百多處；大的皇莊有高達二萬頃。神宗封福王時，搜括豫、魯、湖、廣的田地，達四萬頃。皇家本身就是最大的地主。不過，明朝很注意水利設施，全國開築塘堰工程多達四萬八十七處之多。鼓勵移民邊區，由政府供給資金、車、牛、農具、種子，開墾的面積也不加限制。

清人入關後，將官田、無主田，盡分滿清的王公、勳臣、八旗官兵。又因承戰爭之後，鄉村荒蕪；清初以勸墾爲政策，並給遠赴邊地墾荒農民，種種優待。以開墾荒田數量，爲督撫以下地方官吏的考績，也積極推行倉儲，囤積糧食，操縱穀價，枷號示衆，米麥沒收。宣統三年設立殖業銀行，通融農民資金，只因資本額有限，效果也不大。

＊　＊　＊　＊　＊　＊

我國農業產生很早，但進步很慢。大抵地主坐食地租，生活富裕奢侈，自耕農生活還可以過，佃農生活就非常困苦。歷代都很重視土地的分配問題，但却缺乏有效的解決辦法，至於農業學理的研究，技術的改進，都做的很少。唐、宋以後，土地更形集中，有大莊園存在，佃農人數之多，佃租之高，逐漸形成嚴重的社會問題。後來　國父主張「耕者有其田」，就是要解決這個土地分配的問題。

二、商　業

㈠先秦時代的商業

中國的商業，是由人早晨到井邊打水，順便交換物品，開始商業的行爲。至神農規定「列廛於國，日中爲市」，才有固定的交易時間與場所，商業才漸漸興起。黃帝時，工藝大盛，有冠服、釜甑、蠶絲、陶器、弓矢、車船等產品，商業更加發展。堯、舜也都很重視商業。

夏禹因爲治水，來往各地，發現了由冀州往各地的道路，調查九州的特產，像兗州有漆、絲，青州有鹽、絺、絲、枲、鉛……，各地商業蒸蒸日上。

商朝設有市官，管理市場事務。已有人用車來運輸貨物到遠地去銷售。

周朝自文王起就很重視商業，後來設置商賈、通財等官主持商務，司市管理市場，訂定貨物稅，使京師成爲商業中心。東遷洛陽後，商業尤其興盛。北方的鄭、齊，南方的楚、越，商業都很發達。周人白圭、鄭人弦高、魯人子貢、越人計然、陶朱公，都是當時著名的商人。商人由於財力雄厚，在社會上造成特殊的地位。

㈡ 秦漢的商業

秦始皇初執政時，用呂不韋爲丞相。不韋是陽翟的大商人，頗重商業。到秦始皇統一天下，命令各地豪富鉅商遷到咸陽，造成關中商業的繁榮。這時各地富商很多，又大都是實業家。烏氏倮以畜牧起家，成爲鉅商；巴蜀寡婦清開發丹穴，擅利數世；臨邛卓氏、程鄭、南陽孔氏冶鑄鐵器，運銷各地致富。

漢承戰亂後，農村蕭條，物價飛騰，商人獲利優厚，大家都背本趨末。當時採取重稅賤商的政策，如商人不得乘車衣絲，其子孫不得轉業爲吏。但經商的人仍然不少，無論屯積販賣，都有很高的利潤。由高祖至景帝間，有七十多年的安定，農工產品大增，促使商業繁榮。王侯官吏也多經營商業，買賤賣貴，熙熙攘攘，生活優裕，衣必文采，食必粱肉。

漢武帝時，用孔僅爲大農丞，鹽鐵酒統由國家經營公賣。又用桑弘羊爲大司農，實施均輸與平準二策，在郡國搜購各地產物，轉運京師，叫做均輸；這不但節省運費，而且可以調節物價，當物價漲時就賣出，落時又買回，叫做平準。於是財用充裕，只是商人無大利可圖了。重要的商業城，有長安、洛陽、邯鄲、燕、臨淄、宛、壽楚、成都、番禺。對外貿易，南至南越，西通西域的大宛、康居、大月氏、大夏、烏孫各國。王莽末，天下大亂，商業不振。

漢光武以後，廢除鹽鐵官賣政策，歸由民營。時巨商多兼地主。仲長統在昌言中說：「豪人之室，連棟數百，膏田滿野，奴婢千羣，徒附萬計，船車賈販，周於四方，廢居積貯，滿於都城。」所以官吏學者也都兼營商業。到了東漢末，士大夫才以經商牟利爲恥。漢朝北和鮮卑，東和島夷，南和交趾，西和大秦（羅馬），都有貿易來往。

(三) 魏晉南北朝的商業

劉備得富商張世平、糜竺等資助，入蜀後因商業之利，而雄踞一方；孫堅以商旅爲兵，建立東吳；只有魏人以農立國，較重視農業。

晉朝統一中國，有意振興商業。不久，五胡亂華，中原淪亡。晉室南渡，中原資財，大半隨之南遷，長江流域的商業日趨繁盛。兩晉以後的人都比較貪愛錢財，像晉王戎自執牙籌，晝夜計算；梁臨川王宏積錢三億多萬。時人大都喜歡從商賺錢。對外的貿易，西晉北朝與日本、西域；東晉南朝與林邑、扶南。南北朝在軍事政治上雖然對立，但仍有通商的事實。由於戰爭關係，時盛時衰。

(四) 隋唐的商業

隋煬帝很注意商業，將天下的富商大賈遷到洛陽，又開運河，溝通南北貨運。對西域貿易，由敦煌爲起點，分三路，一由伊吾，經突厥、中亞前往；一由高昌，過葱嶺，經波斯前往；一由鄯善，度葱嶺，北婆羅門前往西海（今地中海）。東邊則泛海，與琉球通商。

唐朝的商業城市很繁盛，像洛陽南市有一百二十行，三千多間店肆，貨物堆積如山。各縣戶數滿三千以上，就設有市令。並訂商事法律，維持買賣公平。航運發達，路多旅店。重要的商埠有廣州、揚州、泉州等。對外貿易，有朝鮮、日本、回鶻、緬甸、西亞、波斯、印度、安南、占城、暹羅、波羅洲、爪哇、蘇門答臘、師子（錫蘭）、大食（阿拉伯），範圍很廣，路程很遠。

(五) 兩宋的商業

五代十國，由於戰爭軍費支出浩繁，苛捐雜稅，名目特多。宋朝統一天下，首先豁除瑣稅，商人積困，爲之一蘇。北宋時，汴京成爲全國商業中心，南通一巷是金銀綵帛集散地，每筆交易，動卽千萬。相國寺廟中的貨品，應有盡有。其他地方的商業也很發達。對外貿易比前更盛。在廣州、泉州、杭州、明州、密州，都設有市舶司，東至高麗、日本，南至大理、交趾、闍婆、渤泥、三佛齊，西至大食（阿拉伯），北至契丹，都有商人來往。輸出有綾綿、鉛、錫、瓷器、漆器；輸入有香藥、犀象、金、銀、鐵、珊瑚、琥珀、瑪瑙、水晶、眞珠、胡椒、羊、馬、橐駝、氈毯、蜜臘……。南宋人遷都臨安（今杭州）後，臨安也就成爲商業中心了。

(六) 元代的商業

元朝對國內外商業都很重視，鹽鐵酒茶採取官賣制。回回人在商業上的勢力最大，由陸路往西域、歐洲，由海道往南洋、印度。國內重要的商業城，有大都、太原、大同、涿州、集慶路（南京）、揚州、蘇州、襄陽等。並且在泉州、上海、澉浦、溫州、廣州、杭州、慶元設市舶司，作對外貿易中心，訂管制法令，如商人要帶文引，商舶要經過檢驗，金、銀、鐵、軍器、銅錢……都不得私販下海。泉州是當日世界上最大的商港之一，大船經常有一百艘，小船不可勝紀，來往印度。

(七) 明代的商業

明太祖對商業關市，採取減稅政策。他定都金陵，建立街巷，各行各業，劃區設肆，如銅鐵器在鐵作坊，木器在木匠營等。成祖遷都燕京，商業隨着北移，非常繁榮，像南京一樣，各種行業，各有定所，有豬市、羊市、牛市、馬市、果木市、煤市……等。夜間燈火，望如星衢。南京、北京都設有塌房（猶今倉棧）租給商人貯貨。

永樂時，鄭和率大軍船隊下西洋各國，聲威遠播。閩粵人很多到南洋與中南半島，如呂宋（今非律賓）、波羅（今波羅萊）、眞臘、暹羅、爪哇、三佛齊、滿剌加、蘇門答臘、蘇祿、柔佛、丁機宜……等國移民經商。海外各國人來華入貢貿易的也很多，明朝在太倉、黃渡設市舶司，後來改設在寧波、泉州、廣州三處。寧波專管與占城、暹羅、西洋各國通商的事。又在交趾、雲南設市舶司，掌管與西南各國通商。又在開原、南關、廣寧設馬市，用茶葉和羌戎交換馬匹。嘉靖三十六年，葡萄牙人租借澳門，作通商據點。荷蘭人爲商業緣故，侵佔臺灣，復被鄭成功所逐。萬曆後，明朝因建築宮殿，向商人攤派雜稅，國內商業漸漸衰落。

(八) 清代的商業

清在康熙時，革除明末困商的弊政，蠲免各項雜稅。到乾隆時，承平日久，商業又再振興。可是到了嘉慶、道光以後，內亂外患交迫，又開始衰落了。重要的商業城市，有河南朱仙鎮爲南北水陸交通的要衝，江西景德鎮所產的瓷器暢銷全國，湖北漢口鎮是長江上下游的總滙，廣東佛山鎮是通往南亞的門戶，叫做四大鎮。商家以山西票號，揚州鹽商最爲有名。

對外的貿易，從順治至道光採取閉關保守的政策，嚴禁外商進入中國腹地。英國派馬戛爾尼卿來北京，要求在天津等地通商，爲中國所拒絕。僅在廣州一地與外人通商，設粵海關掌管中外貿易。康熙五十九年粵商設立十三行，爲中外進出口貿易的介紹人。英、美、葡萄牙、西班牙、瑞典、荷蘭、德國、丹麥、法國等外商，都在廣州城外設立商館。這時出口以絲、茶、綢緞、土布、砂糖、木棉爲大宗，進口以鴉片、棉布、象牙、羊毛織品爲大宗。以鴉片最多，終於引發鴉片戰爭。滿清戰敗，道光二十二年訂立南京條約，除賠款、割讓香港外，並開放廣州、厦門、福州、寧波、上海五口爲商埠，打破閉關的政策。第二年中英通商條約，規定我國進出口關稅一律值百抽五，喪失我國關稅自主權。此後，列強就不斷用武力與經濟侵略我國，壓迫清廷，開放門戶，訂立許多不平等條約，除關稅不能自主外，外國人在我國開鐵路、設工廠，他們的商船可以自由航行我國的內河，因此洋貨充斥國內的市場，終致百業凋敝。光緒二十八年至宣統三年，十年之間，每年入超約八千萬至一萬萬銀兩，國家更加貧困不堪了。

＊　＊　＊　＊　＊　＊

這種對外貿易入超的情況，到民國仍然沒有改善。政府遷臺後，特別努力發展工商各業；這幾年來，經濟快速成長。民國六十年以來，對外貿易才逐年由入超變爲出超，大大充實了國家的力量，提高了國民的生活。

三、工　礦　業

世界各國的工礦業發展，都是從手工業發展到機械工業；從家庭，經工場，發展到工廠的工業制度。中國從黃帝到清中葉都是手工業的時代；機械工業萌芽於同治初（西元一八六二），逐漸利用蒸氣力、電力發動機器，走上工礦業機械化的路子。

(一) 先秦時代的工礦業

中國人早就開發自然物製造成更有用的物品。黃帝、堯、舜時，已經知道繅絲績麻，製陶器，煮海鹽，治金，榨油，造車子，建築宮室。工礦業的產品，據「禹貢」與「戰國策」有金、銀、銅、鉛、鹽、漆、酒、磚、瓦……等。商代煉銅業已相當發達，製造鐘鼎等物，史稱青銅時代。周代手工業更加發達。這時人利用各種材料，製造各類用品，有刀劍、耒耜、斧斤、磚瓦、錦絹、車船、琴瑟、釜甑、冠服、鹽酒、油漆、丹砂、皮革等類。到春秋戰國時已進入鐵器時代，鐵製成品，相當精良；各種行業分工已很細密，像金工就有製削刀、製殺矢、製劍、製鐘、製量器的不同；技術也很進步，已經知道用銅、錫製造合金，增加硬度，如用銅六錫一製鐘，銅一錫一製鏡；製造簡單機械，幫助生產，如公輸般發明磑（石磨）來磨粉。

周代手工業的基本精神是自給自足，所以一般家庭婦女都以紡絲績麻爲副業，成品就用縫製一家人的衣服。政府自己也設立四五十種工場，由專人負責，製造供應各種用品。像王后、公卿、大夫的冠服，就由典絲、典枲、縫人、染人分配工人製造。國營的這種工場，規模相當大，尤以鹽鐵工業需要人工更多。後來，民間貨殖家也有開設工場，從事較大規模的生產。像陶朱與猗頓就是以煮鹽致富的。過去我國的工礦業，大抵就是沿着家庭副業、民營工場（包括店鋪兼工場在內）、國營工場三條路子發展。

㈡ 秦漢的工礦業

秦始皇時，民間貨殖家經營工礦業的很多，像寡婦清的煉丹，卓氏、程鄭、孔氏、丙氏的冶鐵，而留名史傳。秦始皇動員數十萬人與建阿房宮，建築業的發達，可想而知。

到了漢初，開礦煉鐵，引滷煮鹽，仍由民間的豪族大家經營，一家工人，常常多達一千多人，造成了獨佔暴利。漢武帝才將鹽鐵收歸國營，在二十八郡設置鹽官，四十郡設置鐵官，約有十萬工人從事這種生產工作，國家收入大大增加。黃金產量甚豐；銅製器物很精美，有八十多種。政府又派人在適當的地區設立國營的機構，像派服官在山東臨淄製造冠服。民間絹織業也極發達，成都、襄邑、臨淄都是當日絹織中心，蜀錦尤其有名。漢和帝時蔡倫發明了紙，手工製紙廠，慢慢在各地設立。

㈢ 隋唐宋的工礦業

魏晉南北朝，工礦業因爲戰亂，少有發展，由於政治中心的南移長江流域，造船業比較興盛。到隋煬帝開發了運河，造船工業更形發達，所造龍舟、樓船總有幾萬艘。煬帝生活奢侈，建築西苑及迷樓，工程浩大。紡織與印染的技術很進步，隋人何稠織錦精麗，超過了波斯的產品；唐代已能够在紡織品上印花，爲外銷重要的商品。隋、唐的瓷器工業日漸發達，隋有綠瓷，唐有三彩，唐代名窯很多，有霍、越、邢……等窯。宋代瓷器製作更加精美，有定、均、哥、龍泉等窯，輸往歐亞、南洋各地。

唐肅宗時，陸羽研究採製茶葉方法，製茶業日盛，以四川蒙頂茶號稱第一，顧渚、陽羨茶也不錯。宋朝焙茶的地方有江浙、兩湖、川廣、福建、江西等兩三百縣，產品有三四十種。唐朝設有鹽鐵使，有銀、銅、鐵、錫的礦冶區一百六十八所。煉銅業最發達，寺院用銅鑄造神像鐘鼎；商業興盛，銅錢的需要量大增；北宋中葉，銅錢多達五百餘萬貫；四川彭縣等地銅礦，都大量開採。唐代銅錢是用銅鋅合金鑄製，煉鋅的技術也開始萌生。製鹽工業，唐朝單在四川就有國營的鹽井六百四十處。在唐中葉，全國製鹽收入有六百多萬緡，軍餉、俸祿，都取給於此。宋朝，徐州、河北、山東、陝西煤礦（石炭）逐漸開採了。

隋唐後，製紙、香料、化妝品、爆竹、烟火（火藥製品）、磨粉各業也逐漸興盛。磨粉業並已利用水力作動力了。宋人畢昇發明活字排印法，印刷工業隨之發展，宋版書至今仍爲人所貴重。

㈣ 元代的工礦業

元朝在工部與地方政府下，設有專門管理工匠的機構，如諸色人匠總管府；並設有各種事業單位，如鑄銀局，染織廠等；軍隊中也配有大批工匠，叫做匠軍。民間也有各種工匠同業組織，因此各地有各種工場，製造兵器與各種器物。閩、廣二地用木棉織布的工業，自宋朝興起後，至此更加興盛。

(五) 明朝的工礦業

明代的工業，以建築、造船、瓷器、礦冶四業最盛。自明太祖後大量建築，南京與北京的城垣、宮殿、社壇、太廟、公廨、苑囿與陵墓等，宏大而華麗。在昌平縣天壽山上，明帝十三陵，至今猶爲勝蹟。由於明成祖派三寶太監鄭和下西洋，促使造船業的發展，當時大海船長四十四丈，寬十八丈，每艘可載人四百五十人左右，已具高度的造船技術。永樂元年至七年間，所造海船有一千六百三十二艘。明初在江西景德鎮設有官窯，歷朝又加擴建改良；鎮上民窯亦多，成爲我國製瓷中心。其他像建窯、歐窯，亦名聞一時。據明朝法人登退爾科爾（Dentrecolles）說：「景德鎮，周圍十方哩，人口近百萬，窯約三千，晝則白煙掩蓋大空，夜則紅焰燒天。」可見其盛況了。明宣德二年（西元一四二七），設置鑄冶局，開採銅鐵，製造各種鼎彝爐器，都非常精麗。明末，派中官往各地勘查礦藏，發現許多礦山。如湖南新化錫礦（應是銻礦）、廣西富川等地錫礦，就是當時所發現。

(六) 清代的工礦業

清代工礦業，開始沿襲舊路發展。到乾隆三十四年（西元一七六九）英國自瓦特發明蒸汽機，產生產業革命，促使工業走上機械化的路子，大大提高了產量。到道光二十二年（西元一八四二），淸廷與英國的鴉片戰爭失敗，此後西方的工業製品，就像洪水般的湧進中國。我國旣受列強船堅礮利的壓迫，民族工業又備受列強經濟侵略的摧害。當時曾國藩、李鴻章、左宗棠、張之洞認爲只有維新改革，採用西方新式機器，更換舊有的設備與技術，才能生存。因此自同治元年（西元一八六二）經光緒至宣統三年（西元一九一一）間，各種工礦業就有極大的擴張與革新。現分述如下：

1.礦冶工業：淸代多半國營。新設鋼鐵工廠，有上海江南機器製造總局（西元一八六五），漢陽鋼鐵廠（西元一八九一），後來與大冶鐵礦、萍鄉煤礦合併，爲漢冶萍煤鐵公司（西元一八九六）。礦產改用新法開採冶煉的，有雲南東川（西元一九〇六）、四川彭縣（西元一九〇九）、延吉天寶山等地銅礦；湖南常寧水口山、桑植鶯嘴山、衡陽三宮町……等地鋅鉛礦（西元一八九六）。並在長沙設立煉鉛廠（西元一九一一）。雲南箇舊、湖南臨武香花嶺、廣西富川、鍾山等地錫礦，也都漸漸改用新法採煉。銻礦最多，先是湖南新化的銻礦，民間設立大成公司（西元一八九四）冶煉。又發現益陽等地銻礦，由政府設廠（西元一九〇五）。黔、桂、滇、粵等省續有發現，又在貴州銅仁、廣西梧州、雲南蒙自、湖南長沙、廣東曲江等地設廠，成爲淸末輸出最量要的礦產之一。煉汞（水銀）小廠，分布各地，規採較大的有貴州銅仁、湖南辰州等礦。煤分布各地，利用外國技術、資金開採的，有河北開灤、井陘、臨城，河南福公司，江西萍鄉，產量約八九百萬噸。石油，光緒末（西元一九〇七）在陝西延長縣附近，開鑿第一口油井；至民國初年，共鑿十二口井，有三井出油。

2.電力工業：最早國營的電力公司，是臺灣巡撫劉銘傳在臺北設立興市公司（西元一八八八）。民營的是浙江寧波電燈公司（西元一八九七）。

3.機械工業：製造軍械槍炮，國營的有安徽安慶修械所（西元一八六二）；上海龍華製造局（西元一八六三），擴充爲江南製造局（西元一八六五），後來改稱「上海兵工廠」；漢陽槍炮廠（西元一八九〇）。製造船艦的有福建馬尾船政局（西元一八六六）、大沽造船所、黃埔船政局（西元一八六六，向英人購買）、由「江南製造局」船塢擴充「江南造船所」（西元一九〇六）；民營的有上海恒昌、平安、鴻錩、漢陽周恒順機器廠等。製造火車機頭等，有漢冶萍公司；以及各鐵路自行設置修理廠，如皇姑屯機廠等。製造普通機械，如工作母機、紡織、食品、起重、鼓風、輸水、造紙、橡膠、製革、印刷、交通等機械，國營有天津機械製造局（西元一八六五）、漢陽鐵廠（西元一八九〇），民營有上海揚子機器廠（西元一九〇八）等。

4.化學工業：製造火藥，如江南製造局龍華分廠、湖北槍炮局。製糖如嫩江呼蘭糖廠（西元一九〇七）。製紙如上海綸章造紙廠（西元一八九一），龍章紙廠（西元一九〇八）。製藥如中法藥房製藥廠（西元一八八九）。還有製革、染料、玻璃、釀酒、陶瓷、化妝品、肥皂、火柴、水泥等等工廠。

5.紡織工業：國營有蘭州紡織工廠（西元一八七九），產毛紗、毛呢，上海機器織布局（西元一八八二），廣東繅絲局（西元一八九〇），武昌紡紗織布局。民營有張謇創辦的南通大生紗廠等，各地又設立許多新式紡織廠。

＊　＊　＊　＊　＊　＊

清末，少數有識之士對工礦業的開發，不能說不積極，然而成效甚微。蓋起步比西方的產業革命，慢了將近一百年，再加當時列強武力與經濟的不斷侵略，產品不能與外國產品競爭，又加清廷的政治腐敗，財政匱乏，教育落後，人才缺少，銷路又不能拓開，所以許多工廠開辦不久，即因經營不易，而關閉的也有。而且中國土地遼濶，人口衆多，這一點點開發，就像在大海中投下幾粒小石子，當然起不了什麼作用。所以要想使中國走上工礦業現代化的路子，必須從多方面努力，作全面的開發，才行。

四、財政賦稅

一個政府能不能將國家建設得又強又富？能不能很快改善人民的生活環境？端視這個政府有沒有寬裕的經費？政府最大的收入是賦稅。然而賦稅過重，超過了人民所能負擔，却又成了困民之政。所以治理國家必須有穩定的財政，健全的賦稅制度。

㈠ 三代的財政賦稅

夏、商、周三代大都採取節約政策，政府經費是量入制出，在歲末收穀後，視收成豐耗，編制下年度預算。

有關賦稅的記載，最早見於「禹貢」。大禹治水十三年，支出龐大，自然要向人民課稅，有賦、貢兩種。當時實行井田制；田地所有權統屬天子，人民耕種田地，要繳納穀米做租稅，叫做「賦」；諸侯收了穀米，扣除開支，餘下改買土產，像絲、絺、鹽、鐵、漆……等進貢天子，叫做「貢」。

夏、商、周三代的田賦，名稱不同。孟子說：「夏后氏五十（畝）而貢，殷人七十（畝）而助，周人百畝而徹，其實皆什一也。」貢、助、徹，大抵是十分取一。後來，田賦就成了歷代政府主要的稅收來源了。

周朝設有太府爲最高的財政官署。賦稅除田賦、朝貢外，還有力役、商征、軍賦等。力役，規定人民有替國家服力役的義務，像討賊、運物等，一年不超過三日，每家以出一人爲原則。這種制度到宋代還存在，服役的日數與人數，代有增減。商征，有在關口征收貨物稅，叫關稅；在市肆征收營業稅，叫市稅。軍賦，是爲國防與戰爭，徵調人民入伍，加征牛馬兵車。鹽鐵稅，起於齊桓公時，十分取五。古時課稅，以實物爲主。

(二) 秦漢的財政賦稅

秦自商鞅，廢除井田制，土地變成私人的財產，刺激農民擴大耕地的面積，也大大提高田賦的收入。到秦始皇時，由於連年戰爭，興築長城與宮殿，役數與稅率大加提高，人民一年要服三十日的力役，比過去增加十倍，鹽鐵稅也提高了二十倍。

漢景帝時，將秦時治粟內史，改名爲大農令，武帝時改爲大司農，掌管國家的財政賦稅。漢高祖時，減輕田賦，十五取一。由於耕地的面積擴大，田賦收入增加。到漢文帝時施行鼂錯的獻粟授爵的政策，鼓勵富民獻粟，充實經費，減輕田賦，按頃畝計稅，稅率爲三十取一；國家收入仍然很富足。文帝在位二十三年，有十一年完全免除田租。到桓帝時，除對農產物收入課三十取一之稅外，另對土地本身，加以課稅，每畝十錢，叫做「畝捐」。

力役，漢承秦制，規定二十歲以上要服力役，但可以繳錢，僱人代役，叫做「更賦」。漢高祖時，另外設立「算賦」，就是口稅，年在十五至五十六歲之間，每人一年要出一百二十錢稅金，叫做一算；商人及奴婢加倍徵收，蓋寓禁於徵。

漢朝工商稅比較高，有計其本錢課稅；有據交易額課稅。對於鹽鐵，早期採取民營制，成了強豪獨佔暴利的企業。武帝時征討匈奴，支出龐大，爲增加收入，鹽鐵改採政府專賣制。在昭帝、明帝、和帝時都有人反對，認爲政府不該與民爭利。漢朝鹽鐵政策就在民營與官賣之間，變更了幾次。酒在武帝時也採取專賣制；昭帝時又改課稅制，但限制售價。還有家畜稅、商車商船稅、市籍稅、關稅等等。

漢武帝時實行均輸與平準，調節物價，增加收入。

㈢ 魏晉南北朝的財政賦稅

魏晉南北朝設置度支尚書，主管財政賦稅，只吳國設置戶部尚書。晉武帝統一天下後，實行戶調制，將田賦與戶稅合併，一戶占田一百畝，每年徵絹三匹綿三斤。成帝時改為按畝收稅米三升。孝武帝時又改為按口收稅三斛。買賣奴婢田宅，立有文券，收百分之四的稅，猶今契稅。鹽酒貨物，都需課稅。

㈣ 隋唐的財政賦稅

隋朝將度支併入民部；唐朝改為戶部，為主管財政的機構。

隋朝統一天下，幅員擴張，庫收大增，雖屢次減稅，財用仍極充裕。

唐朝對工商業仍採低稅保護政策；對農業實行均田制。玄宗時（西元七二〇）制定「租庸調法」，包括田賦、力役、戶稅三項租稅在內：丁男授田一頃，每年繳粟二斛稻二斛，叫「租」。繳絹二匹，綾絁各二丈；繳布的加五分之一，綿三兩，麻三斤；或繳銀十四兩，叫「調」。每年服力役二十日，閏加二日；不服役的，每日出絹三尺，僱人代役，叫「庸」。這時由於用度豪奢，也開始徵收鹽、鐵、銀、錫等稅。安史動亂後，人民流離失所，丁戶田產，無從查考；代宗時改為「畝稅法」，按畝收稅。德宗時（西元七八〇），楊炎建議，根據現住人所有的財力，為課稅標準，每年分夏、秋兩期納稅，將其他各種賦稅，全部廢除，叫做「兩稅法」。徵稅的總額，採取「量出制入」的辦法，根據本年度政府所需要的各項經費，先作預算；這是我國財政制度的一大革命。

不幸，各地藩鎮，（如田承嗣、朱泚……等）連年叛亂，軍費支出，日益龐大，只好繁立名目，徵收各種雜稅，如「借商」、「賣粟麥」、「質錢」、「竹木茶酒漆稅」、「建屋間架稅」、「除陌錢」，稅率高，賦歛急，完全破壞了兩稅制。人民無以聊生，羣聚為盜，終於釀成黃巢之亂，進入五代十國軍閥割據的時代了。

(五) 五代宋朝的財政賦稅

五代後唐時以鹽鐵、戶部、度支，合稱三司，主管財政賦稅。宋初沿用其制，到神宗元豐初，將三司併歸戶部。此後元、明、清各代都以戶部主管財政。至清末改為度支部。

宋朝統一天下後，將官田分租給農民，收取十分之五至八的租稅；至一般田賦，約十分取一。但由於耕地多荒廢不耕，地籍不完備，官吏貪贓，賦役不均，以致賦稅收入大大減少。神宗時（西元一〇七二）採用王安石「方田均稅法」，欲加改革，終因舊派反對，不能徹底實施。王安石在財政改革上，實行均輸、市易、青苗各種新法，也引起舊派激烈反對。

宋朝的稅目也很多，除田賦外，有住宅、丁口、鐵、酒、茶……各種稅。對工商有「過稅」、「住稅」，在各地設官徵收；太宗時全國有一千八百多所徵收務，各地每年徵收的稅額，在四十萬貫以上的有東京、成都、興元等城，三萬貫以下的有密州等九十五州。

宋朝鹽政，實行政府公賣制，邊地可以私賣。酒在各州城，由政府釀造，在縣鎮許人民私釀，加以課稅。茶，設榷貨務，除川、陝、廣三地由民買賣外，其他各地都由公家收購，批給茶商售賣，並向製茶園戶課稅；仁宗時也曾取消專賣制，徽宗時又告恢復。礦產有金、銀等二百零一個礦場，各礦場每年應納的稅額，則先加規定。

(六) 元代的財政賦稅

元朝用唐代稅制，在內郡實行租庸調法，在江南實行兩稅法，和宋人的稅制不同。後因連年對外用兵，國用耗竭，遂專事聚斂，課稅奇重，徭役繁興，又濫發鈔票，終造成通貨膨脹，物價飛騰，所以不到九十年，就被朱元璋所推翻。

(七) 明代的財政賦稅

明朝採用兩稅法，力求賦稅輕簡。洪武時調查地籍，編成「魚鱗册」（西元一三八七），做徵稅的基礎。賦稅有田賦、丁役、土貢、礦稅、市肆門攤稅、鹽課、茶課、酒課、鈔關（船鈔）、工關（竹木）、商稅等。萬曆時（西元一五八一）採用龐尙鵬建策，將丁役、土貢合併於田賦，計畝徵收稅銀，叫做「一條鞭法」。稅率，開始時很低，經過數代，由於韃靼、倭寇爲患，又大修宮殿；萬曆間又軍援朝鮮對抗日本；天啓崇禎間，又與滿族戰爭，財政支絀，達於極點；在正稅外，增加許多附加稅，於是流賊蠭起，終致滅亡。其間以派中官到各地開礦，作威作福，最爲擾民。

(八) 清朝的財政賦稅

清朝鑑於明朝的滅亡，是由於橫征濫派，入關後就廢止各種附加雜稅，又編纂「賦役全書」，頒布法則稅額，並時下減免賦稅的詔令。雍正時（西元一七二四）模仿「一條鞭法」，將丁賦田賦合併，叫做「地丁」。清朝沒有國稅與地方稅的區分，中央財政仰賴各省的解款制度。稅目很多，有田賦、丁役、漁課、茶課、酒課、鹽課、礦課、學租、當稅、牙稅、契稅、貢物，還有商人報効金、捐官、關稅（海關稅、常關稅）……等等。徵稅時間分兩期，上期二至五月，下期八至十一月。財政量入制出，到乾隆末，國庫存銀多達七千萬兩。

道光至光緒間，內憂外患，紛至沓來，有鴉片戰爭、太平天國起事、英法聯軍、捻回之亂、中日戰爭、中法戰爭、八國聯軍。由於軍費與賠款的支出，終使財政陷於絕境。咸豐時，各省藉名討伐太平天國，徵收種種捐稅，如花捐、月捐……，叫做「釐捐」，又有種種附加稅，如田賦按糧津貼、漕折、預借地丁。光緒時又有鴉片稅（土藥稅）、房捐；又打算徵收印花稅。這種種租稅的收入，仍然不敷支出，只好一再向外國銀行團擧借巨債，以救急用；所以清朝不久，也就爲革命軍所推翻了。

民國以後，所有財政賦稅的事，統由財政部主管。

由歷代財政賦稅制度，可以知道財政穩定，賦稅合理，國家就富強安定；繁徵暴斂，入不敷出，國家就危險滅亡。所以主政者應該善用來自人民的稅款，多作建設國家造福人民的事情。

＊　＊　＊　＊　＊　＊

五、交　通

交通，對人類來說，等於身體上的血脈那樣的重要，可以說在溝通文化，融合民族，傳佈政令，加強國防，發展工商，運輸貨品，寄遞書信，行旅來往，方便生活與工作種種方面，都需要有完善的交通建設與快速的交通工具，才能節省人力、時間與費用。現在就道路、航運、郵政、電信、航空五方面，來介紹中國交通的發展。

㈠道　路

中國在黃帝堯舜的時候，服牛乘馬，刳木爲舟，已有交通來往。道路的開發大概也很早。禹治洪水時，爲疏導江河衆水，因此也開通許多道路，通往各州。周朝設置司空，管理路政，訂有修路辦法，如雨停築路，水涸造橋，在路邊種樹，設置館舍，接待賓客。戰國時代，已有開發造路的記載。如秦人開金牛道，由陝入川，旅館已普遍設立，利用騾、馬、駱駝、馬車、牛車作交通的工具了。

秦始皇統一了中國，規定「車同軌」，並且有車蓋、窗戶、坐臥兩用的轀輬車。又開了通往四方許多新道路，如皇帝御用的馳道，東達燕齊，南到吳楚，路面寬達五十步，其他道路的寬度，多在五尺左右。

漢武帝時就秦代的西南夷道繼續建設，一由僰道到夜郎，一由牂牁到邛莋。此外，褒斜道、回中道、子午道、飛狐道、馬援道都是兩漢人所開。域外陸路的交通，從漢武帝派張騫通西域時開始。漢人越葱嶺，開闢了絲道。

魏晉南北朝，由於戰亂連連，當然無暇顧及道路的開發。

隋唐時中國復歸統一，又開了許多道路，大抵以京都長安爲中心，向四方延展，形成輻射狀的交通網，通到邊區，如西北的安西都護府，西南的成都和戎州，東北的單于都護府、天行軍，東的洛陽、汴州和登州，東南的廣州和黔州。宋朝承唐代的交通網；所不同的，宋人是以汴京（開封）作全國交通的中心，在往西北、東北方面又開了一些新路。唐、宋與高麗、西域、回鶻、安南、天竺（印度）、波斯、大食（阿拉伯）都有交通。

元朝國勢最盛，橫跨歐亞兩洲，國內交通範圍之廣，亘古未有。中國的火藥等技術，都在這時傳入歐洲。

明、清的陸路交通，也遠比漢、唐爲遠。到清末開始採用火車、汽車作交通工具，建築新式的公路與鐵路。光緒六年，中國人自建了第一條鐵路——唐胥鐵路（唐山到胥各莊，全長十八里）。這條鐵路兩軌間距離四英尺八英寸半，成了我國鐵軌的定制了。清朝設立鐵路公司。光緒至宣統間，建築鐵路計有蘆漢（今平漢）、京奉、津浦、京張、滬寧、滬杭甬、正太、汴洛、道清、廣九、株萍、吉長、齊昂等十三線。除京張、株萍是自力興建的，其餘都是借外國資金興築。還有日人築的南滿路，俄人的中東路，德人的膠濟路，法人的滇越路。

民國後，陸續興建了許多鐵路和公路。現在重要的鐵路，西北有新疆、蒙古、蘭包等線，東北有中長路南北段等十二線，內地有粵漢、平漢、隴海等二十一線。公路更是密佈如網。

(二)航　運

有了船以後，水上的交通逐漸發展。北方黑龍江、黃河，中部長江、漢水，南方珠江爲中國航運的幹線。

中國的航運，在春秋時已經很發達。秦穆公利用渭水、黃河運粟給晉人，吳王夫差派遣舟師從海道進犯齊國。這時已有巨型的船舶。除了天然水路外，當時人還用人力開發河渠，有邛溝、蜀渠、鴻溝渠等。當然，中國人開鑿人造的河渠，早就開始於禹治洪水，開鑿龍門、挖通伊闕二山的時代。

秦、漢以後，由於商業發達，黃河航運非常繁忙。對外的水路交通也已開始。像秦始皇派徐福往求不死藥，到了日本亶州。漢武帝滅了朝鮮，倭奴派使者來中國有三十多國。在南海方面，中國商船來往日南、夫甘都盧、黃支、皮宗間，就是現在的越南、緬甸、印度、馬來半島一帶。漢桓帝時，大秦（羅馬）國王安敦遣使來漢。自孫權立國江東，晉人建都建康（今南京），長江流域的航運隨之發展了起來。對中南半島、南洋羣島與印度等地的貿易與交通，更加興盛。據南史夷貊傳，有林邑、師子（今錫蘭）等十五國。

中國天然的航道，黃河、長江等大小共有一千三百多條，大都是從西向東，不能溝通南北。隋文帝與煬帝時，動員一百多萬人，開了山陽瀆、通濟渠、永濟渠三條河道；唐憲宗時又開孟瀆。這四條河渠，由北到南，連接黃河、淮水、長江、浙江四大水道，長達三四千里。這就是中國歷史上有名的「大運河」，對南北的交通發揮極大的功用。隋煬帝臨幸江都，在河北涿郡集中征高麗的大軍，唐宋時運送東南的糧米到長安、汴京，都是靠這條運河。自秦、漢至清末，歷代都開闢了一些河渠，但論工程之大，貢獻之大，都比不上隋、唐間這大運河的開發。唐、宋對海外的交通，更加繁盛。

到了元、明、清，運河因年久失修，泥淤水淺，元人改由海道運送東南糧米，供應大都（今北平），最多時年達三百五十二萬石。明時海運稍減。清朝開始由內河漕運；道光四年又恢復海運，由上海至天津。

對海外的交通，明初海上經營，遠超過了過去各朝代。三寶太監鄭和在永樂、宣德二朝，七次下西洋，大船數十艘，載士卒二萬七千人，前後經歷的國家有占城、爪哇、眞臘、暹羅、滿刺加、蘇門答臘、錫蘭山、天方、黎伐、那孤兒等三十六七國，踏遍了南洋羣島，橫渡印度洋，直達阿拉伯及非洲東岸，建立南海上的霸權。正德以後和佛郎機（葡萄牙），天啓以後和荷蘭人貿易甚盛。

清初跟中歐交通，西方的科學知識開始傳入中國。乾隆間又閉關自守，排拒外來文化。不久又通商。道光年間鴉片戰爭失敗，上海等五口開放通商，中外交通轉入一個新時代。英、法等外國輪船航行長江口岸，給我國舊式帆船帶來了極大壓力。同治十一年（西元一八七二）設立輪船招商局，購買新式輪船，以後成立了數十家輪船公司。又設立江南、馬尾、大沽等二三十家造船廠，製造商船和兵艦，使我國的航運日益進步。

三　郵　政

春秋戰國時，各國在政治、軍事上，需要傳送消息與公文書，建立郵傳制度，在相當距離間，設置郵亭、傳舍（後稱驛站），供應人手、車馬、船隻、食物與房舍，使消息與文書能够很快地傳送出去。漢朝五里一郵，十里一亭，三十里一驛。後代沿襲其制。唐代有水陸驛館一千六百三十九所。元朝郵驛制度更爲發達，驛站叫站赤，郵亭叫急遞鋪。明朝另有遞運所；專管官物的運輸。清朝除驛、站、鋪、所外，還有塘、臺的名稱。至於民間書信的傳寄，歷代都是派遣專使送去，或託商旅順便帶去。到了元、明還是這樣。此後才有私人民信局的設置。

道光年間，各國紛紛在中國內地設立郵局。光緒二年，由英人赫德的建議，中國才創設郵政，由海關稅務司兼辦。以後逐漸推廣，民信局奉令停辦。雖然三十二年成立郵傳部；但到了宣統三年（西元一九一一），郵政業務才改隸郵傳部。

民國後，郵傳部改為交通部。三年全面設立郵局，辦理寄遞郵件、滙兌、儲金及簡易保險等業務。

(四) 電信

中國電報，陸路線開創於清光緒五年，在大沽海口砲臺至天津之間設線；以後逐漸擴展，像天津上海線、鎭江漢口線、上海廣州線、北京恰克圖線，工程都極浩大。水路線開創於光緒十年，在廣東徐聞至瓊州海口之間設線。民國後，繼續發展，現在，電報線路已分布各省。

無線電報，始於宣統元年寶山縣獅子林電臺。民國後，各重要城市陸續設立無線電局。二十一年，上海設立國際無線電臺。

電話，始於清光緒七年，英國倫敦東洋電話公司，在上海裝設電話。後來，滿清政府才在天津、廣州、北京、開封、太原設立電話局。民用的電話，以光緒三十年漢口電話為最早。民國十七年，交通部設立電政司，擴充各省市區內的電話，設長途電話線。

(五) 航空

中國航空事業，也萌芽於清末。宣統元年，法國航空技師環龍（Vallon）在上海試飛蘇姆式雙葉飛機，引起注意。二年，中國向法國購買一架飛機。三年，南京革命軍向奧國訂購兩架伊特立克式單葉便，頃刻到達。

民國九年，設立航空署，主管空中交通事。十八年成立航空公司；現在遼遠的地區，可借飛機之飛機。

＊　＊　＊　＊　＊　＊

中國的交通，大抵都運用人力與獸力，但到了清道光二十二年（西元一八四二），鴉片戰爭失敗，西方的新文明就不斷輸入我國，我國人因受衝激，交通方面就採取了西方企業的管理制度和機械化的交通工具。

六、貨幣

貨幣，是買東西的時候用來支付貨價的一種工具，也是用以交換商品的一種媒介物。它是商業發展後的產物。人類開始交易，以物易物，很難商定最適當的交換比率，因此就產生了貨幣。

㈠物品貨幣

中國最早是用龜貝、獸皮、布帛作貨幣；這些東西本身也是一種商品；現代經濟學稱之「物品貨幣」。但在夏、殷以前，因爲資料缺乏，無法了解它的情形。

在周朝，龜貝、獸皮、布帛都是通用的貨幣。龜貝，到了秦朝才廢止；後來王莽恢復古制，又曾一度用龜甲、貝殼作貨幣，如龜甲緣長一尺二寸，值二千一百六十錢，大貝殼四寸八分以上，二枚爲一朋，值二百十六錢，又分有許多等級。獸皮，周時諸侯用以聘享；漢武帝時，又用方一尺的白鹿皮，作爲皮幣，值四十萬。周太公時，以布帛，幅寬二尺二寸，長四丈，爲一匹；到漢人定親，仍有送絹繒做聘禮的。

(二) 金屬貨幣

金屬貨幣，就是用金、銅、鐵、鎳鑄的硬幣。因爲龜貝、獸皮、布帛不是理想的貨幣，獸皮割裂不全，龜貝、布帛携帶不便。通典說：自太昊以來，已經有泉幣（硬幣），太昊氏叫金，有熊氏叫貨，陶唐氏叫泉，商朝叫布，齊莒叫刀。其制不詳；有人說古幣形狀如契刀，故稱「刀」；分布如布，故稱「布」；流行如水，故稱「泉」。周太公時建立九府圜法，掌管財幣，用銅鑄錢，形圓而孔方，輕重以銖計。周景王二十一年（西元前五二四），更鑄大錢，重十二銖，徑一寸二分，文曰「大泉五十」。春秋戰國時代，諸侯各自鑄幣，流通最廣的，有鏟、鐘、刀三種。貨幣隨着商業需要而增加，分有三級：上幣珠玉，中幣黃金（周制以斤爲單位，但戰國時許多國家以鎰計），下幣刀布（銅錢）。

秦朝併吞六國後，開始統一貨幣，取消珠玉、龜貝、獸皮、布帛、銀錫之類的貨幣，完全只採用黃金和銅錢兩種做貨幣；漢人兼用白銀。此後，大抵走上「金屬貨幣」的路子。今就金幣、銀幣、銅幣三方面，加以簡介。

1.金幣：秦朝的上幣用黃金鑄造，以鎰爲單位，每鎰二十四兩。漢朝改以斤計，每斤十六兩，值錢一萬，當時黃金極多，時人言黃金動輒千斤萬斤。後來黃金產量漸少，六朝至唐、宋、明，以銅錢爲主幣，以金銀爲器飾佛像，不用做貨幣了，雖也有鑄製金銀，但用做庫藏。如清末革命軍起，袁世凱需索軍費，隆裕太后卽將內帑黃金八萬兩撥充。民間多用黃金做窖藏，偶而也用以支付特別的費用。如「水滸傳」中所寫高俅收買解差董超、薛霸謀害林冲，就派陸謙致送二人黃金十兩。

2.銀幣：銀兩，早先僅供天子頒賜，諸侯聘享之用。到漢武帝元狩四年（西元前一一九）雜銀錫爲白金，鑄成銀錠，共有三品：一種圓形，上有龍紋，重八兩，值三千文；一種方形，馬紋，重六兩，值五百；一種橢圓形，龜紋，重四兩，值三百。這是中國貨幣用銀鑄且有花紋的開始。王莽也鑄有銀幣兩品；但都通行不久。魏、晉以後，大抵專用銅錢；六朝至唐，交、廣地區，用金銀做貨幣，可是只限於一隅。宋仁宗景祐時徵賦，詔福建、兩廣可以銀兩代替銅錢。元朝鑄銀爲元寶，五十兩一錠，當交鈔本錢，實際並不使用。明、清兩代用銀爲貨幣，始漸普及，大宗交易，尤其適用，鑄造形式不一，各地成色略有差異，大體大錠元寶重五十兩，形如馬蹄形；中錠重十兩內外，多秤錘形；小錁三兩至五兩，饅頭形；福珠一兩至三兩；此外有碎銀、銀條等，每兩相當錢兩貫。民國二十二年實行廢兩改元。才廢而不用。

3.銅幣：秦朝的下幣爲銅錢，重約半兩，就當半兩使用。從此銅錢流行，成了歷代採用的輔幣，內有方孔，千錢貫穿一串，叫做一貫。銅錢的鑄造權，漢初並不專歸政府，人民也可以鑄造。漢文帝時，吳王濞開銅山鑄錢，富埒天子，終成了叛逆；大夫鄧通鑄錢，財過王侯，鄧氏錢布滿各地；才嚴禁私人鑄錢，將鑄造權專屬政府。漢朝以後，各代銅錢的名稱各殊，大小與輕重並不一樣，改朝換代，一定改鑄，錢上還鑄有像「金刀」、「貨泉」、「布泉」、「通寶」、「寶貨」……之類的文字。漢初因爲秦錢笨重，改鑄莢錢，重三銖，當半兩用。文帝時又鑄四銖錢。武帝更鑄五銖錢。王莽所鑄錢，種類很多：像「小錢」一銖，值一錢；「小布」十五銖，直一百錢；「大布」重一兩，直千錢；又鑄「錯刀」，用黃金錯其文，說：「一刀直五千」。漢光武帝中興，才又恢復五銖錢。以後各代以五銖錢爲主要的貨幣。至唐高祖武德四年（西元六二一），改鑄「開元通寶」，重二銖四絫（今一錢），十錢重一兩，一貫重一百兩，卽六斤四兩。後來因爲銅錢缺乏，玄宗時莊市小額交易，規定用絹布，不得用錢。肅宗又鑄「乾元通寶」，以一當十，又鑄「重輪乾元錢」，以一當五十；德宗貞元中，各州縣禁止持錢出境，也禁止人民儲藏錢幣；終致幣值不能維持。宋太祖開寶四年（西元九七一）鑄造「宋元通寶」，徑一分，重一錢。太宗太平興國元年鑄「太平通寶」，淳化元年又鑄「淳化元寶」：於是後代改元，就更鑄新錢，用新年號作「錢文」，成了定制。元、明多用紙鈔。到元末順帝至正十年（西元一三五〇）因紙鈔大跌，才又鑄銅錢「至正通寶」；明初繼鑄「洪武通寶」，因爲需費太多，八年又恢復發行紙鈔，使銅錢和紙鈔一起流通。淸人入關，卽鑄「順治通寶」，叫做「制錢」。同治十四年（西元一八七五），除了正面鑄有漢字的年號通寶之外，背面加鑄滿洲文鑄造的局名與地名。

商業發達，交易日繁，購買大宗貨物，要支付貨款十分巨大，若用金銀銅錢之類貨幣，仍感不便，而且不大安全，因此中國人發明了紙鈔，到元代由蒙古人傳入波斯，今人稱之「代表貨幣」或「信用貨幣」。

(三) 信用貨幣

周禮有「里布」，鄭玄注：「布廣二寸，長二尺，參印書以爲幣。」詩有「抱布貿絲。」這大概是中國的信用貨幣的濫觴。漢武帝又創白鹿皮幣，但以後並不流行。唐憲宗時，商人先委錢寄居京中的各地富家，然後到各地去，只要憑券取錢，叫做「飛錢」，這猶今之「滙票」。中國最早的紙幣，一說在唐高宗永徽年間，吏部發行「大唐寶鈔」，值十貫，就已經產生了；一說到了宋眞宗時，由蜀地富民十六家發行「楮券」，叫做「交子」，交值一緡（千錢），這才是中國紙幣的開始。後來因爲時常不能兌現，引起訴訟，宋仁宗時轉運使薛田請改由政府發行，出資三十六萬緡，三年一界發行一百二十五萬六千三百四十緡；後來推行各地，徽宗時稱「錢引」，高宗、孝宗時稱「關子」、「會子」、「公據」。又有「淮交」、「湖會」、「川引」，通行地方，猶今各省的鈔票，終使幣制紊亂。元世祖中統元年發行「中統寶鈔」，由十文至二貫，分做十等，二貫當銀一兩；繼又發行「至元寶鈔」、「至大銀鈔」，等於於各種面值的鈔票。後來因爲濫加發行，引起了通貨膨脹，幣值大跌。元末明初一度不用紙鈔，又因鑄錢需費太多，明洪武八年（西元一三七五）又印發紙鈔，高一尺，廣六寸，青色，外繞龍紋花欄，中畫錢貫，橫題「大明寶鈔」，有一貫、五百文、四百文、三百文、二百文、一百文等六種；一貫準銅錢一千文，值銀一兩，紙鈔四貫當黃金一兩。後來又濫加發行，又告貶值，明末又加廢止，一意用銀錠。清初也曾經發行紙鈔，順治十八年廢止，咸豐初年，因軍興需款，又發行銀票及錢票兩種。銀票分一百兩、八十兩、五十兩三種，叫官票。錢票，招商設立「官銀錢號」，由戶部發給成本銀兩。寶鈔二千，抵銀一兩。光緒二十九年，設置大清銀行，各省官錢局發行紙幣，以抵制外國紙幣。民間的錢莊組織，也發行莊票，可以兌換及滙兌現金。

(四) 清末新幣

清道光初年，由於和外國通商，外國的銀洋如墨西哥、西班牙大量輸入；再加維新的思潮高張，林則徐奏請自鑄銀圓以為抵制，未經實行。光緒十四年（西元一八八八），張之洞才首先在兩廣用新式機器，鑄造銀圓與銀角，更改使用生銀的習慣；又製銅元，彌補制錢的不足；幕皆龍文，文曰「光緒元寶」，為中國自鑄新幣之始。初制銀圓一元，折合銀角十角，一角折銅元十枚。其後，各省仿造，成色分量，各有出入。三十二年，清戶部為統一全國幣制，將鑄造權收歸中央，在廣東、江寧、福州、武昌、開封，分設鑄造廠，鑄造銀圓為主幣，銀角有五角、二角五、一角三種，鎳幣五分一種。銅元為輔幣，也由清戶部於光緒三十一年頒發「祖模」給各省鑄造，正面加鑄省名。

現代由於工商業發達，貨幣流量極大，各國貨幣都是以紙幣爲主幣，鎳幣爲輔幣。我國法幣的發行，自民國三十一年七月起，統由中央銀行辦理。新臺幣是中央銀行委託臺灣銀行發行，政府以純金、純銀、外滙、有價證券及可以換取外滙之物資，作爲準備金。

＊　＊　＊　＊　＊　＊

七、度量衡

度量衡，是用來計算物品的長度、容積、重量的一種標準。像用尺量東西的長短，就是度；用斗量東西的多少，就是量；秤稱東西的輕重，就是衡。買賣物品的時候，不但需要貨幣，更需要尺、斗、秤之類的器具，來計算物品的數量，作爲收付貨款的依據；因此，產生了度量衡的制度。

度量衡標準的制定，當然要求非常精確，而且要世界各地整齊劃一，這樣才能通行無限。中國對度量衡標準的選擇、制定與器具的製造，歷代都非常注重。

㈠中國度量衡的產生

中國的度量衡的制定，大概是在黃帝時代，採用黑黍（秬黍）和籥管做標準制定的。籥是一種像竹笛子的樂器。據說當時人用一粒黑黍的縱長做標準，叫做一分，並規定九分爲一寸，九寸（八十一分）爲一尺，產生了縱黍尺，又叫律尺，制定了「度」的標準制。又在籥管中裝滿黑黍，共得一千二百粒，叫做一籥，二籥（一說十籥）爲一合，十合爲一升，十升爲一斗，十斗爲一斛，制定了量器的標準制。又將一百米黑黍的重量，定爲一銖；二籥二千四百粒黑黍，重二十四銖，爲一兩；十六兩爲一斤，三十斤爲一鈞，四鈞爲一石，制定了衡的標準制。我國的度量衡標準就這樣制定了。

(二) 歷代情形

度量衡，在交易與收稅時，都需要劃一；但却是極不容易統一，歷代政府都常加整頓。周朝專設一官，製造各種度量衡器具，頒行天下。這時又有人用蠶絲的粗細，制定忽、絲、毫、釐，來補充「分」以下的各種長度單位。雖如此注意，各地仍然有各地的度量衡標準。如周制規定「田畝」以八尺爲一步，百步爲一畝，百畝爲一頃；但六國有以六尺四寸爲一步；秦人以六尺爲一步，二百四十步爲一畝；而有相當出入。就拿周尺也有八寸與十寸兩種。秦始皇統一了中國，對度量衡制度，也用政治的力量加以統一了。

漢代也造有標準的度量衡器具：像量器，漢人用銅鑄成，形狀如爵，上面容一斛，下面容一斗，左耳容一升，右耳有兩個，一容一合，一容一籥。

各代所定的度量衡制，也時有出入。像魏人杜夔所作律尺，比漢劉歆所作的銅斛尺長四分五釐，比晉人荀勗作的尺長四分七釐。古代以十斗爲斛，宋朝賈似道以後，用五斗爲一斛；民國十八年公布的標準制與市用制，都沒有「斛」的名稱了。

唐、宋、明、清各代都訂立法律，禁止人民私造度量衡。唐朝度量衡，要經官署檢定蓋印，才能使用。宋太祖平定了西蜀、江南，隨就頒行劃一度量衡制。只有元代未加管制，特別紊亂，隔一個鎮一條河，就不相同。明洪武元年（西元一三六八），下令鑄造鐵斛斗升，作天下法式，又一再頒布統一的法令。但據明末顧炎武說，還是不能統一，而且到了「鄉異邑不同」的地步。

清人入關，就着手整頓度量衡，到康熙年間完成，尺有縱黍尺，用一百個黑黍的縱長爲一尺，工部營造時用，又叫營造尺；又有橫黍尺，用一百粒黑黍的橫廣爲一尺，又叫律尺，約當縱黍尺八十一分。民間通用的是「裁尺」，用於裁製衣服。裁尺最長，營造次之，律尺最短。量器，乾隆九年（西元一七四四）製造嘉量的模型，有方形和圓形兩個，都是鑄銅塗金的，又製造鐵斛鐵斗，發給漕運總督，作爲標準，叫做「漕斛」。標準衡，分法碼、秤、戥三種，存放戶部的倉庫內，叫做「庫平」。地積以二百四十步爲一畝。清季廣東和各國通商，用廣東尺與各國度量衡比較，另外制定一套海關權度，折算起來還是很麻煩，後來對外貿易乾脆採用英國制度量衡做標準。光緒三十三年（西元一九〇七）農工商部，議定以營造尺、漕斛、庫平兩爲度量衡的單位，叫做「營造庫平制」：度器有營造尺、矩尺、摺尺、鏈尺、捲尺五種；量器有勺、合、升、斗、斛、概六種；衡器有庫天平、商用天平、桿秤、戥秤、重秤（磅秤）五種。

㈢ 現　制

民國成立，改革度量衡，大都認定爲了便於對外貿易，最好採用「萬國權度通制」，也就是法國「米突制」，採用十進法，計算便利，各國都採用它。此案到民國十八年才告通過。「萬國權度通制」，才成爲中國度量衡的「標準制」；米突尺，又稱公尺，又叫「公尺制」；將民間慣用的制度，叫做「市用制」，作爲輔制。標準制、市用制、營造庫平制，和現在臺灣省民間通用的度量衡，都不相同。現在，將「中外度量衡換算表」附錄下面，以供參考：

第六章 社會形態

方祖燊

現代人對我們生活的社會現象與問題的研究，相當重視。但各國因爲生活環境不同，文化發展的過程不同，形成的社會形態也就不同了。本節純從中國文化發展的觀點，簡單評介我國社會有關「人民」、「家族與家庭」、「婚姻」、「農村」、「都市」、「宗教信仰」、「日常生活與民間習俗」等八個問題，以及其進化的情形，使我們能够了解中國過去社會的優點與缺點，作爲我們今後應該加強或改善的指針。

一、人 民

㈠ 根 源

中國人，爲黃種人，黃膚黑髮高顴骨。由河北房山縣周口店發掘出來的「北京人」來看，已有五十萬年。要是由有歷史記載算起，開始於黃帝建立國家，到了今天，大約近四千七百年了。中國在漢朝國勢強盛，外國人就稱中國人民爲漢人。其實中國是由多民族構成的國家。其他民族和漢族來往或入侵中國，因受中國文化的影響與同化，變成中國的一部分。所以中國雖以漢族爲主，却是融合了許多不同的民族在內。

二 人口

中國由黃河流域向四方逐漸擴展；現在土地面積共有一千一百四十二萬方公里，東臨韓國與太平洋，北接西伯利亞，西依帕米爾高原，南連中南、印度二半島，人口也由「漢書地理志」所載五千九百六十萬人，發展至今日近九億五千萬人。漢族約全國人口百分之九十左右。

三 種族

現在中華民族是由漢、滿、蒙、回、藏等民族合成。今將這五個民族分布的大概情形，分述如下：

1.漢族：本居黃河流域，後來包容居住淮水流域及山東一帶的東夷，長江中下游荆、吳的南蠻，浙江、閩、粵的百越，還有西北、東北等地其他少數民族而成。現在散居中國各地，甚至南洋羣島。

2.滿族：世稱東胡，又稱通古斯族，發祥長白山區，散居東北各省。就是古時肅愼，漢時烏桓與鮮卑，唐朝契丹，宋時大遼、女眞。明末滿清。自從北魏、北周（鮮卑）、遼（契丹）、金（女眞）入據北方，提倡漢化，大部分早和漢族混同。滿人入關，建立清朝，更久受漢族文化同化，已跟漢人無別。今分居中國各地。

3.蒙族：散居外蒙古、內蒙古（熱河、察哈爾、綏遠及東三省西境）、額魯特蒙古（在今新疆、青海、寧夏及科布多境）。三代時稱獯鬻、玁狁，秦、漢時匈奴，五胡十六國的前趙、後趙、夏、北涼，宋時蒙古，元朝，明時韃靼、瓦剌，清時蒙古，都屬於蒙族。元朝蒙古人的勢力橫跨歐、亞兩洲。

4.回族：本居蒙古西北及阿爾泰山一帶，後來繁衍新疆、甘肅及陝西等地。漢時丁零、月氏，隋唐時突厥、回紇與沙陀，都屬於這一族。由於大都信奉回教，所以稱回族。

5.藏族：分居西藏、西康、青海等地。早在殷初，卽跟漢族接觸。晉以前氐、羌，唐時吐番，宋時西夏，清時大小金川，都屬藏族。因始終住在康、藏，未移居中原，所以仍保持他們的文化特性。

此外，分居各地少數的民族與土著，還有分布閩、粵沿海及閩江中、下流的蜑民，海南島黎母嶺上的黎人，雲貴高原上的苗人，兩廣山地湘、滇谿洞的傜族，滇西縱谷南部低谷中的擺夷（又稱泰族），滇西縱谷北部山地麗江一帶的麼些族，大理附近的民家族，東北烏蘇里江下流沼澤低地上的赫哲人，小興安嶺林地中的鄂倫春人，大興安嶺林地中的索倫人，新疆塔里木盆地的維吾兒族，準噶爾盆地的哈薩克族，烏梁海盆地的烏梁海人，臺灣山地上的高山族。

㈣ 語　言

中國是由多數民族結合成的，語言也有多種，照現行世界語言的分類來說，境內語言分屬五個語族：

1.漢藏語族：西起西藏高原，東至太平洋沿岸，北起長城一帶，南至中南半島。語言特色，是單音綴，有聲調，語法極少形態變化。

(1)漢語系：①北方官話；②西南官話；③下江官話；④吳語；⑤客家話；⑥贛語；⑦閩語；又分閩北語與閩南語；⑧粵語；⑨湘語。

(2)洞臺語系：分布雲、貴、桂、川邊區。有聲調，修詞的語序與漢語有點不同。例如漢語說「好人」，洞臺語說「人好」。有①洞水語，又分洞家話、水家話；②臺語；又分擺夷語、暹羅語等。

(3)苗傜語系：語序跟洞臺語差不多。散布雲、貴、桂、川等省高原與山地。有①苗語；②傜語。

(4)藏緬語系：應用接頭、接尾語，語序是主詞——賓詞——動詞。分佈西藏及滇、康二省邊境。有①藏語；②倮倮語（麼些語）；③卡欽語（山頭語）；④緬語等。

2.阿爾泰語族：分佈我國北疆，由新疆經蒙古到東北九省，均有。

(1)通古斯語系：又稱滿洲語，分佈東北九省，和新疆塔城、伊犁一帶。又有索倫語，赫哲語，鄂倫春語。

(2)蒙古語系：主要散佈內外蒙古。又有內蒙古語，喀爾喀語，布利亞特語，西蒙古語等。

(3)突厥語系：又名土耳其語，分佈新疆、蒙古西北、西康，跟甘肅某些地方。又分東突厥語，西突厥語，維吾爾語，薩拉爾語。

3.南亞語族：分佈雲南西南邊境，與越南、泰國交界的一帶。有崩龍語、佧佤語、柬埔寨語。

4.南島語族：又名高山族語，或馬來語；我國只有臺灣高山族同胞用它。有泰耶語，阿眉語，排灣語……等。

5.印歐語族：我國只有新疆西南的塔奇克語屬之，跟伊朗、阿富汗等語言相近。印歐語族，包括印度伊蘭高原、小亞細亞、到整個歐洲。

中國由於版圖廣濶，民族複雜，山川阻隔，語言也就不統一。各地有各地的方言。雖然如此，自周朝以來，就採用首都的地方話，作通行語，做官人用它。像周朝用鎬京（陝西長安西）話，叫做雅言；淸朝用北京話，叫做官話，各地的人民仍然講方言。

每一個字的字音，隨着各地、方言而不同。各地的人沒法彼此溝通意見，發生了隔閡。民國成立，政府爲了統一全國的語言，二年（西元一九一三）二月十五日，敎育部在北京召開全國讀音統一會，五月二十二日閉會，擬製三十九個注音字母，陰陽上去四聲，並且審定了六千五百多字的國音，後來因爲傳習上有許多困難，到民國十二年，決定用北平音做國音的標準，北平話就成了國語；因此，現在才有一個全國一致的語言——國語了。

(五) 文　字

人類會說話，大約有五十萬年；會寫字，大約只有五六千年，語言是用聲音來表達我們的意思；文字是記載這種聲音語的符號，不過，文字可以保持得長久，也比較簡潔精純。

中國文字的產生，起於伏羲的畫八卦，造書契；慢慢進步成描畫事物形態的圖畫，又漸漸進化到只用簡單的線條來表達意思，就是「象形文字」，字形與寫法都不同，相傳黃帝時代的史官倉頡，是最早將中國文字加以整理，這也有可能。自殷商到漢朝，我國文字又有許多變遷。殷墟出土的甲骨文有十萬多片，約四千六百多字，經學者研究，可以辨識約有一千三百多字，筆畫簡單。到了周朝初年，筆畫反而轉繁；這由鑄在鐘鼎上的文字（金文，吉金文）可以看出。這時由於諸侯分立，不但語言不一，文字並非全國一致，同一個字有很多異體，不同寫法，這就是「言語異聲，文字異形」。周宣王時太史籀想求寫法的統一，作「大篆」，又叫做「籀文」，字體繁複。中國文字眞正的統一，是到了秦始皇統一了中國，二十六年（西元前二二一），丞相李斯奏用秦國的文字來統一全國文字的寫法，以達到「書同文」。這種文字叫做「小篆」，比大篆簡化。中國文字的寫法才告統一了。

後來在字體上又有些變化，像秦人程邈簡省筆畫，作「隸書」。漢朝王次仲八分取篆，二分取隸，產生了「八分書」；爲了要寫得快，史游作「草書」，劉德昇創「行書」。王次仲又作「楷書」，又稱「眞書」、「正書」。至此，各種字體大致固定了。筆畫仍苦繁難，書寫費時。宋、元以來，又減省楷書，參取行書，產生「簡體」字，在我們生活上通行。印刷字體仍以「楷體」爲標準。

中國文字，到東漢許愼編「說文解字」，收有九千三百五十三字，歷代又不斷產生許多新字，清初「康熙字典」所收，已有四萬二千一百七十四字。入民國後，又增加了許多科學上用的新字。常用的字，不過八千多字。但中國的文字，屬於意標文字，結構有「指事」、「象形」、「形聲」、「會意」、「轉注」、「假借」六類，叫做「六書」。在原則上說，中國文字是一字一音一義，但富有彈性，所以一字可以衍生好幾個義，又可以分讀幾個音，大大擴展了用途，而且一個字和其他的字結合一起，就又成了一個新詞，表示新意義，運用起來，非常靈活。由於中國文字早已統一，歷史悠久，各地詩人、作家、學者、思想家……所寫的種種著作非常豐富，因而構成悠久深厚而進步的中國文化。

二、家族與家庭

㈠ 母系與父系

在原始時代，人類和其他動物一樣，穴居野處，飲血茹毛；後來才進化到過起羣居的生活。這時，男女雜交，生的孩子不知道誰是父親，只認得母親；母親自然成了這個羣體的中心；這就是以母系爲中心的氏族社會。三代以前，婦人稱姓，男人稱氏，像姬、姜、嬴、姒、嬀……等，都是從「女」的姓，一姓大概就是一個母系。

父系社會，到什麼時候才建立呢？過去的歷史沒有記載。男人因爲謀生的能力強，到畜牧農耕的時代，男人就逐漸取代了女性的地位，成了父系中心的社會。夏禹傳位給兒子，可能這時父系已經成立。禹和諸侯在塗山相會，來者萬國；湯驅逐夏桀，回到了亳都，也有三千諸侯來會。這裏的「國」就是氏族，諸侯就是氏族的酋長。商族只是各氏族中最強大的一族，大概是以盟主的地位稱做「王」。有人說商朝的繼承法，大多是「兄終弟及」，認爲這時仍然是以母系爲主體的氏族社會。到盤庚後，農業發達，氏族才逐漸分解。

(二) 家族與宗法制度

周朝採取封建制度，將天下的土地分封同姓宗室與異姓功臣，爲諸侯，叫做「國」；諸侯又將土地分封卿與大夫，叫做「家」。氏族分化成許多家族了。所以有人說「封建是中國家族的起點」。

在家族中，男性的領主就成了家族的中心。在封建制度下，爵位是世襲的。我國早已實行一夫一妻多妾制，由於妻妾名分不同，妻所生子爲嫡出，妾所生子爲庶出，所以父親死了，就由妻所生的嫡長子繼承，因此產生「父死子繼」的宗法。嫡長子一系叫做大宗，其他諸子叫做小宗。秦朝實行郡縣制，封建制度雖然瓦解，但是由世襲制度建立起的家族，仍繼續存在。那時的人，仍常常世世代代聚居一地，共立一個祠堂，由祭祀中，敎人尊敬祖先，敦親睦族，小宗對大宗自然仍有一種向心力，同族人也非常團結。這種家族的觀念，十分深入中國人的心中。不過，這一種由貴族構成的大家族，終於轉變成了以家長爲本位的大家庭。

(三) 小家庭與數世同堂

從社會學的觀點來說，家庭就是由男女結合爲夫婦所組成的團體。中國過去的家庭組織，由孟子一再提到「八口之家」，像盡心篇上：「百畝之田，匹夫耕之，八口之家，足以無饑矣」，可見到了春秋戰國時代，許多家庭都已經是「小家庭」的組織了，大概包括父母、夫婦、子女；兄弟、姊妹在沒有成家前也住在一起。父母過世了，兄弟就大多析產分居了；當然也有不分家的。這說的大抵是平民的家庭；至貴族之家，因爲爵位要承襲，要講宗法，仍常常是實行大家庭制。貴族這一種數世族居的遺風，歷代仍然不絕。譬如漢朝樊重三世共財，晉代氾稚春七世同財，唐時張公藝九世同居，都是見諸史册的記載。兩晉人講究世家門第，也都是受這種習俗的影響。宋朝累世同居的風氣雖然還有，但已經不多；這時科擧代替了門第，官宦之家，父母健在，兄弟異計，十家中已有七家；普通百姓，父子分產，八家中已有五家了。

現在，受西方文化的影響，更盛行小家庭制，子女一結婚，就常常另行組織小家庭了。

(四) 家庭中的美德

我國舊時的家庭，受儒家思想的影響，注重倫理道德，由修身而齊家，特別講父慈母愛，兄友弟恭，子女孝順，夫婦相敬。又重視「禮」，像成年、結婚、喪葬、祭祀，都要依制辦理，有各種儀式。因此，崇拜祖先，尊敬長輩，孝養父母，已經成爲中國家庭中特有的美德。中國人到了老年，因有兒女的孝養，比起西方人來，在精神上比較愉快，而不會感到寂寞。

由古老的家族的道德觀念，遺留下來的「上下尊卑，長幼有序，鄰里相恤，疾病相助」，也還是現在我國農村社會的一種良風美俗呢！

三、婚姻與婦女地位

(一) 婚姻的產生

家庭是形成社會的一個最小單位；男女結合爲夫婦，是組成家庭的基礎。但是在原始時代，人類過羣居的生活，男女的結合，純由欲望的需要，處於雜交狀態，並沒什麼固定對象與婚姻關係，常常不知道生父是誰？因此，古代聖人的誕生，常有許多「感生」的神話，都說是做母親的跟自然界某一種東西交感而生。譬如說華胥踩了巨人的脚跡生了伏羲，女登受感神龍生了神農，女節夢見流星生了少昊，慶都因赤龍關係而生堯，女嬉呑了薏苡而生禹。

母系時代由於長時期近親雜交，發現血統過近，所生子女有不良的缺陷，因此產生了「族外婚」制度，於是有向外族搶奪女人，也有用財物向外族交換女人；「搶婚」就像易經屯六二所寫：「白馬輸如，匪寇，婚媾。」「買賣婚姻」，就是世本所說：「太昊（伏羲）始制嫁娶，以儷皮爲禮。」產生了我國的婚姻制度，也就有「同姓不婚」的觀念了。其實到堯、舜時代，同姓結婚的還很多。如堯將女兒嫁給舜，就是同姓聯婚。

到了周朝，婚禮才算完備；對結婚一事，大家非常重視，認爲婚姻是一個人的終身大事，是結合兩姓之好，有成家與立業兩方面的意義在內。從成家來說，是爲了生男育女，傳宗接代，延續家族的生命。所以孟子離婁篇說：「不孝有三，無後爲大。」從立業來說，男主外，女主內；合作互助，女人在內料理家務，使男人能對外專心發展事業，光大了生命的價值。不像西方人所認爲夫婦的結合，只是爲了愛情與性欲的滿足，因此只要兩人怡悅，就可以發生關係。

二 六　禮

適當的結婚年齡，古人認爲男人三十筋骨堅強，可以做人的父親；女人二十肌膚光盛，可以做人的母親。但孔子却認爲：「男子二十而冠，有爲人父之端；女子十五而笄，可以許嫁」。要結婚却必須依照禮制辦理。

中國的婚禮，根據「儀禮士昏禮」的規定，有「納采」、「問名」、「納吉」、「納徵」、「請期」、「親迎」六禮。男方的父母備禮具書，拜託媒人帶了禮物，前往女家，說媒撮合，叫做納采；女家父親答應了，媒人纔能進一步探問閨女的名字、年齡，以及生辰八字，叫做問名；男家據以合婚，問卜吉凶，得到吉兆，再派媒人前去告訴女方家長，叫做納吉；然後下聘定親，女家接受了聘禮，叫做納徵——也就是現在所謂「訂婚」。再由男家選一黃道吉日，爲結婚日期，請求女家同意，叫做請期；到了婚期，由新郎親到女家迎娶新娘同來，在黃昏時分拜堂結婚，並且擺設酒席歡宴親友，叫做親迎。婚姻大禮，至此才告完成。

過去，這種媒妁說親，由父母作主，六禮正聘，結爲夫婦，是相當隆重的；可見中國人對婚姻看法的愼重，希望既結爲夫婦，就應該相敬如賓，終生恩愛，琴瑟和鳴，白首偕老。不過，因爲男女婚前彼此都不了解，造成婚姻的悲劇也很多。

(三) 一夫一妻多妾制

自周朝開始，我國就採取「一夫一妻制」。只是貴族妻子入門，常帶來陪嫁的妾媵；後來的皇帝除了皇后外，更娶有許多妃嬪。早先大概只有庶人才眞正行一夫一妻制，所以叫做「匹夫匹婦」；但到了後來，也就不然了，田舍翁有了錢，也就要買妾了；應該說是「一夫一妻多妾制」。妾在家庭中的地位非常低，可以送人，也可以出賣。

(四) 婦女地位的轉變

古人強調夫婦地位的平等，「男主外，女主內」，在早期單純的農業社會，男耕女織，夫婦合作，維持一家的生活，這個現象尚稱不錯。到了後來，分工日細，男人工作的範圍日廣，女人因爲不能拋頭露面，到社會上工作，經濟無法自主，大都依賴男人生活，在家庭的地位日益低落，只好忍受男人的臭氣，被男人遺棄的很多，丈夫買妾，自然也就無法干涉了。假使丈夫年輕死了，生活更無着落。再嫁又怕受人譏笑，終生悲苦，可想而知。還有世俗貪鄙，娶婦先問嫁妝，生女總被認爲是「賠錢貨」。從而產生重男輕女的風氣，造成了過去男女非常不平等的地位。

由於「男主外，女主內」的習俗，過去女人不但在家庭中的地位低落，在社會更沒有表現才能的機會。就是讀書有才能，也無所發揮。因此，過去的女子在我國的歷史上有特殊成就與貢獻的，眞是少之又少。只有班昭、武則天、李清照、梁紅玉……可數的幾位罷了。

直到了民國，婦女在家庭與社會的地位才逐漸提高，做到男女平等了，和男子一樣的，有受教育、參政、工作、職業的自由。法律更明文規定「一夫一妻制」；丈夫娶妾，妻子可以控告他重婚罪；婦女也有繼承父母財產的權利。憲法更規定婦女有選擧與被選擧權。今日由大專學校中女學生之多，社會上職業婦女之多，就可以看出中國婦女無論在那一方面，都已經和男人處於完全平等的地位了。男女的婚姻，也大多經由自由戀愛而結婚了。不過近年來離婚的比率也日漸提高，這倒是吾人值得注意警惕的地方了。

四、農　村

中國自西周以來，就是一個以農業爲主的國家，農民佔全國人口的絕大多數，因此農村是構成中國社會主要的部份。

(一) 過去農村的情形

我們依據前人的種種紀載，可以勾畫出過去農村的輪廓。一個農村，大概就是由幾百戶農家聚居一起而構成的，村中有一兩條街道與一些商店；也有的沒有商店，只有墟期。再大一點的村落就形成了鄉鎭，也有小到只有幾戶的農家，叫做三家村。這種村落星羅棋布於中國各地。

中國的農家，大都是大家庭，世代務農，父母、兄弟、子孫四五代同居一起，耕種祖傳下來的田地。一家擁有數間房屋，有的是用黏泥和稻草蓋成，也有用木頭造的，極少數用茅茨做的，繞屋種桑栽竹，圍以竹籬木柵，包括廳堂、臥室、厨房，還有倉廩、柴房、農具室、磨坊，屋前有曬穀場，厨房左近有水井。北方的農家，因爲氣候寒冷，屋裏還有火坑，寒冬時用來取暖。住宅的近旁還常有牛欄猪圈，鷄塒鴨寮，養育着各種家畜；附近有菜畦花圃，遠一點有瓜場果園。一家農戶大約有幾畝到幾十畝的田地，田間阡陌縱横，作爲界限，也用以蓄水。南方多種稻，北方多種麥和高粱。田地和農舍常常不在一起，大多分散各處，有的距離一二里路。過去大抵由男人下田耕作；女人在家裏紡織煮飯，並且兼做送飯菜茶水到田間給男人吃用的工作。他們所用的農具，有犂、鋤、鍬、耙、杈、鍤、鐮等等，犂田利用牛力，灌漑也有利用水車的，每畝稻作的收穫量，平均約在一百石到二百石之間。

附近山上叢生青草枯木，除了放牧家畜，也常常割作燃料。池塘多在山脚間的高地上，蓋便於儲蓄山上的流水，平時用來養魚種菱，乾旱時因地勢稍高，又可用來灌漑。有些農家還利用山坡地，由高到低，形成梯田。肥料大都利用人畜的糞尿，再摻水施用；所以農家的側面除了厠所外，又常常有蓄糞池。也有燒草木爲灰，也有掩埋豆科植物作爲綠肥，也有挖掘腐朽土來增加土地的肥份。農村的許多地方都缺乏寬大的道路。運輸工具也大都靠人力，用扁擔肩挑，也有利用牛車，靠水邊也常用小船載運穀物的。

過去農家的生活，大多是「日出而作，日入而息」。犂田、鬆土、播種、挿秧、鋤草、捉蟲、灌水、下肥、收割，是他們主要的工作。農忙時候，全家無分男女老幼，都要下田耕作，十分辛勞。他們工作回來，就洗脚洗臉，然後坐在簷前棚下，吃飯休息聊天，大都是早眠早起，閒暇時也常喝茶飲酒，閒話家常。當時，農民最憂怕的就是蝗蟲水旱成災，這樣就收成無望了。

幾千年來，農村風氣純樸，左鄰右舍，常常相幫相助，生活節儉。但到了豐收季節，他們就完全放下了工作，準備許多鷄鴨魚肉，年糕點心，敬天祀祖，飲酒看戲，歡歡樂樂地過年。

(二) 過去農村經濟問題

過去有「日出而作，日入而息，鑿井而飲，耕田而食，帝力於我何有哉?」事實上，歷代中國的農民，却常因苛重租稅，種種徭役，而難以負擔，生活非常艱苦。自秦孝公廢「井田制」後，田地可以自由買賣，豪富開始兼併，造成了地主與佃戶。「富者連阡陌，貧者亡立錐之地」，後代雖有漢限田，晉占田，北魏隋唐均田各種政策的施行，想要平均分配土地，但收效甚微。自漢朝以後，貴族、豪富、寺院擁有廣達幾萬畝的田地的現象，已頗爲普遍。到唐朝中葉以後，更加利害。於是唐、宋有稱做「莊」「莊園」「莊院」出現了。有些農人替莊院工作，就叫做「佃戶」、「莊民」。由莊園自成村落也不少；少的百戶，多的數百戶，多以莊園主人的姓作爲莊名。許多農民都是佃農、半自耕農、與自耕農戶。佃農莊民常受地主的剝削。這種現象直到淸末，尙未改善。國父遺敎針對這個問題，提出解決的辦法。

㈢ 臺灣的農村

政府遷到臺灣後，根據 國父遺敎的昭示，實行三民主義的理想，實施「三七五減租」，「公地放領」，「耕者有其田」，「農地重劃」各種有效的政策，目的都在使佃農變成自耕農，增加生產，提高農民的收益。

現在臺灣的農村，比起過去的農村，已經大大改善進步了。現在臺灣的農村，已逐漸走向現代化，農民住的是鋼筋混凝土的房屋，有電燈、自來水，有冰箱、電視機。不但如此，農民已大多利用機械農具耕種，有揷秧機、收穫機、曳引機、廻轉犂、烘乾機等，不用天然肥料，採用化學肥料，又由於公共道路寬大，水利工程完備，搬運穀物也大都利用貨車，灌溉利用水利會的溝渠供水，省力省事多多了。而且農民教育已經普及，各地農會又常常派人指導農民耕作技術，又用農藥防止蟲災病害，農民的收益就大大提高了，而改善了農民的生活了。

五、城　市

(一)城市的建立

古時中國的城市，大都是由於作爲行政區而建立。天子所在的京師，如西周的鎬京，東周的洛陽，秦的咸陽，兩漢的長安與洛陽；諸侯的都城，如春秋戰國時代齊國的臨淄，趙國的邯鄲，楚國的郢都；卿大夫的食邑，如薛城是田文的食邑。爲了防禦外敵侵犯，往往在這些都邑的周圍築起兩重高高的城牆，裏邊一重叫城，外邊一重叫郭。行政機關，像宮殿廳署，多在內城；民居店鋪寺院，多在外廓。這些城邑大都是士農工商，四民雜處；由於工商業發達而繁盛，形成了所謂「城市」。像秦始皇消滅六國，將天下的豪族富賈十二萬戶，遷徙到咸陽，並大興土木工程，建築城牆宮殿；漢代秦後，建都長安，遷徙齊國的諸田，楚國昭、屈、景等舊貴族，以及功臣大家，富賈豪傑兼併之家，到長安諸陵。咸陽與長安是政治中心，也是商業繁榮、交通發達的巨型大城市，四圍圍着高高城牆。當然，現在中國的許多城市周圍的城牆都已經拆除了，有的還留下一些城樓的遺跡，像臺北市「北門城樓」就是。

(二) 古今城市的情形

在古代，中國城市建設的形式，由歷代的京都情況，可以看出，大都是由許多條街道，垂直交叉而成。由這些街道劃分成許多方形的區域，叫做「坊」。坊和四方城門有大路相連結。一個坊又分做若干里，里有里巷。唐朝京都長安，據歷史的記載，周圍六十餘里，南北十五里多，有十四條街；東西十八里多，有十一條街。街分一百零八坊，坊的長寬都是三百多步左右。像唐人孫棨「北里志」有「十字街」、「南街」。崔令欽作「教坊記」有「光宅坊」、「延政坊」。

城市的情形，當然和農村不一樣，大都是重門高樓，店肆櫛比，街道縱橫，車馬熙攘。城市最主要的特色，還是在於它設有「市場」——就是現在所謂商業區。易繫辭說：「神農氏日中爲市。」這只是定期性質的交易，慢慢形成了有許多店鋪的市場。

早期的市場都局限在一定區域之內。周朝市場就設在京都王宮的後面。漢人也在西京長安，設有九個「市」場，各方二百六十六步。在每個市區中，大都相同的行業聚集在一條街上，或一個里中。北魏時的大市洛陽，市東有通商、達貨二里，民以屠販爲生；市南有調音、樂肆二里，妙妓出焉；市西有延酤、治觴二里，多釀酒爲業；市北有慈孝、奉終二里，民以賣棺椁爲業；別有準財、金肆二里，富人在焉。後代由於城市工商業的發達，這種某一行業店鋪集中一地的「市」制，就自然破壞了。唐朝京都長安，在東市內就有二百二十行，有肉行、鐵行、衣行、絹行、藥行、魚行、金行……等。

唐末可以在市區以外的地方開店鋪，做買賣了。到了宋代，可以在城市裏任何地區開設各種商店，不但有日市，還有夜市，不受任何限制了。

由此，可知道城市的形成，和政治與工商業有非常密切的關係；尤其工商業更是促使城市繁榮主要的因素。

我國歷代著名的城市很多。城市由於爲政治中心，人物薈萃，也常常成爲文學藝術的中心。又由於工商業發達，百貨交流，車船雲集，自然也就常成爲水陸交通中心；又由於在城市裏謀生賺錢比較容易，鄉村的人口大量流向城市。住在城市裏的居民大都爲名爲利，競爭激烈，工作也都比較緊張忙碌，但由於獲利優厚，生活比農村富裕而奢侈，講究吃穿住行，風俗當然也就不大純淨了。居民工作之餘，多尋歡作樂，所以休閒業的酒樓茶館戲園也就特別多了。「機巧成俗，溺於逸樂」也是城市中人常見的現象。

「戰國策」中，有一段描寫戰國時齊國的名都臨淄城，說：「其民無不吹竽鼓瑟，擊筑彈琴，鬥雞走犬，六博蹋踘者，臨淄之途，車轂擊，人背摩，車衽成帷，擧袂成幕，揮汗成雨。」這寫的是二千幾百年前中國城市的情況。

㈢ 現代中國城市

現代中國的大城市當然要比這臨淄城更加繁盛進步了。像上海、北平、天津、瀋陽、武昌、漢口、重慶、臺北、高雄、廣州、哈爾濱、大連、南京、西安、青島、成都、太原……等城市，人口都超過一百萬以上。現在上海人口高達一千二百多萬。就拿臺北市來說，據民國六十八年統計資料，面積二百七十二平方公里，人口二百二十萬左右，仍在增加中；市區內建築宏偉壯觀，馬路寬廣，連同巷道約長一千二百公里，環境乾淨，滿街都是汽車、機車，有四十多萬輛車子；工商業發達，計有三千五六百家工廠，十一萬家左右公司，十幾萬家商店，投資接近萬億元臺幣。有住宅四十多萬戶，公寓大厦多有冷氣設備；教育極為普及，有大專院校二十三所，中學、幼稚園各二百多所，學生有六十七萬人；此外，還有公園、圖書館、體育館、博物院、科學館等；還有醫院一千八百多家，藥房尤其多，大家都講究衞生。市民上班上課，工作努力而緊張，但生活亦富裕而安全。入夜燈光燦爛，景色極其迷人，西門町一帶，更是行人如潮，大家穿著考究，游樂場所像電影院、歌廳、餐館飯店，都滿園滿座；假期則湧往附近休閒地區，爬山、游水、露營、遊覽，市民平均壽命已大大提高，男為六十九歲，女為七十四歲。由此，可見今日中華民國城市中人民生活的安樂情形了。

城市工商業的發達，可以大量增加國家的稅收，提高人民生活的水準。歷代政府都特別重視發展城市，過去許多小鄉小鎭，現在也都慢慢繁榮，發展成「小城市」了。

如何使「鄉村城市化」？如何淨化城市的社會風氣？這是我們政府應該加緊努力的方向。

六、宗教信仰

上古時，人類對自然界的現象，無法解釋，以為冥冥中有鬼神存在，產生敬拜的心理，這就是宗教的起源。後來人類又因為生命短暫，希求延長；人生苦痛，盼能超脫，以及死後靈魂安息的各種問題，能夠得到解答與寄託，因而繼續發展成了各種宗教。

(一) 原始宗教

中國原始的宗教，是由信仰圖騰，崇拜庶物與羣神，演進到了敬祀祖先。

據古籍記載，伏羲和女媧都是人頭蛇身。在當時，蛇大概就是這一個氏族圖騰的標記；他們相信他們的祖先跟這一動物有關，而加膜拜。那時人非常迷信，對庶物也都存着敬拜心，在神農時，像貓能捕鼠，虎會吃野獸，道路水溝，於人有益，人就祭拜它；蝗螟之類的害蟲，人希望它們不要為害作物，也就加以膜拜。黃帝以後，認為天地日月星辰風雨山川，都有神祇主宰，人死了也有鬼魂存在，而且相信個人的禍福、國家的興衰都由天所支配，所以要定期祭祀天地山川各種鬼神。但這種迷信拜神的風氣，已經成了流行民間的牢不可破的陋俗了。

「無先祖惡出?」周公制禮，在祭天時以遠祖后稷配祭，祭上帝時以文王配祭，並且設立宗廟，供奉祖先神位。民間也就普遍設立祠堂，紀念祖先了。於是中國宗教也由巫術迷信，進入了禮治階段。

(二) 道教

道教，是產生於中國本土的宗教，是張道陵所創立。由於古人迷信鬼神，再加道家莊子書中有神仙不吃五穀，吸風飲露，乘雲駕龍，遨遊天地；列子書中有蓬萊神山，有不老不死的花果等記載；戰國時王侯富貴至極，所不足的就是不能長生不老，當時方士爲迎合這種想法，張皇神仙與長生不老藥的傳說。像秦始皇派方士徐福帶童男女入海求藥；漢武帝相信李少君的祠祭服食之術；後來魏伯陽作「參同契」，談鍊丹服藥，就能長生。發展到了東漢末，張道陵創立五斗米道，用符籙爲人治病。他的兒子衡，孫子魯繼續傳教，逐漸流行全國。魯子張盛搬到江西龍虎山，自爲教主，道教就正式成立了。

道教敬拜天神、地祇、人鬼、仙眞。人鬼以老子爲太上老君，統管神仙世界，莊周、列禦寇、赤松子都奉爲眞人。天神有元始天尊，與太元聖母結合，生天皇，又生西王母。地祇有酆都閻羅王。天皇住在七寶天宮中；此外在天地名山之間，有三十六洞天，七十二福地，各有神仙住那裏，分察人間的善惡。人能行善，就可成仙。勸人不要殺生、嗜酒、偷盜、淫念；要孝順父母，慈愛萬物，多做鋪路造橋，放生濟窮的功德。立三百善可以成地仙，立一千二百善可以成天仙，成了神仙就可以長生不老，不食人間煙火，變化飛昇，遨遊仙界了。我們可以說道教所想追求的是肉體的不壞，生命的永存。因此，道教特別注重修鍊養生，鍊丹辟穀、服藥行氣，採補導引，呼吸吐納，符籙尸解，五行六甲，拔刀破舌，吞刀吐火各種方術。

道教分有丹鼎派，如魏伯陽講修鍊吐納，調和精氣，達到延年益壽；晉葛洪服食神丹，上者可以成爲神仙，次者可以享壽千歲。符籙派創始於張道陵，大成於梁陶弘景，北魏寇謙之，認爲可藉符籙，召神呼鬼，禳災祈福，建醮燒符，治病消厄，成爲道教迷信的一派。唐、宋時道教最盛，清乾隆後，才逐漸衰落。但在民間，延請道士，祈禳超度，仍比比皆是。

道教自倡行以來，經典日多。像明朝北平白雲觀刊印的道藏，分洞冥、洞玄、洞神、太玄、太平、太清、正一七部，共五千四百八十五卷，所收極爲龐雜。又有「續道藏」。

(三) 佛教

佛教，是中印度迦毘羅國淨飯王太子釋迦牟尼（西元前五六三——四八五）所創立。他認爲人生在世都要經歷生老病死的種種痛苦；這種種痛苦都是從欲望來的，認爲只有將心靈中一切欲望、野心、惡念……除去滅絕，達到空寂的涅槃境界，這樣才能完全解脫了苦樂，成爲「佛」了。不然，還要輪廻，再受各種痛苦。

東漢明帝永平十年（西元六七），派遣蔡愔等十八人出使西域，載回佛經；十一年在洛陽建立白馬寺，佛教才傳入中國。後來西域高僧相繼來華，宣揚佛教；中國僧侶相繼前往印度，搬取佛經。由東漢到唐代，翻譯佛經的大師不少，有安淸、支讖、支謙、竺法護、鳩摩羅什、曇無讖、佛陀跋陀羅、玄奘……等人。重要佛經大都有了中譯本，也有了許多研究的論著。像「大藏經」，現藏南宋磧砂版就收有五千八百零二卷。頻伽精舍主人哈同氏所刊印有八千四百十六卷，包括續藏等在內。

佛教傳入中國，受到道教的排擠，幾次受到重大打擊。但佛教仍在民間暗中傳布，成爲我國最普遍信仰的一種宗教，有毘曇、成實、律、三論、淨土、禪、天臺、華嚴、法相、眞言等十大宗派。

佛教對中國的文學、雕鑄、聲韻學、建築、繪畫有很大影響。也由於佛教徒的來往，也將中國的文化傳布到高麗、日本、安南各地去。

佛教在西藏，叫做喇嘛教。穿紅衣的稱紅教，唐睿宗時（西元七四七）由印度蓮華生上師傳入，至元中葉後，漸流於妖妄；明永樂間，宗喀巴大肆加以改革，穿黃衣，稱做黃教。他有弟子兩人，一是達賴，駐前藏拉薩布達拉寺，總攬政治、軍事大權；二是班禪，駐後藏札什倫布寺，掌理教權。

(四) 回　教

回教，是阿拉伯人穆罕默德（西元五七一——六三二），在麥加城所創立，原稱伊斯蘭教（Islam），又叫清眞教。認爲宇宙間只有阿拉（Allah）一個眞神，全智全能，大慈大悲，著重道德，嚴禁飲酒，信徒必須一日五次面向麥加祈禱，在星期五行特別祈禱，每年在回曆九月厲行禁食，前往麥加朝聖。他主張一手持劍，一手傳教，要異教人一律改奉回教。穆罕默德死後，人們將他所說神的啓示記錄下來，成爲「可蘭經」，作爲回教的經典。回教隨着教徒的武力，傳布各地，成了北非洲（如埃及），亞洲西南部（如孟加拉）及南洋羣島（如印尼），波斯、阿富汗、俾路支、突厥、阿拉伯各民族數十國家人民所信奉的宗教。

回教，一說在唐太宗貞觀二年（西元六二八）由穆罕默德門徒聖斡葛思(Saad Wakkas)由廣州傳入。一說唐高宗永徽二年（西元六五一）大食國遣使朝貢，傳入中國。現在，中國有回教徒四五千萬人，分布西北新疆、青海、甘肅、寧夏各地。隨着回教，帶來天文學、回回礮、醫藥、清眞寺等。

(五) 基督教

基督教，是猶太人耶穌（西元前四——西元二十九）所創。他三十歲開始傳布福音，要人敬愛上帝，要愛人如己，做人要公正，守本分。並說人時常作惡，只要認罪悔改，接受眞理，就可以得到上帝赦免，靈魂求得永生，解除一切痛苦了。他自承是彌賽亞（救主）與基督（王）。這時，猶太是羅馬帝國的一行省，猶太人希望能够從羅馬人的統治下解放；可是耶穌却告訴猶太人說，他們的國家是在心靈，是在天上，只要懺悔罪孽，行神旨意，這個國家就在他的心裏；因此和猶太人發生了齟齬，猶太人就將他交給羅馬總督，指控他企圖自立爲王，在西元二十九年的逾越節，在耶路撒冷城附近的小山上，被釘死在十字架上。相傳他死後第三日復活，並且和門徒共處四十日，然後昇天而去，留下了一種感人的力量；於是他的門徒組織教會，傳播上帝的福音，因此很快就傳遍歐美各地。

基督教經典，有「新舊約全書」共六十六卷，有各國文字的譯本。

基督教，唐太宗貞觀九年（西元六三五）由敎士阿羅本(Alopen)傳到長安，就是大秦景教。唐武宗時，由於道教反對，遂被禁。元世祖入主中國，又隨之傳入；明初又告消沉，至神宗萬曆間（西元一五八〇），意大利人利瑪竇來中國傳佈天主教。這時，馬丁路德於西元一五一七至一五三〇年，就基督教加以改革，發展成新派，我國人叫做「耶穌教」；舊派仍在羅馬教皇統轄下，叫做「天主教」。清嘉慶年間，英國馬禮遜博士(Robert Morrison)將耶穌教傳入廣東，擴展各地。現在基督教在中國分有許多宗派，像浸信會、長老會等等。

由基督教的傳入，也因此引進了西方科學知識、新式學校。風俗方面也由於基督教不拜偶像，不信鬼神，破除了我國許多對鬼神、風水、星相、卜筮等等舊有的迷信，改變了中國舊社會一些觀念。

㈥　其他

此外，傳入中國的外來宗教，還有祆教，就是拜火教，由波斯人瑣魯亞斯德所創，在南北朝時傳入中國。摩尼教，波斯人摩尼所創，是合祆教、基督教和佛教的教義而成，大概在唐憲宗時傳入中國。都沒有什麼發展，早就不流傳了。

七、日常生活與民間習俗

洪荒時代，人類和各種動物一樣的生活，被髮裸身，巢處穴居，茹毛飲血；但人類能夠運用智慧，發明許多新東西，改善生活。

現在，我們能夠過這樣舒適的生活，都是我們的祖先不斷努力改善的結果。像燧人氏鑽木取火，夙沙氏煮海爲鹽，我們才能吃到煮熟有味的食物；伏羲氏敎民佃漁畜牧，神農氏敎民耕種五穀，我們才能獲得充分的食物；神農時知道織麻爲布，嫘祖知道養蠶繅絲，黃帝作冠冕，伯余作衣裳，於則作扉履，我們才有衣冠服飾。黃帝作宮室，我們才有可以避風擋雨的住所。虞姁作舟，奚仲作車，我們才能渡河致遠。智者創造，巧者改良，使我們的生活由極簡陋貧乏，日趨進步舒適。現在，回顧我國人的生活與習俗的情況，又怎能不贊美我們祖先的成就！

㈠ 衣

中國在黃帝時已知用絲麻裁製冠服，有各種色綵繪繡的花樣。毛製的罽（氈毯）到漢代才由胡人傳入；棉花到北宋初才有種植；在寒冬，還只有穿用狐貉羊鹿的毛皮做的皮裘，或在夾袍衾被裏塡塞些蠶繭或絲綿、蘆絮、麻枲來禦寒。

到三代秦漢時，貴族和庶人的穿著，就有了尊卑的分別了。譬如周朝，士以上所穿衣服，都有采章；庶人服飾相同，就是有錢也不能例外。在漢代，冠是貴人的服飾。庶人（平民）束髮，或戴小帽（幘），多半穿麻葛做的短衣（褐）、褲子（袴），長襦最多過膝，袖口窄小，脚著布鞋或草履；工作時常常不穿上衣，穿短褲、短裙、或犢鼻褲，有時將長裙縛起來。女人椎髻，或蒙頭巾，穿長衫裙子，或短襦（襖）短裙。衣服顏色以靑綠白黑居多。

貴人就不同了，多穿絲織的羅綺。男人戴冕戴冠，隨地位高低，而形製不同。漢文帝以後，在冠內還戴一幅束髮的頭巾，叫做「幘」。深衣，是古代男女通用的一種衣服，上衣下裳（裙），相連一起，裳有六幅；腰圍和袖口都非常寬大，地位越高，袖口越大，可達三尺三寸；衣襟有從領上向右斜開到腋下直向下齊的，也有從領上從中間向下直開的，腰束大帶，顏色以赤、紫、黃爲貴。深衣穿在外面的叫禪衣，常繡繪花紋；穿在裏面的叫中衣，衣領外露，色彩純一，多有襯裏，又叫袷袍。這種上衣下裳的男裝，到周、隋間受胡服式樣的影響，才漸漸取消了下裳，改成直掇式的長衫、長袍了。男人在深衣內，還穿有襠的長褲。貴婦人高髻，少女丫髻。早先，女人和男人一樣的穿深衣；到了秦始皇時，衣跟裳才分開了，上曰短襦（襖），長覆腰部或膝蓋；下曰長裙，常曳地上；領子、袖口、衣襟都鑲邊，花樣色彩，繁多而鮮麗。古代的女人穿裙就不穿褲；和後代穿褻衣內褲的不同。女人的外衣上，常加褙身或披肩（帔）。寬袍大帶，是漢朝貴人衣服的特色，實在不便於生活與工作，後來日趨窄短的方向發展。

歷代的冠服，不斷隨着禮制與時尚而改變，產生時新式樣。像北朝至唐，受胡風影響，婦女出門，面戴冪䍦（俗稱蓋頭）。五代以後，女人有纏脚的風習，走路扭扭揑揑。宋朝婦女戴漆紗冠，飾以金銀珠翠。明朝婦女服裝最簡單，花冠襖裙。清朝男人薙髮，拖辮腦後，瓜皮帽、馬褂、長袍。

今日，臺灣的服裝，用麻、棉、絲、毛、化纖做原料，用機器織造，大量生產各種布料，又有服裝專家設計，大家的穿著眞是豐裕而美觀。

(二) 食

中國是一個講究「吃」的民族，烹飪技術之佳，世界第一。食品見於菜譜食單有八百多種。現在從家常飲食、筵席酒菜兩方面，加以介紹：

1. 家常飲食：大抵南方人，一日三餐，以米爲主，早晨稀粥小菜，中午、晚上乾飯，菜餚比較豐盛。一般說來，閩、粵、江、浙幾省水產豐富，魚蝦蠔蛤成了家常菜。江浙人嗜甜酸，廣東人嗜恬淡；滇、黔、湘、蜀人嗜辛辣，多用辣椒炒牛羊肉豆腐，味極刺激。北方人夏日三餐，冬天日短，改吃兩餐，用麥、高粱、大豆磨漿磨粉，做煎餅、油餅、麵條，用豆漿、小米粥、菉豆粥下餅，嗜葱蒜、醃菜、醬肉、凍魚、臘肉、燒鴨做得特別好，逢年過節也做饅頭、包子、水餃吃。中國地方大，邊遠地區飲食，又有些不同，蒙古人是兩餐乳茶，一餐燔（牛羊）肉。西藏人日必五餐，吃青稞糌粑，酥油茶，奶餅、野菜湯、牛肉。

2. 筵席酒菜：中國人請客常在酒樓飯館擧行，也有請厨子來家裏烹飪，也有由主婦親自下厨烹煮的，大抵講究色香味的美。整席酒菜，若以菜餚碗數來分，有八道、十二道、十六道幾種，冷盤點心在外；若以主菜品目來分，有燒烤席（又稱滿漢大席），包括燒猪、燒方、烤鴨。燕菜席，有燕窩爲主菜。普通有魚翅席、海參席、海鮮席、魚唇席、三絲席、全羊席等。三絲就是鷄絲、火腿絲、肉絲。全羊席，蒸、烹、炮、炒、爆、灼、爊、炸、湯、羹，無不有羊。在菜館中，也可以零點，隨意選擇幾樣小碟菜。現在，在臺北菜館，可以吃到各地的名菜，像南京捅子鷄，北京掛爐烤鴨、菊花火鍋，杭州醋摟魚、魚頭豆腐，福州黃魚羹、江瑤柱，廣東香腸、叉燒、蠔油炒牛肉，上海油鷄、醬鴨，山西炒鱔糊、葱爆羊肉。還有許多精緻的點心。酒，臺灣菸酒公賣局出產的，有花雕、紹興、啤酒、高粱、竹葉青、米酒等。

飯後，中國人常常喝茶，認爲茶可以解葷腥，滌齒頰，幫助消化。

㈢ 住

中國建築和西方建築不同，具有我民族獨特的結構與色彩；這在我國的宮殿、寺觀、住宅中表現出來。這裏專介紹中國的住宅。

中國的住宅，大多是南北向，結構常見的有下列兩種：

1. 四合式：大門進去，有一屏牆（古稱蕭牆）或影壁，繞過屏牆，正中有一天井，又稱院落；天井四周蓋有成列的房屋，面對大門爲上房（舊稱正寢），東西兩邊爲廂房，上房對面（大門兩旁）爲下房，四面相對，有廊道相連，形如「口」字，叫做四合院。北方住宅大都屬於這一類，建材以黏土、磚爲主，色調比較鈍重。

2. 三合式：從大門進去，有一屏門，過了屏門，就是一個大天井，天井兩邊，有的有廂房，有的沒有。穿過了天井，就到大客廳；從客廳跨過門限，後面又有一個小廳，吃飯用。大廳的兩邊各有一間臥房，叫做耳房，可通後廳；後廳又有小天井，小天井兩邊各有小屋，為厨房、厠所或儲藏室。南方許多住宅，屬於這一類。南方因盛產木材，除牆壁外，其他大部分都是木造的，相當高敞蔭凉。

中國房屋的結構，喜歡取左右均齊的配置，房間多成三間、五間，都作長方形，客廳擺設桌椅，張掛字畫，也都是採左右對稱的形式；自古至今，變化不大。如人口衆多，一屋不够，常就此形式，再加擴建，而連續數進；或在主屋兩邊，再加以延展，配置一些小花廳、樓閣、亭榭、林園、池塘。大小高低各異，錯綜變化，非常美觀。宮殿寺觀大體以三合的形式配置；市街商店，據需要而設計，與住宅不同。

普通小住宅，屋頂固為直線、斜線；稍大的住宅，屋頂輪廓下垂成凹曲線，至簷端反向上翹起，而且有許多裝飾；窗戶形狀，窗櫺圖案，有無數變化；天井大多鋪石板；四周則圍以高牆，正面開一個大門；整個色彩以紅翠青白為主。人們生活其中，寧靜安恬，常有自成一個小世界的感受。清末，西風東漸，商埠城市中，西式洋房與公寓大廈，日益加多了。

(四) 行

中國是農業社會，農民佔全國人口百分八十左右，他們很少出遠門，耕地又常在住宅附近，平常都是走路去；搬運東西，近的多用肩挑；稍遠的才用車、船載運；城市中人，近的也大多步行，遠的才坐車坐船去。

現在，臺灣由於工商業發達，道路四通八達，車輛川流不息，行極便利。人們上班上課，上街購物，下田耕作，大多乘坐機車、公共汽車、計程車、火車去的，非常方便。

(五) 民間習俗

中國的社會是由農業社會演化來的，生活習俗完全表現農村人生活的情味。前人爲了調劑勤勞的農耕生活，配合倫理與宗教的觀念，從古以來，定下了許多佳節。重要的有正月初一的拜年，大家在鞭炮聲中，迎接新春的到來，彼此祝賀，新禧發財，事事如意。元宵夜的觀燈猜謎；清明的祭祖掃墓，三月三日的修禊。四月八日的浴佛。五月五，端午節，吃粽子，喝雄黃酒，龍舟競渡，紀念屈原。七月七夕，牛郎織女，鵲橋相會；十五日中元節，設盂蘭盆，普渡鬼魂。八月十五，中秋節，吃月餅，賞明月。九月九，重陽節，登高賦詩。冬至吃湯糰。十二月八日，紀念釋迦佛成道，煮臘八粥，供佛；十六日尾牙，店家設酒席還福，並歡待員工；二十三或二十四日，祭竈；除夕，大家同家團聚，吃年夜飯，分壓歲錢，辭歲守歲，以待天明，表示一年的結束。

我國人遇到大節日，大家成羣結隊，打鑼打鼓，舞龍燈，耍獅子，唱戲文，熱烈慶賀，非常熱鬧。

第七章　禮與樂

李　鎏

禮與樂是我中華民族文化的基石，早成政教的核心，可以化民成俗，可以治國敎人。崇禮尚樂，民德必歸厚，國家也得以長治久安。我國歷史上的治亂興衰，和禮樂興廢都有密切的關係。

一、禮樂與人生之關係及其功用

禮、樂的產生，源於人類生活的需要。我國的禮樂就表現在日常的生活上，而逐漸形成具有我國文化特色的風俗與習慣。

就個人來說，禮樂可作個人日常生活行爲的規範，情性的陶冶，使擧止有節度，情思得到宣洩。就社會來說，禮樂的功效尤其可觀。過去的宗法制度造成了我國人根深蒂固的家族觀念及倫理道德。「禮」重視維持秩序，所以有尊卑等級之分，使社會井然有序；「樂」有調和人類感情的作用，使彼此相親相敬，社會和諧，透過禮樂形成善良的風俗。

禮樂的目的，都在盡人之性，透過節制與調和的作用，提高人類精神的生活境界，使人類的倫常道德，止於至善。

二、禮

㈠簡史

禮是我國文化的菁華，包含範圍很廣，如個人行爲規範、社會習俗儀節、國家典章制度、國際間交盟訂約等。其沿革演變，在我國至少有五千年以上的歷史。關於禮的內容與定義，歷代正史中都有「禮樂志」，記載頗爲詳明。

禮是人類過羣居生活的準則。禮有節度的作用；人的欲念無窮，所以聖人制定禮儀，給人適當滿足，並加限制，使理性和情欲都能得到調和，不會過份放縱物欲，引起爭亂。制禮的目的在使人的行爲合理合情。但我們要知道，禮所著重的，不在繁文縟節的形式，而在人心的涵養；要求的是整個人類社會的和諧。禮也就是守秩序，特色在於有差等、有分際，使人各安其位，各守其分，這樣，人與人自然能够和睦相處，社會自然呈現融和安樂的現象了。

禮的起源，是順應人情的需要。司馬遷說：「觀三代損益，乃知緣人情而制禮，依人性而作儀，其所由來尚矣。」作爲「人道經緯，萬端規矩」，於是有種種儀節產生了。堯舜時修吉凶軍賓嘉五禮，用在祭祀鬼神、朝廷制度、輿服宮室、嫁娶喪祭、飲食起居種種方面。到了周公制禮作樂，禮更加強而爲施政敎化的工具了。有「經禮三百，曲禮三千」，用五禮來敎化人民，所以周禮地官大司徒說

：「以五禮防萬民之僞而教之中。」

「禮」的發揚光大，主要靠儒家學說的傳布。孔子到周，向老聃問禮，追跡夏、商、周三代的禮，認爲周禮是由殷禮來的，殷禮是由夏禮來的。世稱的「三禮」：「周禮」記周朝官制；「儀禮」詳周的儀文，都是周朝有關禮的官書；「禮記」由孔子與門人弟子，著所見聞。儒家以「仁」爲中心；「仁」是道德修養的最高境界，需藉「禮」的實踐，才能達到這一境界，可見儒家極端重視「禮」。孔子曾說：「克己復禮爲仁。」荀子認爲人性本惡，特別推崇「禮」，認爲禮足以矯正人性之惡。孟子對禮的價值，也極重視，與「仁」、「義」、「智」並稱，列爲「四端」。經過儒家的發揚，「禮」的精義愈加彰明。不過，到周朝衰落時，禮廢樂壞，人心墮落，逾禮越分，比比皆是。

到秦朝統一天下，採取六國禮儀，重加選擇制定，用以尊君抑臣。漢高祖時，太常叔孫通，又據秦制，略加增損，制訂朝儀。漢武帝獨尊儒家以後，「禮」更隨著儒家學說的流傳，歷代學者的研究「三禮」，禮官的制作各種禮儀，深入人心，滙入中華文化的巨流中。太初元年（西元前一〇四年）更定儀制，作爲典常，影響深遠。歷代承襲添益，禮節日益繁複。

大體說來，禮制的演變，由崇祀天地人鬼的活動，發展成爲吉禮；喪葬哀輓的活動，發展爲凶禮；征戰田獵等活動成爲軍禮；朝覲等活動成爲賓禮；婚姻宴飲燕射等成爲嘉禮。其儀制與節文，代有因革，時有增損，但其精神則始終維繫不墜。

(二) 禮制

我國歷代禮制，節目繁多。從傳說的三皇五帝開始，如伏羲制嫁娶以儷皮爲禮，神農時有八蜡之祭，黃帝時封禪山川，顓頊依鬼神以制儀等等，雖都可歸於禮制的範疇；但遠古傳說，畢竟難以查考。我國禮制可考的時代，當在周公制禮之後。從周朝流傳下來的典籍，如「周禮」、「儀禮」、「禮記」，可見到當時禮制的規模及涵義。據「周禮」大宗伯篇所述的禮制，有吉、凶、賓、軍、嘉等五禮，計三十六項。後代談禮制的典籍，都依「周禮」作爲分篇立目的標準，例如杜佑「通典禮類」、歷代「會要」、秦蕙田「五禮通考」等都是。現在就五禮加以介紹。

1. 吉禮

吉禮就是祭祀之禮，祭則受福，所以稱爲「吉禮」。古代認爲這是最重要的禮。古人特別重視祭祀，追溯起源，是初民對自然神秘所生的敬畏心理；尤其對天神、地祇、人鬼三者，認爲是禍福利害的根源，所以陳設供物，尊崇禮拜，避禍求福。周禮所列吉禮，有禋祀、實柴、槱燎、血祭、貍沈、疈辜、肆獻祼、饋食、祠春、禴夏、嘗秋、烝多等十二項。大別可分祭天地與祭祖先二類。

(1) 祭天地

祀天祭地，就是祭祀天神地祇。所謂「天神」，指天帝及日、月、風、雨、雷、電、星宿、司中、司命……諸神，具有廣大的神通力，正直有好生之德，能賞善罰惡，所以不能不順敬天命。「地祇」指社（土地）、稷（穀物）、山川、林澤、四方等諸神，和人類生活有密切的關係，也極受重視，成爲國家的重要祭典。

冬至日，古代國君在南郊山丘上封土爲圜丘，叫做泰壇（後人所謂天壇，象徵天圓。）祀天。祭天時，先在壇上堆積木柴，一邊將犧和玉放在木柴上燔燒，使烟氣上蒸於天；一邊奏樂潔齋，禮拜天神，祈神享觴，喜悅降福。夏至日，在北郊水澤中築方丘，叫做泰圻（方形壇，象徵地方，後人所謂方澤。）祭地。祭地時，一邊將犧幣埋在壇上，一邊歌舞享飮，禮祭地祇，祈神福佑豐登。用的犧牲，若是牛、羊、豕三牲，叫做「太牢」；只用羊、豕二牲，叫做「少牢」。今日，民間還保存著每年農曆一月九日，祭拜「玉皇大帝」；二月二日，祭拜「土地公」的習俗。土地公，就是各地的社神，古代「里社」的遺俗。

(2) 祭祖先

禮記祭法篇說：「人死曰鬼。」在祭祀人鬼中，由於我國特重孝道，從「事生」推而至「事死」，所以也特別注重祭祀祖先。

相傳這種禮俗，由黃帝死後才開始，大臣取他的衣冠，立廟祭祀，後代就有了祖宗祭祀之禮。禮記祭法篇說：「有虞氏祖顓頊而宗堯，夏后氏祖顓頊而宗禹，殷人祖契而宗湯，周人祖文王而宗武王。」依鄭玄注的說法，在明堂祭祀五帝，配祀祖考。孝經說：「宗祀文王於明堂，以配上帝。」明堂也叫做清廟；又闡明政教，朝見諸侯，及饗功養老，教學選士，也都在明堂中舉行。古人立宗廟，紀念祖先，按時祭祀。據祭法篇說：周時天子至士都有宗廟，天子有七廟，一壇一墠；諸侯五廟，一壇一墠；大夫三廟，二壇；適士（上士）二廟，一壇；官師（中士、下士）一廟；庶士、庶人（平民）無廟。如天子七廟，包括考（父）、王考（祖父）、皇考（曾祖）、顯考（高祖）、祖考（始祖）五廟，每月一祭；又有遠廟二所，在太祖廟東西，叫做二祧。始祖百世不遷，表示宗族由來；三昭三穆應當遞遷的神主，就遷藏祧祖廟中，四時供祭，有春祠、夏礿、秋嘗、多烝等，祭時以犧牲、時羞享神，並奏樂舞蹈，歌頌功德，以祀祖先。世數更遠的祖先，在壇、墠受祭拜。

古代宗廟與墳墓陳列的制度，太祖廟在中央；以下是父爲昭，在左邊，子爲穆，在右邊；祭祀時，子孫也分昭穆排列，用來分別父子、遠近、長幼、親疏的順序。據宗廟陳列的秩序，天子的宗廟，是太祖合三昭三穆爲七廟；諸侯是太祖合二昭二穆爲五廟；大夫是太祖合一昭一穆爲三廟；士一廟。庶人祭於寢，叫做「寢薦」，和宗廟制不同。宗廟有東西廂，有序牆，神主供在前廳上；寢只有一室，大都在後廳。後來，民間同族的人，也有合建祠堂，祭祀同姓的祖先，叫做宗祠或家廟。

民國以後，雖然皇室貴族的宗廟，隨著帝制的覆亡，而成了過去的歷史了，但祭祖的禮制，仍然在我們的生活中保存下來。每逢佳節、除夕，家家準備花果酒菜，作爲祭品，點燭燒香，燒化銀箔紙錢，供祭祖先，充分表現了我國人「愼終追遠」、「根本返始」的孝道。

吉禮，包括祭天神、地祇、人鬼三者，歷代沿襲，直至清末，儀制繁縟，名目繁多，所祭鬼神也更加多了。就拿人鬼來說，孔子、周公、關聖、文昌、賢良、功臣，也都另加祭祀。細讀歷代正史的「禮志」，就可知道。

2. 嘉禮

嘉禮含有贊美、親和、慶賀、祝福的意思。周禮春官大宗伯說：「以嘉禮親萬民。」有冠昏、飲食、賓射、饗燕、脤膰、賀慶六項。後代的登極、朝會、册封、視學、考試……等也都包括在內。現在僅就古時的結婚、鄉飲、賓射、燕饗、加冠數項，加以介紹。

(1) 結婚

結婚是一切人倫關係的開始，從夫婦組成家庭，進而才有社會與國家。對個人來說，「壹與之齊，終身不改。」是極嚴肅的抉擇；對家族來說，「合二姓之好」，上事宗祠，下繼後世；從古到今，都是一件極愼重的大事。在禮儀方面，也較繁複，依「儀禮士昏禮」的記載，可分婚前、結婚、婚後三階段的儀節。

①婚前有所謂「六禮」：男方托媒人帶書信、禮物到女家說合婚事，女方父親接受了，叫做「納采」，媒人才能再進一步探問閨女的名字、年齡、生辰八字等，叫做「問名」；男方取得八字後，求神問卜，若得吉兆，再備禮物，派媒人告知女方家長，叫做「納吉」；然後，男方下聘定親，叫做「納徵」；男方擇定黃道吉日，作爲婚期，請求女方同意，叫做「請期」；到了婚期，新郎乘車前往女家迎接新娘，叫做「親迎」。

②結婚的時節，也有種種禮儀。新娘到了男家，入門之後，就和新郎「拜堂」，一拜天地與祖先神位，再拜新郎父母，三是夫妻交拜，然後就送入新房。男女雙方的媵御，替他們沐浴潔身，叫做「沃盥」。入夜，歡宴親友賓客，新郎和新娘在房裏設席同食，夫西婦東，相對而坐，叫做「同牢」，並喝「合巹」酒，象徵陰陽交會，夫婦和諧，開始共同生活。合巹畢，新郎、新娘各自將禮服脫下，交給對方的媵御，媵御在室內替新夫婦舖設衽席枕頭，新郎入內室，親自解開新娘所繫的綵縷，叫做「脫纓」，媵御持燭出。婚禮才告完畢。

③婚後的禮節：就是結婚的第二日，新娘早起，用竹笲盛著棗、栗、薑、桂、肉脯等食物，拜見舅姑（公婆）；進門三日後，下厨燒飯作菜，奉侍舅姑，表示做媳婦的孝養之道；舅姑也以酒食慰勞新媳婦。

這時，整個婚禮才算圓滿完成了。

由於時代不同，婚禮也隨著時代不斷演變。現在由媒人撮合的已經很少，男女雙方多由自由戀愛而結合，採取文明結婚、或公證結婚、集團結婚。納采、問名、納吉之禮，自然取銷。納徵變爲聘金。唯一未改的是「親迎」，這可說是我國婚俗的特色。古代婚禮中，親迎是最重的禮，因爲「壻再拜稽首」，以最敬之禮來迎婦；女子「俟壻於房，不出答拜」，表示謙敬有禮，恪遵婦道；雙方都表現了極虔敬愼重的態度。賓客居堂上觀禮，表現出儀式堂皇公開，與親友關懷祝福的感情；女子出門時，向父母拜辭，父母諄諄叮嚀，同時送至階，兄弟姊妹送至大門時，又叮嚀一番，愼重關愛，充分表現人倫至德。這是婚禮過程中，女子感受親情溫暖最深厚的一刻。這種習俗沿承至今，自然有其道理。

婚禮的禁忌，至今仍保留的，有同姓不婚、喪中不婚等等。

歷代有一些婚俗，至今仍爲人實行或稱道的，如漢代有親友戲謔新人的「鬧房」（見「風俗通」）；東漢時，以紅帕蒙在新娘的頭上，宋以後，俗稱「蓋頭」；唐朝時，新婦入門，足不履地，踏在袋上（今人用紅毯舖地），象徵「傳宗接代」之義。此外，還有受子嗣觀念或經濟條件影響，而形成一些特殊的婚俗：如贅婚，女子不出嫁而招壻入贅，養子承祧，服役養老；童養媳，抱他家年幼的女孩作養女，到適婚時與自己兒子成婚；指腹爲婚，雙方在妻子懷孕時，就爲未來兒女預訂婚約。另有典妻、搶親、沖喜、兄終弟及、招夫養夫等特殊婚俗。當然，隨著時代的進步，這些陋俗也逐漸淘汰了。

(2) 鄉飲

周代制度，一萬二千五百家爲鄉，下領州、黨。天子有六鄉，諸侯三鄉。鄉的首長稱鄉大夫，州稱州長，黨稱黨正。鄉設學校，稱「庠」，州稱「序」。所謂「鄉飲酒」，原指鄉大夫在庠序請賓客飲酒的禮。因州、黨都屬於鄉，所以統括鄉大夫宴飲國中賢者、州長習射飲酒，及黨正十二月時臘祭飲酒等，均稱「鄉飲酒」。舉行的時間，鄉是三年一次，州一年兩次，黨一年一次。

鄉學，三年大考一次，叫做「大比」，就是後代所謂「鄉試」。成績特優的，由鄉大夫薦舉給國君，叫做「貢士」。行前，由鄉大夫設宴，邀請爲「賓」，其次，陪客稱「介」，再次稱「衆賓」，另請鄉紳來觀禮，叫「僎」。

整個儀式過程，特別注重尊老敬賢之意，表現出謙讓、禮敬、和睦、愉快的氣氛，充分發揮了以禮節度行爲的效果。如賓客入門，主與賓作揖三次才到階，彼此推讓三次才升階，表現謙讓的態度。飲酒之前，必先洗手、洗杯，表示潔敬的意思。酒樽擺在房戶賓主之間，表示大家可以共用。樽裏放水，水是飲料之本，所以有尊重本源的意思。在這尊讓潔敬的氣氛中，教導衆人守禮的精神。飲酒時，首先是主、賓互相獻酬。其次以音樂娛賓，樂工常多達一百多人，唱詩、吹笙，每一段落，主人都要獻酒。演奏完畢，賓、主、介、衆賓，互相依序敬酒，無分長幼貴賤，痛飲共樂。接著，進食狗肉；食畢，大家下堂脫掉鞋子，再升堂入坐，彼此勸酒，不計杯數，但設有「司正」，專司防止賓客飲酒過度失態。最後，主人爲賓客洗杯，樂工再奏樂，主人拜送賓離席。從鄉飲酒禮，可以見出古代社教活動的情形。

(3)　賓射

射箭是古代的軍事教育。男子平時都要練習，以便一旦危急，就能參加保國衛土的戰爭。聖人制訂射禮，教人在競技爭勝時，也要講禮。古時射禮大約有五種：

①大射：君臣之間習射。

②賓射：諸侯朝見天子，或諸侯集會時的競射。

③燕射：天子、諸侯，宴飲臣下，酒後共射。
④鄉射：鄉大夫和民衆在鄉學習射，州長與民衆在州序習射。
⑤澤宮之射：祭祀前，天子在澤宮，藉比射選士參與祭祀之禮。
射箭的人，意志要堅定，身體要挺直，弓箭要拿得穩，才易射中目標，前進後退，左旋右轉，都要中規中矩。射時，場上奏詩作樂，射者若能配合著音樂的節奏，射中了目標，其才藝當然是極高的。射禮是用來培養一個人的才藝與品德的。

(4) 饗燕

燕禮是古代天子宴請來朝諸侯，慰勞功臣，每年舉行一次，也有用於宗室與敬老的一種禮儀。這當然可以促使上下相親，國家安寧。

燕禮強調君臣間的大義，席位按尊卑安排，大家依次而坐。獻酒順序，也是如此。宰夫先獻酒給國君，國君飲後，舉杯向在座的人勸飲；然後依次獻酒給卿、給大夫、給士，卿、大夫、士也先後舉杯勸飲，最後獻酒給庶子，因其地位最低，就不再勸飲。使用的食物與用具，也依階級而有差別。在宴飲中，君依臣子功勞的大小，分封爵位，贈以官祿。並有音樂侑酒助興，就是「燕樂」。

(5) 加冠

冠禮，是古代男子在滿二十歲時，舉行的成人之禮；天子及諸侯的兒子滿十二歲，即可舉行。這是古人極重視的一種禮，象徵一個人的成人，可以擔負起紹承祖業，爲國盡力的責任。代表人際關係一個重要的開始。

古代行冠禮，先須占卜日子，並選年高德劭的地方父老爲主持人，以示愼重；在祖廟裏舉行，以示敬祖。加冠儀式，由父親作主人，在阼階上擧行。阼階一稱東階，是主人之階，表示從此可以代替父親承受家長的位置；加冠須三次：始加緇布冠，再加皮弁服，三加爵弁服，冠愈加愈貴重，有勉勵期許的意思。加冠後，不再稱其名，而呼字號，然後拜見母親、兄弟，這時母親及兄弟都必須答拜。並穿起黑色的冠服，帶了禮物，去拜見國君及鄉大夫、鄉先生，表示從此已具備成人的身分了。現代，因一般人平時沒有戴帽子的習慣，這種禮俗也就泯沒了。

3. 軍禮

左傳說：治國的兩件大事，一是祭祀，一是軍事。古代軍禮完全基於保衞國家及建設國家兩大需要而設立。國家能建立起強大的軍事力量，當諸侯作亂，不服領導，就可藉武力謀求和平之道。因此，古代軍禮的內容繁多，從平時訓練軍隊，征收田賦，到戰時誓師出兵，以及戰勝凱歸，祭告宗廟，都包括在內。

周禮春官大宗伯分列有五種軍禮：

①大師之禮：指天子或諸侯率軍出征時的誓師禮。

②大均之禮：使人民賦稅力役，都能力求公平均等。

③大田之禮：包含田獵及閱兵，藉田獵機會教導訓練人民作戰之道。

④大役之禮：利用民力爲國家建築宮室城邑。

⑤大封之禮：聚合人民修築邊界封疆，以防止外力入侵。

從周禮的分類，可知古代軍禮的內容及意義。因爲上古到周代，兵農不分，吏將不分，養民就是養兵，所以賦稅征役，築城守疆，都列於軍禮的範圍。但自封建制度廢除後，大封之禮，隨而不行。三代以後，兵與農不再合而爲一，財賦力役制度，也隨之獨立；「通典」、「開元禮」、「文獻通考」等書，就不再將賦役列入軍禮。周代以後，軍禮僅限於「大師」、「大田」二禮的範圍。以下就出征、受降、閱兵、凱旋、田獵五項，加以介紹。

(1) 出征

古代出征，是爲了弔民伐罪，所以出征時，發表誓師的言詞，訓勉三軍將士，聲討有罪。有天子親征，如黃帝征蚩尤；有諸侯專征，如周公東征；一般是命令大將率兵出征。出征時間，多選在孟秋的時節，出征之前，必須先祭祀上帝、祖先、衆神，表示受命於天帝與祖先。儀式各代不盡相同。到了征戰之地，還要舉行祭祀，叫做「禡祭」。另外有祭旌旗、祭道路、祭所經過的山川諸神。除了祭祀外，勞軍也有一定的禮儀。古代出征所以講究祭祀、誓師、勞軍各種軍禮，目的在加強信心，約束軍人，鼓舞士氣，嚴守紀律。軍隊若是無禮，必遭敗績。違犯軍令的在社神前受刑，有功的在祖廟前賜賞。

(2) 凱旋

軍隊出征獲勝歸來，必須祭告祖先、天帝及社稷之神。天子親征獻捷祖先時，在堂下奏「愷樂」；將軍獻捷時，在堂上歌「愷歌」。據「孔叢子」說：祭奠後，還要將玉埋在祖廟兩階之間。若有俘虜，還要行獻俘之禮。周人在泮宮（大學）裏舉行，報告殺敵的情況。漢朝人將凱旋的消息，大字書寫帛上，高掛漆竿上，昭告天下，叫做「露布」。北魏時又增有露布之禮。唐代秦王破宋金剛，李勣平高麗，都是凱歌入京師，用鐃歌、鼓吹二部，吹奏著「破陣樂」、「應聖朝」等樂曲；到了廟社，舉行告神獻俘之禮。

(3)　受降

受降，就是接受敵人降服來歸，並賜以新封爵，這是秦、漢後才有的事；宋太祖乾德三年春（西元九六五），蜀主孟昶投降，開始制定了受降禮。在崇元殿舉行，孟昶等降人素服紗帽，在明德門外跪遞降表，由宋大臣捧到皇帝面前，交給侍臣宣讀，然後孟昶等俯伏，接受皇帝的宣制、免罪以後，再拜，三呼萬歲，改穿所賜冠服，然後乘馬到昇龍門下馬，再升殿拜見皇帝，由皇帝召問。還位以後，和部屬舞蹈出。宰相率百官向皇帝稱賀，皇帝在大明殿宴請近臣及孟昶，並遣官祭告天地宗廟之神。

(4)　閱兵

古代寓兵於農，訓練軍隊都是在農暇時。藉著打獵的機會教民戰術，所以有「春蒐」、「夏苗」、「秋獮」、「多狩」之說。周禮的大田之禮，包含了田獵及閱兵。有人認為多狩就是閱兵；但禮記月令篇，早已將二者分開。閱兵本來具有「安不忘危」的意思。古代天子命令將帥講武，習射御角力，勉勵軍士作戰時要有效死的心志，這就是古代大閱之禮，大多在冬季農暇時節舉行。漢代以後，由於戰爭頻繁，益加重視閱兵。譬如漢人每當立秋以後，就在東門，備犧牲，祭陵廟，演習孫吳兵法六十四陣，到十月時，舉行比試。漢文帝十四年冬，匈奴入侵，漢駐兵邊地十萬人，天子親到渭北慰勞檢閱軍隊。晉武帝在宣武觀閱兵，經過十天才結束。後代隨著武器的進步，閱兵的規模也日益龐大。

(5) 田獵

古代因禽獸損害作物，為田除害，所以產生了田獵；後因敵寇侵邊擾民，一如禽獸，傷害作物，所以田獵成為古代的一種軍禮了。秦、漢以下，成為寓兵於農，寓戰於獵的教民良法。

據周禮大司馬之說，春季田獵，教民振旅列陣，辨別鼓鐸，熟習進退；夏季教民在夜間辨別名號，聯絡方法；秋季教民治兵，使用旗號；冬季大閱狩獵。使人民在不知不覺中，熟練作戰方法。一旦有戰爭，自然訓練有素。田獵結束後，即以獵物饗祭社神。

4. 賓禮

賓禮是古代賓主相見的禮儀，包含君臣間的朝覲；使節的交聘；諸侯間的會盟；還有個人的相見等。聖人制定賓禮，就治理天下來說，具有明顯的政治意義，主要藉禮的作用，講信修讓、睦鄰柔遠。使「外不相侵，內不相陵」，國際間和平無爭。周禮大宗伯說：「以賓禮親邦國。」就個人來說，表示重視人際關係，以禮來使人重其身、愼其交，而遠辱避禍。

古代社會中，賓禮具有經國緯民的積極作用，後來由於政治制度的變更，許多儀節自然消失或增益。如三代以前，五服之內的諸侯，都定有朝聘之期，侯服一年朝見天子一次，甸服二年一次，男服三年一次，采服四年一次，衞服五年一次。秦朝廢除封建制度，不再有天子受諸侯朝覲之禮。漢代大封庶孽，又恢復王侯來京朝覲天子之禮。漢代以下，因對外擴張，增設了蕃國遣使朝貢的禮儀；由於歷代國力不同，外國使者來中國朝貢儀節的繁簡，受重視的程度，也各不相同。

(1) 名義

賓禮的名義，依「周禮大宗伯」的分類，有朝、宗、覲、遇、會、同、問、視等八目。事實上，經傳中的記載，大多見到「朝覲」，很少見到「宗遇」，可見後代在賓禮名稱方面的分類較簡略，大約是某些禮制不大通行於後世的緣故。今天儀禮中，也只見到「覲禮」、「聘禮」、「相見禮」的儀節罷了。其中「相見禮」對後代的影響較深遠。據「禮記曲禮」的解釋，所謂「朝」，是指天子南向，站在正門當中，諸公東向，諸侯西向，朝見天子。所謂「覲」，是指天子南向，站在屏風前接受諸侯的朝拜。「朝」與「覲」意義相同，都是指諸侯見天子之禮。諸侯之間的相見，若彼此事先未約定時間，就叫「遇」；若彼此事先約定日期，但不在都邑相見，而在兩國中間的「郤地」，就叫「會」；見面時，殺牛歃血，互相保證所承諾的話，就叫「盟」。諸侯彼此派遣大夫訪問，稱爲「聘」，有「比年小聘，三年大聘」之禮。

(2) 持贄

從天子到庶人，見面一定要有「贄」，以行授受之禮。就是「見面禮」，藉禮物表示尊敬之意。依「曲禮」的記載：天子用鬯酒，以鬱金草泡黑黍酒製成；諸侯用圭：王用鎮圭，公用桓圭，侯用信圭，伯用躬圭，子用穀璧，男用蒲璧，合稱「六瑞」。卿用羔（小羊），大夫用雁，士用雉鳥，庶人用匹（家鴨），童子沒有固定的見面禮物，同時見面後，放下禮物就可離開，不必行授受之禮。在野外軍中，找不到固定的禮物，可用馬纓，或射箭時用來裹袖的射鞲或箭矢作爲贄。婦女相見，可用橡子、榛子、肉乾、棗子或栗子作贄。但是客送贄給主人，除了君臣以外，一般並不接受，主人再三辭讓，三讓三揖，然後請還贄，表示「輕財重禮」的意思。不僅如此，諸侯間的「聘禮」，不但將圭璋還給來聘的使者，還要在外國使者出入國境時，致送芻米食物，到使者所住的賓館，並供給徒卒所需，及馬匹所需的芻薪糧草。每天還要送鵝鶩禽類五雙。可見主客雙方都盡力以禮相待，以敦睦邦交。

(3) 擯介

賓禮中必有「擯」、「介」，就是替賓主傳話的人，依地位貴賤，人數不同，如上公有介九人，擯五人；侯伯介七人，擯四人；賓主雙方並不直接交談，透過擯、介傳話的方式，來溝通意見，表示尊敬，不敢有所簡慢。可說是古代賓禮的特色。

(4) 持節

諸侯使臣行「頫聘」之禮，一定要持節。周禮秋官小行人有「六節」之說，就是：山國用虎節，土國用人節，澤國用龍節，都是以金爲之。道路用旌節，門關用符節，都鄙用管節，都以竹爲之。所謂「節」，代表君命的信物。今天我們稱外交官，如大使、公使，仍沿用「使節」的名稱。

(5) 相見

賓禮中的相見禮，在禮記王制篇中，與冠、昏、喪、祭、鄉合稱為「六禮」，可見其自古卽受重視，從請見、入門登階、賓主答拜、登席、上堂入戶、賓主飲食等，都有嚴格的儀節，對過去民間禮俗的影響很大。

5. 凶禮

凶禮，據周禮大宗伯說：是用以哀慟國家的不幸，如死亡、凶札（疫）、災禍、圍敗、寇亂。有喪、荒、弔、襘、恤五禮。喪禮尤為重要，人生悲哀莫過於此，養生送死，又是人倫之大要。喪儀日益詳密，歷代相沿成代表我國文化精神的一種習俗；至於荒凶、弔災、襘敗、恤亂諸禮，早已語焉不詳。這裏單就喪禮一節，詳加介紹。

(1) 喪儀

上古時，喪葬極簡單。易繫辭說：「厚衣之以薪，葬之中野。」由於沒有棺槨，易受鳥獸侵食，所以有孝子張弓護葬之說，產生倚廬守喪的習俗。相傳黃帝時有棺槨，舜時有瓦棺，進而產生喪葬禮儀。至周代喪禮已相當完備。從「儀禮」所記「士喪禮」，可見當時喪葬節文已非常繁複。

今天沿襲的儀節，和古代相差不多。以下列舉較重要的，有初終、招魂、赴告、沐浴、飯含、銘旌、設靈牌、小殮、大殮、弔臨、成服、朝夕哭奠、接三、作七、題主、筮宅兆（土葬）、備槨及明器、擇吉安葬、祖奠、領帖、陳器、發引、路祭、安葬、祭后土、回靈、圓墳、卒哭、祔於宗祠（祖廟）。葬後的祭祀，如週年奠祭、禫祭除服等。

(2) 服制

據「禮記喪服四制」，喪服根據恩、理、節、權四原則，也就是本於人情的需要而制定。如孝子爲父親守孝服喪三年，是據恩情而制定；諸侯爲天子服喪三年，是據義理而制定；「毀不滅性，不以死傷生」，是依禮節而制定，勸人節哀；父在母死，僅守喪一年，是依權變而制定的。

綜合「儀禮喪服篇」及「清會典」服制，所制定喪服，有斬衰、齊衰、大功、小功、緦麻五種，叫做「五服」，係依據親疏關係而定；居喪期限有三年、一年、九個月、七個月、五個月、三個月幾種。現在介紹如下：

①斬衰：五服中最重的一種喪服。喪服的上衣叫「衰」，摧也；下叫「裳」。「斬」是不縫邊。兒子爲父親戴孝守喪，身穿至粗的生麻衣，不縫下邊，頭披麻冠，腰束麻帶，手拿苴（竹）杖，脚穿草鞋，寢苫枕塊，居喪三年。妻爲夫服喪也是三年。

②齊衰：「齊」就是縫邊。除斬衰外，其他喪服，都是用熟麻布裁製，縫邊，由布的粗細，分做齊衰、大功、小功、緦麻，四種中齊衰最粗，緦麻最細。齊衰的喪期有四種：①三年，如父親已卒，兒子爲母親服喪三年。②一年，叫做「期服」。如父親在，爲母親服喪；此外，爲妻子、祖父母、伯叔父母、兄弟服喪；已嫁女兒爲父母服喪，都是一年。用杖，叫做齊衰杖期；不用杖，叫做齊衰不杖

期。如丈夫爲妻子服喪，父母不在，用杖；父母健在，就不用杖。③五月，爲曾祖父母所服喪期。④三月，爲高祖父母服喪的期限。

③大功：守喪期有九個月、七個月兩種，又稱「功服」。爲本宗堂兄弟、在室的堂姊妹、已嫁姑、已嫁姊妹、子女、孫、子婦、姪婦、已嫁姪女；已嫁女爲伯叔父、兄弟、姪、在室姑、姊妹、姪女等，都是服喪九個月。若未成人夭折，叫「殤」，不滿八歲爲無服之殤；十二歲到十五歲叫中殤，服七個月喪；十六歲以上，叫上殤，服九個月。

④小功：服喪期爲五個月。凡爲本宗曾祖父母、伯叔祖父母、堂伯叔父母、在室祖姑、堂姑、已嫁堂姊妹、嫡孫婦、兄弟妻、堂姪、姪孫、在室堂姪女、姪孫女、從堂兄弟、在室從堂姊妹；已嫁女爲曾祖父母、堂兄弟、已嫁姑姊妹、姪女、在室堂姊妹；以及外親爲外祖父母、母舅、母姨等，都是服喪五個月。還有叔父、嫡孫、兄弟，八歲到十一歲間夭折，叫下殤，服五個月喪。

⑤緦麻：是喪服中最輕的一種。服喪期爲三個月。凡爲本宗高祖父母，以及小功以下的親戚，異姓的中表兄弟，妻父母、女婿、外孫、甥、舅父、姑母的兒子等服喪。朋友相弔也用緦麻。

此外，古時諸侯，爲天子服喪，也是斬衰三年；諸侯的大夫爲天子服喪，穿繐裳，細如小功的喪服。

(3)　頒恤

對親友喪葬，用「臨弔」、「賻贈」等方式，表示哀悼之情。由國君對死者頒恤，也是助生送死的一種禮。贈送車馬稱「賵」，貨財稱「賻」，衣被稱「襚」，貝玉稱「含」，歷代都有「頒恤」之典。如周代，天子對諸侯之喪，始死時贈貝玉衣被等；安葬時送車馬，表示加恩再送錢財。如漢高祖頒以王禮，安葬田橫；漢宣帝對霍光之喪，厚加恤贈。

(4) 忌辰

父母親過世之日爲「忌辰」。「禮記」所謂君子有終身之憂，就是指忌辰而言，親人雖已安葬，仍教人念念不忘，每到忌辰，仍哀戚紀念。古代皇帝遇到父母忌辰，常不視事，明、淸兩代，遇到帝后忌辰，不准宴樂，不鳴鐘鼓，設祭諸陵。民間遇到父母忌辰，也大都設祭紀念。

(5) 賜謚

人死之後，依他生前的行蹟，爲立號易名，稱爲「謚」。謚代表行蹟，號代表功業，有大功則賜以善號。謚法始於周代，秦始皇時廢除，漢代又恢復，一直到了淸末。依據謚法，如「尊賢貴義」爲「恭」；同樣謚號，也有不同的解釋，如「敬事供上」、「尊賢敬讓」、「知過能改」，都可稱爲「恭」。劉邦死時，羣臣商議，以他出身寒微，但有平定天下的大功，所以上尊號，爲「高皇帝」。又如陶潛死後，親友認爲他「寬樂令終，好廉克己」，宜謚「靖節徵士」。

三、樂

我國古代對音樂極爲重視，知道音樂可宣洩人心中喜怒哀樂的感情，調劑生活，陶冶情性，移風易俗。「書經」中有舜帝命令夔以樂教冑子的記載。可見我國早就將音樂視爲教學的科目，修德的根本，常常和禮儀配合施行，形成我國文化的基礎。

㈠簡史

我國的音樂發展得很早，相傳伏羲氏作琴瑟，有網罟之詠，樂名扶來（或玄本）；神農氏有五絃，樂名扶持（或下謀）；黃帝命伶倫作管笛，以別十二律，樂名咸池（又名雲門大卷）；少昊樂名大淵；顓頊樂名六莖；帝嚳樂名五英；堯樂名大章；舜樂名大韶；禹樂名大夏；湯樂名大濩；武王樂名大武。古代音樂和詩歌、舞蹈配合演奏，用於生活，用於娛神。

周代音樂相當發達，周公制禮作樂，使音樂與政教結合，改良樂器，整理樂譜，成立大規模樂隊，相傳他還編了一本「樂經」，可惜秦火之後已不傳。周人最盛的是典禮時所演奏的音樂。如祀天時，奏黃鐘，歌大呂，舞雲門；這三者是六律、六同、六舞之首，象徵至尊的意思；祭地時，奏太簇，歌應鐘，舞咸池；其他如祭祀四嶽、四鎭、四海、四瀆之神，以及祭山川，享先妣、享先祖的時候，無不奏樂跳舞，唱歌頌神。其他各種聚會，也都演奏樂曲，如大饗奏「鹿鳴」，大射奏「騶虞」，鄉射奏「采蘋」；鄉飲酒、加冠時，也都奏樂。結婚時，奏「琴瑟」，歌「關雎」；祝壽時，笙歌合奏「南山之望」。可以看出，音樂在周朝人的生活中是佔何等重要的地位。周代音樂教育已很普及，據「周禮」記載，當時樂官分設有十九部門，掌管樂曲、樂理、樂敎、樂律等工作。當時已有音樂造詣精深的專家，像季札、師曠、師涓、師襄、伯牙等都是周時著名的音樂家。

秦代有樂府之官，管理郊廟樂章四時歌舞的事，樂曲的製作，多以承襲周代爲主，如改「大武樂」爲「五行樂」，改「房中樂」爲「壽人樂」。

漢初樂舞歌詩，大都因先秦舊事，用於宗廟祭祀，如高祖時的「宗廟樂」、「文始舞」，唐山夫人作「房中歌」。到漢武帝時，以李延年爲協律都尉，擴大了「樂府」組織，大量製作郊廟樂章，蒐集民間歌謠。張騫出使，又由西域傳入「摩訶兜勒」的胡曲，李延年改制爲新聲，於是音樂歌舞，盛極一時，千人唱，萬人和，極爲普遍。胡人的樂器，如琵琶、箜篌、笳等也在這時傳入我國，豐富了漢代音樂的內涵。至漢哀帝，不喜歡音樂，裁撤樂府，歸併太樂令，但民間仍極流行。東漢末，天下大亂，由於曹操父子喜歡音樂，大力倡作歌詞，直到魏初，雅樂俗曲，仍盛極一時。

六朝時，戰亂連年，廟堂雅樂才漸趨沒落；但民間的俗樂俚曲，仍頗盛行。南方流行的吳歌、西曲，北方流行的敕勒、企喻，曲子也很多。可見音樂仍然是人民生活中所不可或缺的。

隋朝，融會了外來的音樂。隋煬帝時擴大隋樂爲九部樂伎，其中西涼、龜茲、天竺、康國、疏勒、安國、高麗等部，除「高麗」一部外，其餘都是從西域傳入的胡樂，使我國音樂注入新生命。西域來的曹妙達、蘇祇婆，都是當日宮廷的音樂大師。

唐代因爲太宗、高宗、武后、中宗、玄宗，幾位皇帝都愛好音樂文學，歌詞樂曲都盛極一時。唐太宗時，張文收爲協律郎，又增設高昌部，成爲十部大樂。唐玄宗本身就是一位多才藝的音樂家，作有「霓裳羽衣曲」，親自訓練梨園子弟，達三百多人，並將樂隊分爲坐部伎（在堂上坐著演奏）六部，立部伎（在堂下站著演奏）八部，建立了嚴密的演奏制度，使用樂器多達四十餘種。從唐玄宗以後，我國的音樂更加完備，包含了中原雅樂民歌，也吸收外族音樂、邊地音樂，融成了特有的風格，如大曲、法曲、道曲、琵琶曲、琴曲等，表現了豐富的內涵，而且傳入了日本。

五代亂世，音樂又衰落。宋朝設置教坊四部，也有大樂隊。有二十八宮調，大曲四十，小曲無數。宋太宗洞曉音律，所有作曲、改曲，總計達三百九十支。後來宮中雜劇所用的樂曲，也多採自太宗之作。民間作的新曲極多，幾近千數。汴京繁榮，生活富庶，宮廷宴會，有教坊演奏雲韶；普通酬酢，有樂妓歌唱慢詞；歌詞戲曲，同時發達。因此時人製作歌詞，蔚爲風尚，成爲代表兩宋的文學。當時蔡元定著有「律呂新書」，是樂理方面的重要作品。

元代征服西夏、金、宋，宮廷樂工伶人，就徵用西夏、金、宋的樂戶充當，製造各種樂器，用於祭祀燕饗。並由大樂署編製新曲新舞，也有大樂隊。民間流行的新曲也不少。據周德清的「中原音韻」所載，有三百十五曲，其中曲名出於唐、宋舊調的，只有三分之一，可見元代音樂家所創作新曲也不少。當時雜劇家大多懂得音律的。

明太祖特別重視樂教，用精通音律的冷謙，作協律郎。負責蒐集古代曲譜，創作新曲，教授樂生，考正雅樂，製作樂器，設教坊司，組織大樂舞團，配合五禮之需，奠下了明代音樂的規模。後代沿習，日趨俚俗。到明嘉靖間，任用張鶚重新振興明代音樂。這時崑山魏良輔改舊時南曲的絃索官腔，製成新腔，叫做崑曲，流行民間，影響後世三百多年。

清代，康熙皇帝特別愛好音樂，親訂「律呂正義」，提倡改革樂律，製定雅樂，作了下列工作：㈠考定黃鐘聲律：歷代對黃鐘律的高低、律管長度，都沒有定論，康熙釐定以古尺九寸，定黃鐘徑圓和長短。㈡訂正雅樂器：外來樂器，如琵琶、胡琴等，在雅樂中一律不使用，只用周代的樂器，如排簫、簫、笛、笙、箎、壎、琴、瑟、鐘、磬、鼓、柷、敔、編鐘、編磬等。㈢確定雅樂唱法，爲一字一音，而不是一字多音。清代樂章，無論是祭祀、朝會、宴饗、行幸，都模仿「詩經體」，加以改訂，保存了不少古曲。除了復興雅樂，清代並不忽視地方性的俗樂，如崑曲，由於乾隆時所設昇平署，加以提倡，於是通行全國。

㈡ 樂　律

樂律是構成音樂的基礎，一套完美的律制，可使音樂更和諧、優美、豐富。

1. 十二律

「呂氏春秋」是我國最早記載樂律起源的書；「古樂篇」記載：黃帝命令伶倫制作樂律。伶倫親到解谿之谷，取竹作律管，並聽鳳凰的鳴聲，然後依雌雄的不同，制定了黃鐘、大呂、太簇、夾鐘、姑洗、仲呂、蕤賓、林鐘、夷則、南呂、無射、及應鐘等十二律。「律」就是用作定音的「高度」，各律管的長短一定，所發聲音的高低，也就始終不變。

2. 七音

尙書舜典記載「律和聲」。我國最早有宮、商、角、徵、羽五音，後來又有「變宮」、「變徵」，形成爲「七音」。王光祈認爲，這裏所謂「五音」，就是規定音階距離的大小；如宮、商之間，永遠相距一個「整音」；角、徵之間，永遠相距一個「短三階」。至於宮音、商音的高度，則隨旋宮時所配的「律」而轉移。我國在周代卽開始使用七音，可說是世界上最早發明七音的國家。

3. 旋相爲宮

禮記有「旋相爲宮」的說法，也就是可以用同一音階變調演奏；這必須用到半音階。由「旋相爲宮」之說，也可以證明我國在樂律方面很早使用複音及和聲。古代曾將十二律排成一個圓圖，宮在中心，表示十二律中任何一音都可以作宮。「宮」是基本的調。「呂氏春秋」記載黃帝時，命令伶倫鑄十二口鐘以和五聲。照現代「十二鐘就是十二個音調」的說法，任何一個音階，都可用作基本的曲調。若以宮調作基本音，需要變調時，就要「旋相」；所謂「旋相爲宮」，也就是使用其他的調，而不使用原來的基本調。如此就不可能永遠使用一個調子。依目前發現的我國古譜來看，演奏時常常使用的，就有C調、D調、和G調三種。周代樂器多達百種，演奏時不可能全用齊奏，所以需要使用複音及和聲。再就樂器本身來看，古琴、古箏、琵琶本身就是和聲樂器。

4. 三分損益法

我國樂律方面，還有一大特色。就是推求「五音」方法，已用數字的計算方式。在「管子地員篇」中就有「三分損益法」。

管子地員篇說：「五音，……先主一而三之，四開以合九九，以是生黃鐘小素之首，以成『宮』。三分而益之以一，爲百有八，爲『徵』。不無有三分而去其乘，適足以是生『商』。有三分而復於其所，以是生『羽』。有三分去其乘，適足以是成『角』。」據王光祈「中國音樂史」的說法，是欲求出五音，第一步，先以三乘一，乘四次，便合於九九之數，可得出黃鐘之律，是爲宮音。算式如下：

$$1 \times 3 \times 3 \times 3 \times 3 = 9 \times 9 = 81 \cdots\cdots \text{宮}$$

「小素」卽小絃；他絃以是爲主。再將正律宮音之數八十一，用「三分益一法」求之，爲一百零八，卽倍律徵音（$81 \times \frac{4}{3} = 108$）。再將一百零八，用「三分損一法」求之，爲七十二，卽正律商音（$108 \times \frac{2}{3} = 72$）。又將七十二，用「三分益一法」求之，爲九十六，卽倍律羽音（$72 \times \frac{4}{3} = 96$）。最後，再將九十六，用「三分損一法」求之，爲六十四，卽正律角音（$96 \times \frac{2}{3} = 64$）。今將五音相生，列表如下：

正律宮音		倍律徵音		正律商音		倍律羽音		正律角音
	（上生）		（下生）		（上生）		（下生）	
81	→	108	→	72	→	96	→	64

上文所謂「三分而益之以一」，爲「三分益一」。「有三分而去其乘」一語，似爲「三分損一」。

對於五音「三分損益法」，司馬遷另有一說。他在「史記律書」中談到律數說：「九九八十一（$9\times 9=81$）以爲『宮』。三分去一，五十四（$81-\frac{1}{3}\times 81=54$）以爲『徵』。三分益一，七十二（$54+\frac{1}{3}\times 54=72$）以爲『商』。三分去一，四十八（$72-\frac{1}{3}\times 72=48$）以爲『羽』。三分益一，六十四（$48+\frac{1}{3}\times 48=64$）以爲『角』。」現將「管子」與「史記」記載不同處，列表比較如下：（表中符號〰〰，代表「短三階」）

五音徵調（管子）	徵	羽	宮	商	角	
	108	96	81	72	64	
五音宮調（史記）			宮	商	角	徵	羽
			81	72	64	54	48

管子以「徵音」爲「最低音」，史記以「宮音」爲「最低音」。再加「變宮」、「變徵」，成爲七音。據王光祈的說法，列表如下：

徵	羽	變宮	宮	商	角	變徵
108	96	$85\frac{1}{3}$	81	72	64	$56\frac{8}{9}$

據「呂氏春秋音律篇」的說法：「三分所生，益之一分，以上生；三分所生，去其一分，以下生。」將「三分損益法」，應用於十二律，用黃鐘律管的長度做基準，用減去三分之一或增加三分之一的長度，來推求其他律管的長度。因爲管越短，音越高。音波頻率高低，和竹管長短成反比。其推求辦法，據王光祈計算，是黃鐘（81分）下生林鐘（$81\times\frac{2}{3}=54$分），林鐘上生太簇（$54\times\frac{4}{3}=72$分），太簇下生南呂（48分），南呂上生姑洗（64分），姑洗下生應鐘（$42\frac{2}{3}$分），應鐘上生蕤賓（$56\frac{2}{3}$分），蕤賓上生大呂（$75\frac{2}{3}$分），大呂下生夷則（$50\frac{2}{3}$分），夷則上生夾鐘（$67\frac{1}{3}$分），夾鐘下生無射（$44\frac{2}{3}$分），無射上生仲呂（$59\frac{2}{3}$分）。

後代研究音樂的人，都依據「三分損益法」來研究樂律。

5. 歷代的樂律

從周代十二律以後，樂律繼續發展改革。漢文帝命張蒼整理樂律。武帝設協律官，專門研究樂律。漢元帝時，京房創製了一種定音器，叫「準」，用「三分損益法」由十二律推出六十律，惜不切實用，不久卽失傳。南朝宋元嘉中，太史錢樂之，又推求得三百六十律，只能作樂理研究；何承天研究樂律，創立新法「十二平均律」，他使大一律的差度減小，小一律的差度增加，成爲平均的「中一律」，比西方的平均律早了約一千兩百多年。梁武帝自制定音器，稱爲「通」，有元應通、青陽通、朱明通、白藏通四種，共十二絃，每通設三絃，每絃一律，定十二律。宋代蔡元創「十八律」，照古代的十二不平均律，以三分損益法，繼續推求，另得六律，稱爲「變律」。明萬曆年間，朱載堉創「十二等比平均律」，以橫黍尺一尺，作黃鐘正律之長，然後照一定比率，遞求各律；其精密程度達到二十五位數字。清康熙親訂「律呂正義」一書，又釐定古尺九寸，得今尺七寸二分九釐，以定黃鐘徑圓和長短之數，並繪圖列說。淸代有關樂律研究的著作很多，約有一百六十多種，一千餘卷。

我國在樂律方面的成就，影響到東南亞及遠東、歐洲諸國。

㈢　樂章與歌謠

古代音樂主要是配合吉、凶、軍、賓、嘉五禮而設。如帝王統一天下後，首先要追崇祖先，祭祀天地，就制作各種樂章。如周頌「昊天有成命」，是郊祀天地的；「淸廟」是祭祀太廟的；「我將」是祭祀明堂的樂章。歷代製作的樂章很多，詳見各代的史籍，無法具述。以下僅就廟堂、燕會、軍中、民間四類，略加介紹。

1. 廟堂

廟堂樂章，用於典禮祭祀。如周禮春官記載，祀天神時奏黃鐘，歌大呂，舞雲門。祭地神時，奏太簇，歌應鐘，舞咸池。祭祀四望時，奏姑洗，歌南呂，舞大磬。祭山川時，奏蕤賓，歌函鐘，舞大夏。祭祀周代先母姜嫄時，奏夷則，歌小呂，舞大濩。祭祀周代先祖時，奏無射，歌夾鐘，舞大武。從這些可看出周代樂章，都是「樂」、「舞」、「歌」三者合一的。

漢初，雅樂毀於秦火，高祖命令叔孫通整理製作祭祀樂章；叔孫通沿襲秦樂，制作「宗廟樂」，又作「昭容樂」及「禮容樂」。「宗廟樂」中包含「嘉至」、「永至」、「登歌」、「休成」、「永安」六部分。另外，唐山夫人作房中祠樂，也是祭祀祖先的樂章，現在從宋郭茂倩所編輯的「樂府詩集」中，尚可見到歌辭，是漢代傳世樂府歌辭中最古的一篇。漢武帝時設立「樂府」，當時由李延年作曲，司馬相如及其他辭賦名家作詞，完成了「郊祀歌十九章」，用來祭祀太一、后土等神。「樂府詩集」第一卷至第十二卷，所收的「郊廟歌辭」，就是由漢至唐，各代祭祀天地宗廟的歌辭，總數在八百多首，宋、元、明、清等朝，這類樂章，收在「宋史樂志」七至十二，「元史禮樂志」三，「明史樂志」二，「清史樂志」三之中，數量也極多，大都和穆雍雅；不過，如明孝宗時，也將雜技小曲、狎褻之詞，列入祭神的樂章中。至於祭祀用樂章的範圍，後代比前代更加擴大，如明代用於祭祀的，有圜正丘、方丘、合祀天地、太社稷異壇同壝、合祭太社稷、享先農、朝日、夕月、太歲風雷嶽瀆、周天星辰、享先蠶、祈穀、興都大饗、祀歷代帝王、祀先師孔子、太廟、世廟、九廟時享、大祫、大禘等種。

2. 燕會

燕會樂章，用於集會宴享之時，可分燕饗樂、大射樂、食舉樂等。周代時，天子宴享諸侯的「大饗」之禮，從入門、升堂、揖讓，都以樂聲隨之。大射禮，天子發矢時奏「騶虞」，諸侯奏「貍首」。鄉射時，卿大夫奏「采蘋」，士奏「采蘩」。燕禮時，天子燕諸侯，歌「湛露」，天子燕羣臣嘉賓，奏「鹿鳴」，燕外國使節，歌「蓼蕭」。天子飲食時，奏鐘鼓之樂。

漢代的燕饗樂章，東漢明帝時有黃門鼓吹；大射樂在東漢明帝時稱雅頌樂，食舉樂又分宗廟食舉、上陵食舉、殿中御飯食舉及太樂食舉等四種。如章帝時，宗廟食舉有鹿鳴、承元氣、思齊皇姚、六騏麟、竭肅雝、陟屺根等六曲。可見宴飲時的樂章，可視場合不同而增減配合。

唐代宴享之樂，都配合舞蹈。如坐部伎中的「讌樂」，包含景雲樂、慶善樂、破陣樂、承天樂四部。「破陣樂」是唐太宗時宴享演奏的樂章，音律由呂才所配，歌辭是李百藥、虞世南、褚亮、魏徵等人所作，演奏時，樂工有一百多人，舞者有一百二十人，披著銀甲，手中執戟，配合音樂起舞。從表演情形，可以推想當時宴飲的場面浩大。

明代朝會宴饗的樂章，多採用當時俗樂。如明太祖時殿中韶樂，其詞出於教坊俳優，樂章曲調採自「十二月樂歌」，而迎膳進膳的用曲，都是樂府小令，饗宴舞蹈，也有用流俗雜伎的。

清代的朝會樂章，如元旦、冬至、萬壽、上元、常朝等；宴饗樂章，如正月鄉飲酒、十月鄉飲酒、經筵賜宴、文武進士宴、宗室宴、千叟宴等，都是憑據周代以前的典籍而制定的。

3. 軍中

古代軍禮繁多，如出征、受降、田獵、凱旋等，都有樂章配合。周禮大司樂中記載王師大捷歸來，向祖先報告獲勝的消息，奏「愷樂」，這是獻功的樂章。

漢代樂府中有鼓吹署，專掌北狄樂，鼓吹是軍旅之音，漢初傳入中國。漢明帝時，軍樂稱爲「短簫鐃歌」，我們今天仍可看到「鐃歌十八曲」的曲辭，收於「樂府詩集」第十六卷中。此外，漢武帝時，李延年依照胡樂譜了新聲二十八解，作爲軍樂的樂章，給出征在外的邊地將軍使用。魏晉以後，剩下黃鵠、隴頭、出關、入關、出塞、入塞、折楊柳、黃覃子、赤之楊、望行人等十曲。

隋煬帝大業七年征遼東，隨軍的樂隊，就有前部鼓吹、後部鐃吹各一部，所作樂章也宏偉壯盛。唐代天子親征、講武、巡狩、田獵等，都各有大規模軍樂配合儀式。如講武時，六軍各有鼓十二，鉦一，大角四。凱旋歸來，必備凱歌入京都。唐文宗太和年間，也有獻俘的儀式。當時凱樂用鐃吹二部，乘馬執樂，鼓吹令丞前導，分行俘虜之前，將入都門，鼓吹奏四曲樂章：破陣樂、應聖期、賀朝歡、君臣同慶樂。到太社太廟前，作樂；到御樓前，又奏凱樂。

軍隊凱旋的樂章，到淸代猶存。當大軍凱旋時，天子率文武百官親出城外十里迎接，吹螺作軍樂。

4. 民間

音樂本來就是源於人情自然的需要，民間產生的樂歌，該是內容最豐、題材最廣的。但民間歌謠保存不易，無法窺其全貌。周代流傳下來的「詩經」，其中一百六十篇國風，都是從各地採集而來的當代民歌，包含了男女愛情、棄婦怨詞、流亡者的哀歌等，表現當時社會民生的情形。楚辭中的九歌，有人認爲是屈原所寫定的楚地民間祭神歌。

漢魏南北朝的樂府中，許多都源自民間歌謠。如漢樂府中的相和歌辭，大多數表現了民間的生活情形。如相和曲的江南、東光、薤露、蒿里、鷄鳴、烏生、平陵東、陌上桑；瑟調曲的善哉行、隴西行、婦病行、孤兒行、公無渡河行等。南朝樂府中的吳歌、西曲，如子夜歌、子夜四時歌，大子夜歌、歡聞變歌、桃葉歌、碧玉歌、華山畿、讀曲歌、三洲歌、江陵樂、孟珠、石城樂、莫愁樂、襄陽樂、楊叛兒、月節折楊柳歌等，都表現了當時社會民情風俗。北朝樂府中的紫騮馬歌、隴頭流水歌、折楊柳歌、企喩歌、瑯琊王歌、地驅歌、敕勒歌、幽州馬客吟歌等，都是眞摯爽健的民間歌謠。

唐代以下，由於唐詩、宋詞、元曲的盛行，民間歌謠未見以專集的形式保存下來。明代山歌，經馮夢龍的收集整理，今天仍可見到部分歌辭。清代道情及各地民謠，今天也可見及。民國初年北京大學等，曾蒐集全國各地民謠，並出版有關的研究書籍，這些發自天籟的民間歌辭，有些還流傳在民間衆口之中。

(四) 樂　器

我國的樂器，若從傳說伏羲作瑟的時代算起，已有數千年的歷史；最早係依製作材料，分爲匏、土、革、木、金、石、絲、竹等八類，叫做「八音」；現在按近代樂器分類法，分作敲擊樂器、吹奏樂器、絃樂器三類，分述如下：

1. 敲擊樂器

(1)磬：相傳是帝嚳時有倕所作，石製，最大的叫特磬，獨懸架上，樂曲結束時，敲擊一下，以示收韻。

(2)編磬：由十六個小石磬組成，分上下兩排，厚薄不同，包含十六個不同的音階，音色沈厚。
(3)鐘：種類很多，最大稱「鏞鐘」，音色清脆、宏亮，鏗鏘優美。
(4)編鐘：多者廿四具，少者八具，爲雅樂、頌樂的主要樂器，也常用作定音器。
(5)錞：金屬樂器，裏面懸子鈴銅舌，可搖動鳴聲。
(6)鼓：皮製樂器，種類多，用途也多，可用作始樂、止樂、指揮節奏、和聲，音色深沈洪亮。
(7)柷：用作指揮樂曲的開始。形狀像大方斛，用木棰撞擊內部三次，樂曲就開始演奏。
(8)敔：用作「止樂」的樂器，形如伏虎，背上釘有廿七個鋸齒，用竹掃帚，在上面拂掃以發聲。
(9)鑼：銅製圓形，邊上穿孔繫繩，提而擊之，音色洪亮。
(10)鈸：形如兩面銅鑼，互相敲擊，可作和聲用。
(11)拍板：大者九版，小者六版，作節拍用。

2. 吹奏樂器

(1)簫：竹製，相傳伶倫所作；今天所用的都是一孔在後，五孔在前，音色柔潤，可以獨奏。
(2)笛：國樂中的主要樂器，相傳爲伶倫所作。六孔都在前方，有膜孔，敷以竹膜，音色更優美。
(3)篪：外表與笛相似，較粗短，無膜孔，相傳有倕所作，多者九孔，少者六孔。
(4)管：古稱「篴」。有木製及竹製，前七孔，後一孔，共八孔，地方樂中常用。
(5)哨吶：俗名羌笛；音量洪大，下面有一個喇叭，管上有八孔。

(6)排簫：相傳舜時已有，由長短不同的竹製律管編成一排，古代多用作定音器，多為十六管，故稱「排簫」。

(7)篳篥：音色似「管」，由西域傳入，起初只有三孔，後加至七孔。

(8)號筒：又稱大銅角，低音銅管樂器，可以伸縮，聲音宏亮，用於行軍。

(9)胡笳：西域傳進的樂器，用於軍樂。

(10)笙：相傳女媧氏所作，古屬「匏」類，今為簧樂器，能轉五個調，音色優美。大笙又稱「竽」。

(11)塤：其形如桃，用陶土製成，四孔在前，二孔在後，頂端有吹口。

3. 絃樂器

我國的絃樂器，依使用方法，可分彈奏、拉絃、敲擊三類：

(1) 彈奏類

①琴：相傳舜作五絃琴，每絃代表一音；後加文、武二絃，為七絃琴。彈奏的指法複雜而音量稍低。

②瑟：相傳伏羲所作，音量較古琴大，是古代低音部的主要樂器，有七十五絃、五十絃、二十五絃、二十三絃、十九絃數種，與古琴合奏，音色和諧。

③箏：秦代樂器，十三絃，現在有十五絃、十六絃，古代用絲絃，今多用鋼絃，清脆柔美，也適

於獨奏。

④琵琶：漢武帝時傳入的胡樂器，有五絃及四絃，最初用木撥彈奏，唐玄宗時改爲手指彈奏，指法約三十多種，較難學習，音色優美。

⑤月琴：晉阮籍所作，四絃，兩音階，琴體似月。音色淸脆。

⑥阮咸：相傳也是阮籍所作，柄較月琴長四倍，絲絃較粗，音色低沉。

⑦秦琴：琴身小，今爲三絃或四絃，粵曲常用。

⑧三絃：類似秦琴，琴面用蛇皮作成，柄略小略長，沒有琴橋，分大、中、小三種，樂隊中經常使用。

⑨箜篌：相傳漢武帝時侯調（一說侯暉）所作；一說外國輸入。臥箜篌，與瑟、箏相似，豎箜篌，類似西方的豎琴，今有十九絃、廿五絃兩種。

(2) 拉絃類

①京胡：配樂的小型胡琴，竹製琴筒、琴桿，聲音響亮尖銳。。

②南胡：原名「二胡」，漢代傳入中國；崑曲中常用，故稱「南胡」。琴筒較京胡大，琴柄較高，音色柔和。

③粵胡：絃用鋼絲，蒙以硬蛇皮，音質較高，粵曲中的領導樂器。

④中胡：比南胡大，琴筒常作正六角形，類似中提琴。

⑤大胡：琴筒爲橢圓形，較中胡粗，類似大提琴。

⑥椰胡：琴筒椰殼所作，琴桿短，堅木所作，拉弓粗，琴橋用蟶蛤殼製成，聲音低沉溫潤，是中音部和聲樂器。潮州樂、福州樂中常用。

(3) 敲擊類

①筑：形似古箏，用琴竹敲打，十三絃。

②喀爾奈：元代傳入中國，形狀爲一半蝶翅，十八絃，以琴竹敲擊，也用手彈，今甚少見。

③揚琴：又稱「蚨蝶琴」，形似蚨蝶，用梧桐板作琴面，上有三到四根金屬絃，音色悠揚清亮。琴面分高音、中音、低音三組。爲國樂中領導樂器。

(五) 舞

我們推想遠古時，舞蹈的產生，一定和音樂、詩歌一樣，基於人民生活的需要而興起。如呂氏春秋古樂篇記載：葛天氏之樂，三人操牛尾，投足以歌八闋；很可能當時已有配合八闋樂章的一套舞蹈。

1. 周代的舞

周代以「六舞」教國子，六舞就是周初以前流傳的舞蹈，如黃帝時的「雲門」、「大卷」，唐堯時的「大咸」，虞舜時的「大韶」（大磬），夏禹的「大夏」，殷湯的「大濩」，周初的「大武」；

可見我國舞蹈的發展，不僅起源早，而且代有創新。到周代已具有相當的規模，大司樂下統率的樂舞人員，有一千三百三十九人之多。舞蹈有文舞、武舞、文武舞三種。周人的舞，也多配合典禮使用。如祭祀社稷，有「帗舞」；祭祀四方，有「羽舞」；旱災祈禱，有「皇舞」；大射有「弓矢舞」；用於軍事方面，有「兵舞」、「干舞」、「戈舞」、「旄舞」等。

春秋戰國時，禮樂崩壞，諸侯各國，有的仍保存前代的樂舞；有的產生新樂舞，如鄭、衞等國，多以淫靡、享樂的「女舞」爲主。

2. 漢代的舞

漢代的樂舞，約分雅舞、雜舞兩類。

(1)雅舞：西漢有武德舞、文始舞、五行舞、四時舞、昭德舞、盛德舞六種；東漢有雲翹舞、育命舞、大武舞三種。「大武舞」的舞辭，收於「樂府詩集」中。

(2)雜舞：有公莫舞、巴渝舞、槃舞、鞞舞、鐸舞、及拂舞等，大都採自民間。其他，如漢高祖的「大風舞」、虞姬的「劍舞」、戚夫人的「折腰舞」、李夫人的「妙麗舞」、趙飛燕的「掌上舞」，以及女舞中的「陽阿舞」、「燕舞」，種類相當多。

3. 魏晉南北朝的舞

魏晉南北朝的雅舞，有承襲前代，更改名稱，也有新創。如魏朝的雅舞九種，保留先代的，有「大韶舞」等五種；有將漢代雜舞「巴渝舞」改爲「昭武舞」；新創的有「武始舞」等。晉初沿用魏舞，後來新創「正德舞」、「大豫舞」。南朝宋、齊、梁、陳四代雅舞也大多沿用前代，或略加改編。北朝的雅舞，多屬漢、胡舞的混合，如北魏初期，用鮮卑舞，後作「皇始舞」。北周恢復一些漢人前代的雅舞，如大夏舞、大濩舞、大武舞等都是。

魏晉南北朝的雜舞，多承襲漢代，也有變化及創新，如漢代「拂舞」，變爲魏晉的「白鳩」、「濟濟」、「獨祿」、「碣石」、「淮南王」等五種舞。由白紵舞辭中：「高舉兩手白鵠翔，輕軀徐起何洋洋，凝停善睞容儀光，宛若龍轉乍低昂。」可見其舞姿的曼妙。南朝的雜舞，在吳歌、西曲中保留很多，如石城樂舞、烏夜啼舞、莫愁樂舞……等，不下二、三十種。

大體說來，六朝的舞，南北風格不同。南方以吳、楚的雜舞爲盛，富地方色彩；北方則是中國雅舞與胡人的舞混合，表現了質樸的風味。

4. 隋唐的舞

當隋代統一了中國，南北兩種風格的舞又再融合，形成我國舞蹈的黃金時代。

隋代的雅舞與雜舞，都是混合了南、北方的舞蹈。雅舞分文、武二舞。雜舞除了有鞞、鐸、巾、拂四舞，還有槳舞、輪舞、跳劍舞、明君舞、石城舞等「淸樂」中的舞。新創的有「萬歲樂」等舞。由於與四邊各國往來密切，宴樂時也用異國的舞蹈，如于闐、龜茲、天竺、康國、疏勒、安國、高麗、百濟、新羅、扶南、突厥、倭國等舞。

唐代雅舞，有因襲，也有創作，內容豐富。如改隋代的文舞爲「治康舞」，武舞爲「凱安舞」。

唐代祭祀宗廟，總計製作了「光大舞」等二十二種。新創的舞，有「七德舞」等八種。

唐代的宴樂，起初沿襲隋的九部樂。唐太宗以後，增爲十部，其中最重視燕樂，燕樂中的舞，都是唐人自創。如太宗時的「七德」、「九功」舞；高宗時，張文收造新燕樂，分爲景雲舞、慶善舞、破陣舞、承天舞四部。宴樂後來分爲坐部伎及立部伎兩部分。玄宗開元時，立部伎有安舞等八種；坐部伎有景雲舞等九種。這是唐代舞蹈的極盛期，太樂及鼓吹兩署的樂舞人員多到數萬人。教坊中的梨園子弟也有數百人之多。這時還有「馬舞」、「象舞」，將馬及象等動物也列入舞蹈中，可說是極其巧思了。文宗時，有規模很大的「雲韶舞」，舞者達三百人。宣宗時，有「歎百年舞」。唐代宴樂的舞蹈，發展至此，日趨淫靡，顯示當時國運漸衰。

唐初清樂中，保存前代的舞蹈，有「公莫舞」等十七種。西涼樂有「白舞」及「方舞」。散樂有婆羅門、盤、跳劍、車輪、透飛梯、弄椀珠、丹珠、代面、撥頭、踏搖娘、窟礧子（郎木偶舞）、蘇葩等雜舞。

唐代外來舞很多：⑴東夷舞：有「胡旋」、「廣袖」等兩種。⑵西域舞：有「紅抹額」等十三種。⑶北狄舞：有「鮮卑」等三種。⑷南蠻舞：有「扶南」等十七種。

唐代最偉大的舞蹈，是「法曲」中的「霓裳羽衣舞」。據說是唐玄宗的創作，或說改編婆羅門曲而成，舞姿優美絕倫。從「大曲」中可見到「水調歌舞」等數種。

唐代敎坊樂中，還有軟舞及健舞之分，類似雅舞中的文、武舞；這是玄宗時起於宮廷之舞，後來流傳民間，成爲大衆共賞的藝術，進而影響各種民間舞蹈的產生。軟舞有「垂手羅」、「迴波樂」、「蘭陵王」等十三種；健舞有「大祁」、「阿連」等十一種。

五代的舞蹈式微，雅舞部分，多屬因陋就簡，如後梁有「六合舞」等六種；後唐有「昭德舞」等六種；後晉有「咸和舞」等三種；後漢有「治安舞」等八種；後周有「政和舞」等十種。至於一般雜舞，史料缺乏，無可詳考。

5. 宋代的舞

宋代雅舞尚稱可觀，太祖制作「文德舞」等六種。眞宗時有天盛舞等。徽宗時，考訂古代樂舞，可惜金人攻陷汴京，隨之散亡。高宗恢復文、武二舞，重定宗廟樂舞，有「基命舞」等十二種。後來各代作了「顯安舞」等六種。

宋代燕樂，每年春、秋、聖節有三大宴，在十九節目中，有七次舞蹈，種類達四十種。另有小兒隊舞及女弟子隊舞，共二十種舞蹈。軍中舞很盛，設有「雲韶部」，演奏十三大曲，每曲有舞。

宋代作詞的風氣極盛，詞中的「轉踏」，與舞蹈有關；轉踏是取一種曲調，重疊演奏，每詞錄一事，歌者一隊，且歌且舞，以娛賓客。如秦觀的「調笑轉踏」，都配有舞蹈。詞人所作的大曲中也有舞蹈，如「採蓮舞」等。詠舞之作，不勝枚擧，如晏幾道「鷓鴣天」：「舞低楊柳樓心月，歌盡桃花扇底風」，道盡喜愛舞蹈之情，無怪宋代舞蹈相當發達。

6. 元代的舞

元代雅樂缺乏雅正、中和之氣，而有雄偉宏大的特色，舞蹈也如此。世祖時，文舞名爲「武帝文綏之舞」，武舞名爲「內平外成之舞」。祭祀有「開成舞」等八種。燕樂舞蹈分爲四隊：一爲樂音王隊，元旦用之；二爲壽星隊，天壽節用之；三爲禮樂隊，朝會用之；四爲說法隊，讚佛用之。四隊有飛天夜叉舞、吉利牙舞、烏鴉舞、男子舞、童子舞、金翅雕舞等。此外，有「天魔舞」，唐時由印度傳入我國，元代至正年間組成樂隊。又有「羽衣舞」。散樂新創了獅子舞、八展舞等。當時外夷舞蹈，以高麗女舞最著名。宮廷傳入民間的椀珠伎，也是一種優美的舞蹈。

7. 明代的舞

明代建國之初，設舞生，以軍民俊秀子弟充當，力圖恢復前代的雅舞，但並未成功，創新之作也不多，只是模擬。當時有「文德舞」、「武功舞」，祭祀時都有舞。燕樂較可觀，宴享時都有舞，有「百戲」、「八蠻獻寶」、「採蓮子」、「百花隊舞」等。

元代燕樂用女性舞蹈者，明太祖改用男性，由於矯枉過正，優美的女舞也就衰微了。但從明人傳奇與俗樂中，可看出有許多舞蹈，傳奇如吳世美的「驚鴻記」，其中特重梅妃的「驚鴻舞」；湯顯祖的「還魂記」「南柯記」，都表現舞蹈的藝術。明人所唱的「竹枝詞」，也有舞蹈的動作。

8. 清代的舞

清代相當重視樂舞的制作，順治、康熙、乾隆三朝已建立起規模。祭祀時，對樂舞人數、服飾、樂曲及舞姿都講求變化，實際上只是文、武二舞而已，但表演程序繁複。主要有「圜丘大祀樂舞」等多種。宴饗時的舞蹈，有慶隆舞、世德舞、德勝舞、外夷舞、五魁舞等。

清代民間舞蹈甚多：如採蓮舞、採桑舞、採茶舞、採花舞、摘棉舞、織錦舞、繅絲舞、紡紗舞、浣紗舞、稼穡舞、漁樵舞、牧童舞、挿秧舞、竹馬舞、花磚舞、花鬘舞、花鈸舞、連廂舞、流星舞、盤舞、踏球舞、三刀舞、三杖舞、跨鼓舞、秧歌舞、五福臨門舞、五鬼鬧判舞、拍球舞、鞬子摔跤、太平車、獅子舞、龍燈舞、五虎會、少林會、跑馬舞、鬥柳翠、老背少、香劍舞、香火舞等。以上這都是歷代沿襲或演化而成，清代創新之作極少。

從歷代舞蹈的演變史看來，我國在舞蹈藝術方面的成就極高，值得我們珍視整理，以繼往開來。

第八章　文　學

黃麗貞

一、語言文字的特質

文學就是人類情感與思想的紀錄。在未有文字之前，人類僅可用語言及行爲來表達情思；有文字之後，則可用文字表達及記下情思。但並非所有的文字記錄的作品都是文學，可以稱爲文學的作品，必須具有藝術的價值：當我們誦讀文學作品時，在聽覺上感受到音律的優美；當我們閱覽時，在視覺上享受到文彩的華麗，以及動人的內容，從而激盪心靈，產生共鳴作用。

中國文字的特質，一字一音一義；因爲一音，宜於講究音律優美；因爲一義，宜於聯綴成爲新詞。過去的文人，把握了一字一音的特質，講究押韻、平仄、節奏，創造像駢文、詩歌、詞、曲之類文學，即使在散文中，也力求語氣順適，音調鏗鏘。把握了一字一義的特質，除了一字的本義外，兩個以上的字一聯合，就可以造成無數的新詞，使情思表達得更透徹，把事物形容得更確當。由於我國文字性質的特殊，幾千年來，中國人把思想、情感融注在這些文字中，徹底發揮了它們的特質和妙用，隨着時代演進，推陳出新，創造出許多新詞新文體，寫成了許多不朽的作品。

二、詩歌

㈠ 四言詩

最能直接表現文字的優美性的文學是詩歌。中國最早的詩歌總集，是周朝三百零五篇的「詩經」，每句大多四個字，其中雖然雜有一字至九字的詩句，但不多，故稱「四言詩」。內收十五國風、大小雅、三頌，內容包括祭天、祀祖、宴會、畋獵、戰爭、社會情況、人民的生活與愛情等等。詩人用「賦」來鋪敍所見所聞；用「比」寄託情思；用「興」來引起聯想。這三種作法，對於後代文學的寫作有很大的影響。詩經的文詞，韓愈說它像花一樣美，因此有「葩經」的別稱。這本詩歌總集，一直受到各時代的重視，被推爲中國文學的「基礎」。此後，四言詩著名的作者不多，有韋孟、仲長統、曹操、陶潛等人。

二、古　詩

詩歌發展到漢朝，產生五言古詩與七言古詩。

1.五言古詩就是五字一句，四言詩每苦「文繁意少」，五言詩雖然只多了一字，但在詩境上却有了回旋周轉的餘地，節奏比較靈活委婉，作者的才思比較易於發揮表現。到了西漢初，開始創立。有名的作者，有枚乘、李陵、蘇武、班婕妤、傅毅、班固、張衡、秦嘉、蔡邕、趙壹；不過後人對枚乘、蘇、李作品，有以爲是後人僞託。在五言古詩中，最受後人重視的是「古詩十九首」，所表現的情思，尤其溫柔敦厚，深刻動人，到東漢末建安時期，有許多動人的作品產生，曹操與曹丕、曹植三父子，更是詩壇的領導者，還有王粲等建安七子，寫下許多佳作，奠定了五言詩的地位。歷代五言詩作者極多，其中名家不勝枚擧，如陸機、阮籍、陶淵明、謝靈運、李白、杜甫、孟浩然、王維……都是其中最傑出的詩人，終於代替了四言詩的地位。

2.七言古詩就是七字一句，在節奏上更富有起伏變化，在內容上更宜於表達作者複雜的情思，描繪人類多姿的生活。七言的由來很早，詩騷中都有七言句。漢武帝「柏梁臺聯句」，後人推爲七言詩的開始。東漢張衡作「四愁詩」，漸趨完整；到建安時曹丕作「燕歌行」兩首，韻調美妙，情致委婉，七言詩才算完全成熟了。劉宋時鮑照作「行路難」十九首，變化百出，稱爲傑構；梁元帝作「燕歌行」，羣臣屬和，從此七言古詩作者迭出，漸漸盛行。到唐朝，李白、杜甫、高適、岑參、韋應物、孟浩然、元稹、白居易等佳篇頻成，七言古風，遂盛極一時，成爲詩壇上重要詩體之一。

㈢ 近體詩

魏晉的詩人如曹植、王粲、陸機，已喜歡在作品中用對偶字句；同時聲韻之學漸漸興起。齊梁時周顒作「四聲切韻」，沈約作「四聲譜」，應用到文學上，創四聲八病之說；於是作詩日益講究平仄韻律與對偶詞句，逐漸形成律體。王融、謝朓、沈約都在努力創作這種新體詩。到了初唐，加上上官儀的六對、八對說的提倡，王勃、盧照鄰、沈佺期、宋之問等大量寫作，五律七律完全成熟了。

五七言律詩，都是由八個句子構成一首，兩句一聯，但中間兩聯詞意必須對得工整；上下兩句聲調的變化要完全不同，如上句用「仄仄平平仄」，下句就要用「平平仄仄平」；上句用「平平平仄仄」，下句就要用「仄仄仄平平」。還要注意押韻，嚴格按照格律而作。按照律詩法則，另有以四句爲一首的，叫做「絕句」。絕句也有五絕和七絕兩種。此外還有排律。律詩絕句，因爲是唐人新創流行的詩體，時人就稱爲「近體詩」。

這種格律極嚴，句法整齊的近體詩，並沒有束縛得住唐代詩人的才華，不論是生活面貌，山水情趣，田園風景，動亂社會，戰爭場面，塞外風光，悲歡離合的感遇，全都能靈活地駕馭這種新詩體，用最平淺的字句，刻畫深刻的情思，寫出最優美動人的作品，眞是作者如林，名篇如雨，使唐詩成爲中國文學裏的鑽石，永恆地閃現着燦爛的光芒。李白的飄逸，杜甫的沈鬱，孟浩然的淸雅，王維的空靈，儲光羲的眞率，王昌齡的聳拔，岑參、高適的悲壯，韋應物的雅澹，白居易、元稹的通俗，劉長卿的閒曠，柳宗元的超然，韓愈的博大，李賀、盧仝的鬼怪，孟郊、賈島的飢寒，溫庭筠的穠艷，杜牧的豪放，李商隱的雋隱，許渾的偶對……眞是風格各具，美不勝收。

＊　＊　＊　＊　＊　＊

在中國的詩歌發展史上，唐代已登上了最高峯，各種詩體的運用，各種境界的表現，都已發揮盡致了。唐以後，利用唐人的詩體，在作風上、精神上，能夠表現出創造力，足以和唐人並稱的，是散文化的宋詩。歐陽修爲矯正當時雕琢浮艷的「西崑體」的詩風，首先倡導不雕琢，求清新，以氣格爲主的散文詩，他的門下蘇軾的豪邁秀逸，王安石的精深簡淡，更發揮散文詩風的特色和影響力，後代特稱爲「宋詩」。可惜後來這種詩體演成矯揉生硬，江西派黃庭堅的生澀拗拙，也漸漸成爲風氣。蘇、黃以後，元、明、清三代，雖有名詩人，但却缺少第一流的作品。

到民國初年，胡適之倡導用白話寫詩，分行寫的「新詩」，應運產生了，打破了舊日的句式與格律的限制了。

三、散　文

㈠ 先秦散文

中國的散文，興起於周朝，偏重於實用，有兩種作品，一種像「尚書」、「春秋」，是歷史散文，用以記言記事；一種像諸子百家，是哲理散文，用以說理論事。歷史散文如簡鍊生動的「左傳」，敷張揚厲的「國策」；哲理散文像簡約的「論語」與「老子」，明暢嚴謹的「墨子」，氣勢雄肆的「孟子」，謬悠諔詭的「莊子」，樸質簡明的「荀子」，深切明白的「韓非子」等作品，都已非常傑出。

㈡ 兩漢至六朝散文

漢朝時，散文仍不出歷史與哲理範圍，司馬遷的「史記」，首創紀傳體；班固的「漢書」，為一斷代史；他們兩人描寫人物，記敍事情，都非常眞實簡鍊，酣暢生動，同是兼具史學和文學雙重價值的不朽之作。東漢末，文風漸漸趨向辭藻，追求形式，蔡邕與建安作家，已尚駢風，曹丕、曹植，與東晉陶淵明尚有佳構。南北朝是駢儷風氣極盛時代，然像「水經注」、「洛陽伽藍記」，仍是用散文寫成的。漢代還一些作家像賈誼、鼂錯……用散文來論政治、經濟等問題。如劉安編「淮南子」，王充著「論衡」，所走仍是哲理散文的路子。

㈢ 唐朝散文

唐朝時，韓愈、柳宗元為了改革六朝以來文章專門講求詞句駢儷，聲韻諧協，而內容空泛的弊習，提倡寫作要學先秦盛漢的散文，崇尚質樸自然，發揚儒學聖道，因此有「古文運動」，要從形式、內容和詞語上，力求其革新。韓愈提出「惟陳言之務去」、「文以載道」等主張，就是在文詞上要活潑樸實而切當情理，在內容上要義理充實；極受後人的重視。他的文章，多數是雄奇奔放的議論文。柳宗元描寫山水的「永州八記」，精緻雋永。韓、柳的「古文運動」，就形式而言，叫做散文；就精神來說，叫做古文。

(四) 宋朝散文

韓柳的古文運動，在唐代並未產生大效力，直到宋朝歐陽修承繼他們的改革理想，加上王安石、曾鞏、三蘇父子（蘇洵、蘇軾、蘇轍）的推行倡導，散文才大爲盛行。當時學寫文章的人，流行「遠宗韓愈、近法歐陽」的口號。蘇軾的文章，縱橫豪邁，議論宏發，更是一般人學習的楷模。他們的影響力，一直持續到明朝，唐順之選韓愈、柳宗元、歐陽修、三蘇、曾鞏和王安石的文章，編印「唐宋八大家文鈔」一書，由茅坤加以圈點批評，給學習文章的人作範文，盛行一時，從此奠立了這八大家在散文史上不朽的地位。

(五) 明朝散文

明朝的散文，有李夢陽、何景明、李攀龍、王世貞等前後七子倡導擬古，喊出「文必秦漢」的口號，以能作出類似先秦、兩漢的文章爲理想，沒有出色的作品。到世宗嘉靖時，王愼中、唐順之因此提倡恢復宋代文風，認爲文章要直抒胸臆，反映社會，茅坤、歸有光先後附和，才把明代散文帶入了自由創作的新生境界。晚明時，公安派的三袁（宗道、宏道、中道），竟陵派的鍾惺、譚元春，更激烈反對摹擬，提倡「獨抒性靈」，寫作有情感血肉的作品。袁宏道的流麗清新，譚元春的幽深新奇，明末張岱更融和了兩派的優點，爲明代散文帶來了一些優美可誦的小品。

(六) 清朝散文

清初散文，以侯方域、魏禧、汪琬爲代表，稱爲清初三大家，但作品都平平。眞能代表清代散文成就的，是方苞、姚鼐、曾國藩的桐城派。桐城派講古文義法，也主張文道合一，以六經、「左傳」、「史記」、唐宋八大家爲學習對象。方苞以爲作文章，要言之有物，有條理，有次序，要平正「溫雅」才是好文章的最高境界。姚鼐更進一步發揚他老師方苞的理論，認爲作文要兼顧「神、理、氣、味」（指內容和特色）「格、律、聲、色」（指形式和修辭）的技巧，又編了一部「古文辭類纂」，作爲學作散文的範本，又提出「義理、辭章、考據」三者不能缺一。姚鼐的文章，謹嚴雅正。他又教導出梅曾亮、方東樹、曾國藩等有名的學生，散佈他的文章義法。不過，桐城派自曾國藩死後，也就日漸式微。到了晚清，梁啓超用「新民叢報體」寫文章，漸漸走向淺顯化。光緒末更有許多白話報產生。

＊　＊　＊　＊　＊

民國六年，胡適、陳獨秀、蔡元培等人提倡「新文學運動」，主張用白話來傳達今人的意思。於是白話文日漸普遍，成爲現代散文的主流了。

四、小　說

㈠ 周、秦兩漢小說

中國小說，在周、秦時代已經存在，所記大概只是一些瑣事雜記。班固撰「漢書藝文志諸子略」，末附小說家十五家一千三百八十篇。據班固、如淳等說法，當日小說是由「稗官」蒐集街巷中的傳聞故事，使國君藉此了解民情風俗。這些小說，除「青史子」三則外，其他都已經失傳。不過據現存周漢時其他小說來看，大多是神話與傳說，如「山海經」、「穆天子傳」，還有寓言，如「列子」中「愚公移山」之類，記史如「燕丹子」。漢代小說如「十洲記」、「漢武故事」、「洞冥記」、「西京雜記」等，大都是後人僞作，而託名漢人。所以前人論中國小說的起源，都以魏、晉爲開始。

㈡ 魏、晉到隋朝小說

魏、晉到隋朝，由於道教的符籙、巫術，佛教的輪廻果報等觀念盛行，文人的思想受其影響，志怪稱異的小說大量產生，如王浮的「神異記」、祖臺之的「志怪」、干寶的「搜神記」、葛洪的「神仙傳」、東陽无疑的「齊諧記」、顏之推的「寃魂志」之類都是。魏晉時，社會崇尚清談，以狂放浪漫的言行爲高雅，時人又有摭拾歷代名流才士的一些軼事趣語的小說很多，其中以劉義慶的「世說新語」，生動地留下那些清談人士的情思和風貌，後漢邯鄲淳的「笑林」，也寫得詼諧風趣。這個時期的作品，多數是劄記條列式，故事是粗陳梗概，還在起步成型的階段，談不到組織和技巧，內容簡短，文字却清新流麗。

(三) 唐朝小說

到唐朝，因受科舉溫卷、佛教文學、古文大家也作小說的影響，促使小說發皇，產生了「傳奇」。「傳奇」本是唐人裴鉶所作的一部小說名，後人用稱唐代的短篇小說。唐代的傳奇，無論在內容、形式和技巧上，都呈現出藝術化的進步，作者不再是隨意筆錄些片語軼事，而是有意從事小說的創作，他們用平淺的文言散文，來寫神仙釋道、動人愛情，反映時事，描述社會、人生看法、豪俠武勇……等，取材廣泛，情節曲折多變，文詞華美流麗，鋪敍深刻動人。像白行簡的「李娃傳」，寫長安名妓李娃和滎陽鄭公子的曲折愛情；蔣防的「霍小玉傳」，寫書生李益遺棄霍小玉的故事；元稹的「鶯鶯傳」，寫張生和鶯鶯的偷情，情節都十分令人感動。陳鴻的「長恨歌傳」、「東城老父傳」，反映唐玄宗因寵愛楊貴妃的失政，和引發的社會問題。沈既濟的「枕中記」，寫盧生夢入枕中，經歷了一生富貴；李公佐的「南柯太守傳」，寫淳于棼夢入槐安蟻國，享受了高位榮華，兩篇都是寄託富貴如煙、浮生若夢的看法。唐代的傳奇，豐盛的作品和卓越的成就，終於把小說帶入了文學的領域，並大大地影響了後代的戲曲。

四　宋朝小說

宋朝小說，受前人小說的影響，志怪與傳奇的作品不少，但多是舊作翻新，沒有成就。代表宋人成就的，是用白話寫作的「平話」，也叫做「話本」或「譚詞說」，原是寫給「說話人」講故事用的底本，使用講說的口吻，形成一種特別體制。唐朝原有一種用口語講述佛經故事的「變文」，韻散夾雜，應是「話本」的前身。但宋代的平話小說，無論內容、結構、文字技巧等方面，都已達到成熟的境地，具有很高的文學價值，流傳到今，以「京本通俗小說」比較完整，內收「碾玉觀音」、「西山一窟鬼」等七篇短篇，寫的大都是當時的實事，趣味的情節，流麗的文字，使人百讀不厭。長篇有「新編五代史平話」、「大宋宣和遺事」、「大唐三藏取經詩話」三種，不但具有歷史性質和時代意義，並開創了章回小說的基礎，對後來通俗文學的發展，有極大的影響。

宋朝長篇話本，本是爲講史而作，因爲一代的歷史無法在一天內講完，必須按日分章分回來講，因此產生了章回小說。元朝以後，章回小說漸多，題材也擴充到無所不寫了，文人也加入創作的行列。施耐庵的「水滸傳」，用活潑純熟的白話文，描寫各種人物的個性，生動而深刻；羅貫中的「三國演義」，用淺俗的文言，改編「三國志平話」爲通俗的歷史小說，把東漢末年羣雄爭霸，三國紛爭的史實，鋪演得非常緊張有趣。兩書都是元末明初文學價值極高的長篇小說。

(五) 明朝小說

白話小說和傳奇戲曲，同是明代文學的代表。明代白話小說非常多，作者已經認識到小說的社會功能，懂得藉小說寄託自己理想，反映社會百態。像馮夢龍的「三言」，和凌濛初的「二拍」，取家庭、愛情、社會等等問題爲材料，作成短篇的平話小說，深刻動人。後有抱甕老人從中選出四十篇，刊刻爲「今古奇觀」一書，流行於後代。明代長篇的章回小說，取歷史爲題材的如熊大木「南北宋志傳」，以神魔爲題材的如吳承恩「西遊記」、許仲琳「封神演義」等，刻畫社會人情的如蘭陵笑笑生「金瓶梅詞話」，都有極高的文學藝術價值。「西遊記」、「金瓶梅」、「水滸傳」、「三國演義」，合稱我國小說「四大奇書」。

(六) 清朝小說

清代是小說成就最燦爛的時代，順、康、雍三朝，發揮歷代各種小說的成熟技巧，有志怪、傳奇、話本、講史、言情、神魔、俠義等類。如李漁的「十二樓」，古吳墨浪子的「西湖佳話」等短篇都不錯。尤其蒲松齡的「聊齋志異」，至今盛行，長篇的「醒世姻緣」，亦極受後世重視。乾隆以後到光緒二十年間，小說作者無論在取材的範圍，思想的深度，文字的技巧等方面，都達到極高的境界。言情的如曹雪芹的「紅樓夢」，寫實諷刺的如吳敬梓的「儒林外史」，寄託個人理想的如李汝珍的「鏡花緣」，俠義的如費莫文康的「兒女英雄傳」，自傳式的如沈復的「浮生六記」等，無不是內容眞摯動人，文字自然洗鍊的傑作。光緒二十一年到民國初年，由於印刷技術進步，新聞事業發達，西方小說大量翻譯傳入，政治腐敗黑暗，國家幾瀕滅亡，作者大量創作譴責小說。這時創作與翻譯的小說，數量至少在一千種以上。如李寶嘉的「官場現形記」，吳沃堯的「二十年目覩之怪現狀」，和劉鶚的「老殘遊記」，曾樸的「孽海花」，都偏向於暴露政治、社會的現實問題；也有提倡新思想，同情革命運動的，如靜觀子「六月霜」，寫秋瑾殉難事。記敍庚子義和團與八國聯軍的史事的，如吳沃堯的「恨海」；描寫美洲華工備受虐待的遭遇，如無名氏的「苦社會」。一方面，林紓、嚴復等人大量翻譯外國小說，對中國小說的內容和技巧也有些影響。

＊　＊　＊　＊　＊　＊

而用白話寫小說，雖自宋、明以後就盛行，但白話文學一直未被正統文學所接受，直到民國六年的新文學運動，胡適等提倡白話的文學，小說創作就完全走向純用白話的途徑，小說的文學價值也漸漸受到重視。

五、辭賦

「詩經」是春秋中期以前北方歌詩的總集，到戰國後期，南方的楚國又產生了偉大的歌詩——「楚辭」。「詩經」和「楚辭」，合稱周代文學的雙璧。

「楚辭」以屈原的作品爲主，其次有宋玉、景差等的作品。屈原把他滿腔熱烈的忠君憂國的情懷，抑鬱不得志的悲恨，用豐富的想像力，華美的詞藻，寫成「離騷」、「九歌」、「天問」、「九章」、「遠遊」、「卜居」、「漁父」等二十五篇不朽名作。尤其「離騷」一篇，是他鎔鍊了思想、感情、想像、人格而成的一首長詩，思路活潑，文詞綺麗，流露出深厚而苦痛的愛國感情，後人共推爲最高的藝術成就，對於後代文壇，有着教育和啓發的作用。宋玉的「九辯」，描寫窮苦文人的悲秋情懷，文字美麗細緻，哀感頑艷，與屈騷不同。此外，儒家學者荀卿作「禮」、「知」、「雲」、「蠶」、「箴」五篇賦，採用問答形式，淺俗文字，說明「禮」等等道理。屈、宋、荀的作品，在描寫、在用詞、在情調、在句式等等方面，都給後代的辭賦開闢了一條道路。

「賦」是一種「鋪采摛文，體物寫志」的文學，承受屈、宋的「楚辭」與荀子的散文「賦」而來，辭藻取自楚辭，體裁源於荀賦，是介乎詩文之間的一種混合文體，在寫物、敍事中，在麗詞華采中，帶有一些諷喻的意思在內。

西漢由於國家長期安定，物產豐盛，生活富裕，貴族奢侈，武帝東平朝鮮，南平南越，北定西域平匈奴，功業極盛，對外商業空前發展，國勢非常強盛，文學與藝術也在這種情況下高度發展，又承受楚辭、荀賦的潮流，再加君主貴族的喜愛提倡，獻賦考賦，像司馬相如、枚臯、王褒、揚雄都以辭賦作得好而得官入仕，於是描寫繁華富貴的鋪張揚厲的「賦」，自然大大興盛了起來，成爲漢代主流文學了。

賦自漢朝興起以後，依發展的徑路來看，有「古賦」、「俳賦」、「律賦」、「文賦」四期。

㈠古　賦

前人把屈原、宋玉的楚辭，荀卿賦和漢代賦家的作品，都歸於古賦。漢賦形成的初期，賦家不多，以賈誼、枚乘爲代表。他們作品由楚辭蛻變出來，而繼承了荀賦，採用問答體的形式，流動的韻律。像賈誼的「鵩鳥賦」，寄寓他道家思想的人生哲理；枚乘的「七發」，鋪列聲色犬馬之樂，不如聖賢之言有益，諷戒貴族生活的靡爛，開啓了漢賦講求華美詞藻和誇張堆砌的風氣。武帝至成帝是漢賦全盛時期，作者如林，作品極多，司馬相如、王褒爲代表。武帝時司馬相如的「子虛賦」、「上林賦」，記諸侯和天子遊獵的盛況，極盡鋪寫、誇張的能事，挖空心思，搜尋珍禽怪獸、異花奇草、山水土石，盡力羅列了進去，從東西南北，從上下左右，加以鋪陳，又堆砌詞藻，多用奇詞怪字，有如字典，讀來眞是華艷奪目，內容却十分空虛。這種鋪敍誇張，成爲漢賦特別型式，爲後來賦家所仿效。明王世貞因此稱他爲「賦聖」。宣帝時，王褒作「洞簫賦」，用楚辭調子寫成，以非常精巧的修辭法，鋪敍篇的形狀、聲音的本質和功用，開啓了純詠物賦的作風；篇中使用許多對偶的詞句，是魏晉六朝崇尚駢偶文學的先河。漢賦也在這時確立了格調和型式。以後的賦家，都沒法跳出他們的範疇，就走向摹擬時期了，以摹仿前人爲風尚，作者也很多，以揚雄、班固爲代表。像揚雄的「甘泉賦」、「羽獵賦」，班固的「兩都賦」，就都是摹仿司馬相如的「子虛」、「上林」；揚雄的「廣騷」、班固的「幽通賦」就是摹仿屈原的「離騷」。這種摹仿作品，當然沒有生命。

揚雄到了晚年，才覺悟這種賦是一種雕蟲小技，除了堆砌空洞的美詞，供貴族們欣賞以外，毫無寫作的意義。這種觀念，啓動了漢賦的改革；再加到了東漢中葉以後，國勢日衰，政治不安，民生窮困，漢賦也開始轉變。張衡、趙壹是這時有成就的作者。張衡構思十年才寫成的名作「兩京賦」，也是長篇的擬作；不過，他所作兩三篇吐抒個人胸懷的短篇作品，如「歸田賦」、「髑髏賦」、「思玄賦」，充滿活潑瀟灑的詞句，表現平易清新的氣息，寫田園的快樂，超然的人生哲理，完全革除漢賦堆積奇句、誇示學問爲能的惡陋作風了。趙壹的「刺世疾邪賦」，暴露當日黑暗政治，無恥官吏，與自己的憤恨。於是漢賦又走回爲表現作者情思而寫作的道路。只是當時這種作風還未普遍。

㈡ 俳 賦

短賦到了魏晉六朝才大大盛行。魏晉的賦，受清談、道家的社會新思潮影響，有抒情、說理、詠物、敍事各種體制，以山水田園、傷別悼亡、男女愛情、招隱遊仙、人生理想爲寫作內容，像曹植、王粲、潘岳、陸機、左思、孫綽、陶潛等，都是名家，作品多而淸麗有情趣。這時期的作家，曹植作「洛神賦」，王粲作「登樓賦」，漸漸喜歡用駢詞俳句，都成熟精妙，漸漸蔚成風氣。潘岳的「悼亡賦」，淸綺含情；陸機的「文賦」、「豪士賦」，更是滿篇駢四儷六；左思的「三都賦」，是當時少有的長篇，使得「洛陽紙貴」；孫綽的「天臺山賦」，刻畫山水，對句如珠；陶潛的「歸去來兮辭」與「閑情賦」，都是千古佳構。到齊梁時，沈約、王融、謝朓等，發明四聲之說，作賦除了講求駢偶，還講究聲調與韻律。於是古賦一變成爲俳賦（或叫駢賦）。從此，賦家在雕詞鍊句上競求精巧高妙，內容多寫綺艷哀怨之情，語句極其纏綿，而流於纖巧雕鏤之途了。像江淹的「別賦」、「恨賦」，梁元帝的「鴛鴦賦」，庾信的「春賦」、「傷心賦」等，都是美詞艷語，藻采繽紛，音律優美，而內容空洞的作品。

㈢律　賦

由隋入唐，聲律與駢偶應用於文學的結果，產生了律詩，俳賦也隨着文學潮流變成了律賦，作賦者更完全忽視內容，但求字句的音韻和諧，對偶工整。唐玄宗天寶以後，科擧考試，要作限八個韻脚的律賦一篇。如王棨的「沛父老留漢高祖賦」，是以「願止前驅，得申深意」八字爲韻；作賦押韻不得超出這八個字範圍。於是作賦再在俳偶以外加上了一重枷鎖，當然更難產生有價値的作品。中唐有陸贄、裴度、呂溫，晚唐有薛逢、吳融等，號稱能手。

四 文賦

由於科學考試的採用，律賦一直流行到宋朝。但從韓愈、歐陽修等提倡古文運動起，辭賦又受了時代文學的新潮流影響，一般文人漸漸摒棄俳、律的惡習，用散文作賦，叫做「文賦」。這種辭賦的革命，由唐杜甫、白居易倡始，杜牧的「阿房宮賦」是唐人的代表作。宋朝歐陽修的「秋聲賦」、蘇東坡的「前、後赤壁賦」，更是膾炙人口，盛傳到現在。

明、清兩代，科學規定作八股文，辭賦又受影響，把八股句法雜入對偶中，可以說揉合了俳賦、律賦、文賦的作法，辭賦到這種地步，自然只有末流消歇的命運了。

辭賦由創始到結束，一直操持在貴族和文人的手裏，甚至成為干求利祿的工具，為文學而作賦的作者少，在文學史上被認為是比較沒有生命的文學。

六、駢文

一 駢文的淵源

駢文和散文，都是非韻文；但駢文的句法，要作整齊的駢偶，兩兩相對，字義虛實相對。又因常用四字句和六字句，也叫「四六文」；它極盛於魏晉南北朝時代，又叫「六朝文」。

在文章裏使用俳偶的句子，從先秦的經、子就開始，但古人利用整齊、有韻的語句成文，為的是便於記憶和傳誦，和駢文爲求作成美文的目的不同。駢文的起源很早，秦時李斯的「諫逐客書」，鋪陳排比，前人以爲是駢文的初祖。辭賦發展到東漢後期，已在文字、形式上力求整齊美觀，晉陸機更主張文章修辭要姸巧，讀來有音樂的美感，他所作的「演連珠」，對偶工整，聲韻諧協，被認爲是六朝駢文的開始。東漢蔡邕的碑文，孔融、建安七子、曹氏父子，晉朝的潘岳、陶潛等人的賦，都有助於駢文的發展。

㈡ 駢文的興盛

但在南北朝之前，詩文所講求的聲調美，不過是自然諧協罷了。到齊、梁之時，周顒、沈約等人，創立「四聲」「切韻」的方法，定出平、上、去、入四聲，又把它使用在作文上，要求一句之內的文字，要平仄相間，上下兩句之間，要平仄相對，從此聲律與對偶便成爲文章的一定形式，因此駢文達到成熟的境界。文人寫作，競求聲調諧協，堆砌典故，以雕琢詞藻爲美。把文章分爲「文」「筆」兩種，以抒情有韻的美文爲「文」，實用無韻的雜文爲「筆」。駢文從此便和散文絕然分開了。在駢文極盛之後，也用駢句寫作論說、書信等應用文。梁代劉勰，全用駢詞儷語寫「文心雕龍」五十篇，是傳誦久遠而具有學術價值的名著。

在魏晉駢文初起時，未見有標準的駢文作品。到南朝時，謝靈運、顏延之、沈約、任昉等人是著名的駢文作家，庾信、徐陵的作品，更使這種美文的成就達到了極峯，被認爲是集大成的人物，當時稱爲「徐庾體」，駢文用四、六句間隔作對的方法，就是他們所倡始。而庾信的地位更高，他的「哀江南賦」，寫感慨身世，眷戀宗邦的傷感，非常眞摯動人；「小園賦」、「枯樹賦」亦寫得細膩感人。徐陵「玉臺新詠序」，是一篇標準化的駢文。

唐代承六朝餘風，盛行駢文，又以詩賦爲科學考試科目，駢文便漸漸有了具體的標準。像初唐四傑——王、楊、盧、駱的駢文，平仄調協，對仗工整，措詞綺豔流麗。王勃援筆立成的「滕王閣序」，駱賓王的「爲徐敬業討武曌檄」，都是膾炙人口的名作。玄宗時，又有燕國公張說、許國公蘇頲宏厚的駢文，號稱「燕許大手筆」。劉知幾追踪劉勰的「文心雕龍」，用駢文寫成史學批評名著「史通通釋」。到唐德宗時的陸贄（宣公），是唐代駢文家的代表，他用駢詞偶句寫奏疏，議論國是，縷析事理，情眞詞暢，使人完全不覺得俳偶的痕跡，氣勢自然得像散文。自六朝以後，一向偏用於以美詞抒情的駢文，陸贄擴展了它的實用用途和價値，對後代影響深遠，「陸宣公奏議」一書，還能見於現代的書店裏。

(三) 駢文的轉變

駢文發展到唐代，已經是盛行了好一段時間，但「駢文」這個名稱，却是在韓愈、柳宗元提倡「古文運動」時，才和「古文」一起產生的。古文運動的目的，就是要革除駢文專講形式美，而不管內容貧乏的惡習，讓人寫作自由活潑的散體文。但駢文在韓愈的古文運動之後，還是十分風行，韓、柳、李白、杜甫、王維等人，都有駢文作品流傳下來。到晚唐時，李商隱是集唐代駢文大成的代表。李商隱、溫庭筠、段成式三個排行十六的駢文名手，被稱爲「三十六體」；而把駢文別稱爲「四六」，也由李商隱開始。

李商隱偏於繁縟藻麗的駢文作風，一直影響到宋初，詩文都崇尙華艷雕琢，形成盛極一時的「西崑體」，作者有楊億、劉筠等人，駢文以徐鉉最有名。到歐陽修出，他一方面大力發揚韓愈倡導古文的精神，一方面他也是個駢文能手，但他用散文的筆法氣勢來寫駢文，以救駢文「論卑氣弱」的毛病。王安石、曾鞏、蘇軾兄弟等人效法歐陽修的作風；蘇軾的駢文，更極盡曲折變化之能事，和歐陽修同享盛名。宋代文學，在歐陽修的領導之下，都趨向於散文化，駢文的改變，尤其明顯，像好用虛字、典故、成語、長聯入文，用駢文來議論等風氣，使駢文不再是純粹的美文。由於宋代設立「博學鴻詞」科，要考「四六文」，所以作者仍不少。

(四) 駢文的復興

明朝人不大寫駢文，但因科擧要考「八股文」，一般人仍勉力學習。清代的文學思潮是復古，駢文也和詩、詞、戲曲等舊文體一樣，獲得中興，加上科擧仍考八股文，所以駢文的作者和作品都不少。清初的陳維崧、袁枚、毛奇齡、紀昀都能作自然流麗的駢文。洪亮吉、汪中、胡天游是清代中葉三大駢文家，汪、洪很能發揮六朝駢文的輕倩清麗風味。清末以王闓運、張之洞較有名，王的作品以摹仿六朝爲主，曾用庾信原韻作「哀江南賦」，寫太平天國事，被稱爲假古董。張作有宋人氣息。嘉慶時有陳球用駢文寫成一部三萬一千多字的愛情小說「燕山外史」，是古今最長的一篇駢文作品，却一直獲得極壞的批評。淸人李兆洛編有「駢體文鈔」三十一卷，專選自秦至隋之間的駢體文。陳維崧的「四六金箴」，專講駢文的寫作技巧。

＊　＊　＊　＊　＊　＊

駢文自六朝以來，一直被認爲只是作者玩弄文詞，炫耀個人才藻的唯美文學，漸漸成爲娛情遊戲文字，像詩鐘和對聯，都是駢文的支流。入了民國，駢文只有少數人能欣賞了，但駢詞儷句，在白話文寫作時，往往仍不着痕跡地被運用了進去。

七、樂　府

㈠「樂府」的意義

「樂府」本來是秦、漢時掌管音樂歌曲的官署，漢武帝擴展它的組織，一方面創製宗廟朝廷用的樂章，一方面徵集流行各地的歌謠，由協律都尉李延年領導，使用各種樂器，甚至胡樂，分別配樂歌唱，使它普遍流行各地。後人把這些可以歌唱的歌詞，叫做「樂府」；和不能歌唱的詩，有所分別。詩在漢以前本來都是可以歌唱的，漢立樂府之後，詩和歌的性質從此便判然分別了，「樂府」這個名詞，便用作音樂文學的專稱了。

(二) 兩漢的樂府

漢代的樂府，有出自貴族文士的郊廟歌、舞曲歌，如唐山夫人的「安世房中歌」，司馬相如等人的「郊祀歌」，雅麗難曉，沒有文學生命。漢樂府有文學價值的，是從民間採集來的歌謠，活潑而有情趣。像「江南可採蓮」，在自然而少變化的七個句子中，表現出江南少年男女在採蓮時快樂心情的節奏。「十五從軍征」寫一個八十歲的老兵退伍歸鄉，見到家園破落，杳無人跡的荒凉，使人讀來忍不住落淚。其他如「戰城南」、「婦病行」、「孤兒行」、「上邪」，反映戰爭的慘烈，病婦孤兒的堪憐，男女的戀情等，也都是在質樸的文字中，具有撼人心絃之力的作品。

東漢，文人作品逐漸民歌化。到了建安，曹氏父子大量的寫作樂府歌詞；詩人如阮瑀、王粲、陳琳也都作了許多樂府詩，他們大都依照舊曲寫作新詞，摹擬舊題而製新歌。曹操的「短歌行」，表示自己要招納天下英雄的胸襟，「龜雖壽」，表示暮年仍要奮發建功業的心境；曹丕的「燕歌行」，寫閨婦思情；曹植的「箜篌引」，勸人知命忘憂，「怨詩行」，寫棄婦深情；陳琳的「飲馬長城窟行」，表示人民征戍與築邊城的痛苦；王粲的「七哀詩」，寫戰亂中慈母棄子的慘事；阮瑀的「駕出北郭門」，寫孤兒的痛苦生活等，文字技巧洗鍊，抒寄個人情懷，反映漢末戰亂的民生痛苦、社會情況，表現了這個時代文學的寫實精神。

三　兩晉南北朝的樂府

西晉的樂府，仍是擬作盛行，但逐漸講求詞藻的華美，好用駢儷的詞句，缺乏漢民歌眞實的感情，和動人的意境，如傅玄、陸機的作品。後來北方被胡人盤踞，東晉偏安南方，南方山水明媚，物產豐饒，社會安定，歌詠男女愛意纏綿的情詩特別多；這些情歌多數形式短小，晉人南遷後，從民間徵集來配樂，因而流行。流行在江南的叫做「吳歌」，像「子夜歌」、「讀曲歌」、「華山畿」等，都寫得天眞純樸，浪漫多情。流行在湖北省西部江、漢二水之間的叫「西曲」，如「石城樂」、「烏夜啼」、「楊叛兒」等，多寫旅客和商婦水上船邊的別情，戀情熱烈而勇敢。今讀「樂府詩集」，南朝文人摹仿的作品也很多。吳歌和西曲，好使用雙關的隱語來象徵，委婉細膩，是它表達情意的特色，開導了南朝梁陳宮體文學輕艷浮靡的風氣。

當時統治北方的遊牧民族，蒼茫的原野和無垠的沙漠，涵育出人民剛強、尙武的天性，即使女子也以健壯矯捷的身手爲貴，像「敕勒歌」、「李波小妹歌」、「企喻歌」等，都充滿了英氣和生命力。這些北方的民歌，多是用率眞爽朗的筆法來表現。

四　唐朝的樂府

由隋入唐，樂府因文人只從事擬作，又受六朝浮艷的宮體文風影響，毫無生意。到唐玄宗開元、天寶以後，才擺脫了華詞艷句的韁繩，用活語言創作出新意境的作品。像岑參、高適、崔顥、王昌齡、王之渙、王翰等，喜歡用長歌或絕句，描寫邊塞風光與戰爭，各種不平凡的事情，至今仍膾炙人口。詩仙李白的一百四十多首樂府，寫各種題材，「將進酒」、「蜀道難」、「長相思」等篇，無不精妙絕倫；詩聖杜甫更用樂府刻畫戰亂下的社會民生，「石壕吏」、「兵車行」等，即事成篇，全不摹擬舊題古意。李、杜都是帶動樂府邁步直前的大功臣；張籍、王建都受杜甫影響。到了元稹、白居易，更用杜甫寫實的作風來建立起文學的主張，要藉樂府歌詞的力量，來反映社會、表達民意，求政治的改革，並且都作有古題、新題的樂府歌辭，以實踐理論。像白居易的「秦中吟」十首就是。到了晚唐，又走向華麗妍媚，配樂歌唱的作品是長短句的「詞」。

宋朝時，郭茂倩將歷代的樂府歌辭編集，叫做「樂府詩集」，有一百卷，上起陶唐，下迄五代，分爲郊廟、燕射、鼓吹、橫吹、相和、清商、舞曲、琴曲、雜曲、近代曲、雜歌謠、新樂府十二類，網羅非常賅博，是研究中國「樂府詩」一部重要的典籍。

八、詞

(一) 詞的興起和成熟

由樂府演進成詞，二者的直接淵源同是爲歌唱而作的音樂韻文，而在形式上，唐人樂府詩雖然有雜言體，但句式仍多爲五言、七言體，詞則是長短句。其實詞興起於盛唐時，本是曲譜的附庸，所以叫做「倚聲塡詞」，原來是沒有獨立性的，唐宋人常稱它做「今曲子」或「曲子詞」，後人失去了樂譜，專讀文字的歌詞，所以叫做「詞」。

從文學源流說，詞是由樂府和唐人近體詩蛻變而成；醞釀於盛唐，像李白作的「淸平調」、「憶秦娥」、「菩薩蠻」就是。依譜塡詞的風氣，到中、晚唐已相當普遍，張志和、韋應物、戴叔倫、王建、白居易、劉禹錫，都有相當好的作品。溫庭筠是晚唐的代表；民間也有作品。五代時，韋莊、牛嶠、歐陽炯等更是以詞留名。後蜀趙崇祚輯錄晚唐五代十八人的詞，編成「花間集」，是第一本詞的總集。「花間集」的作品，都是用美麗的詞句，來寫美人和情欲，沒有什麼意義和價值。五代詞的代表作家，是南唐的李璟、李煜和馮延己，尤其是李煜（後主）詞以自然淸麗的句子，和諧的音節，寄曲折深厚的感情，使詞達到最高的藝術境界，是最偉大的一位詞家。

(二) 宋詞的極盛

詞發展到宋，成爲宋代文學的靈魂。北宋時，詞逐漸擴展，貴族平民，無不愛好，加上它的音樂實用功能，造成一種盛況。作者非常多，上自皇帝大臣，下至文士平民，甚至婦女樂工，也都有詞集問世。宋初詞壇，追隨花間集和南唐的餘風，范仲淹、晏殊、宋祁、歐陽修的詞，都雍容纏綿，溫和含蓄，各有韻致；所作大率是「小令」，不過文字稍長的「慢詞」也漸漸興起了。到張先、柳永，把他們浪漫的人生經驗作題材，多用中調、長調的形式，鋪敘的手法，作成淺俗的艷詞，也因此開拓了詞的內容和境界。到蘇軾出，他豪放不羈、瀟灑飄逸的作風，打破了爲音樂歌唱而作詞的傳統，寫出爲文學作詞的「詩化」詞，使柔艷嫵媚的詞，又有了縱橫豪逸的氣象，題材擴大，意境更高，足以表現出作者的個性。秦觀、黃庭堅輩相繼而作，「慢詞」大大盛行了。

蘇軾的革命性的詞風，因爲違反詞的音樂功能，所以又有人提倡依格律作詞，主張注重音律，用精鍊雅正的詞句，寫婉約含蓄的感情；用歐陽修、晏殊的含蓄，矯正柳永、張先的淺俗；用蘇東坡的豪放飄逸，補救了有詞以來的柔弱，純正的詞體和詞風，從此樹立；由秦觀、賀鑄倡導，周邦彥發揚，到李清照時獲得最大的成就。周邦彥的「清眞詞集」，兼具北宋以前各詞家的優點——精於音律，善於刻畫，被稱爲集大成的作品。女詞人李清照的「漱玉詞」，除了音律字句的精嚴外，細微而豐富的情感，更爲詞造出一個空靈的藝術詞境，尤受世人推崇。

詞至南宋，名家仍然不少，如朱敦儒、陸游、范成大、陳與義、葉夢得，也都有可觀的佳作，辛棄疾的「稼軒詞」與蘇軾的「東坡詞」，同以豪放著名，並稱於兩宋詞壇上。南宋詞人也有些是音樂家，像作「白石道人歌曲集」的姜夔，作「山中白雲詞」的張炎，作詞較偏重於講求音律，辨析體制。姜夔創製了一些新譜，又改正許多舊調，常在詞序中說明作品的音律特色；張炎「詞源」一書中，記他許多爲遷就音律而改變字句的地方。還有史達祖、吳文英、周密、王沂孫等人的詞，都是講求協律，好用典故，形成種種規律和限制，給詞加上了許多桎梏，使人覺得詞的技巧已窮，不得不走上衰微結束的路上。當時只有蔣捷的作品，能擺脫風尚，表現一點清麗秀逸的氣質。女詞人朱淑眞有「斷腸詞」。

北宋的南遷，南宋的滅亡，金、元兩外族入主中原，把他們的音樂帶到中國來，因此歌唱文學又邁入新里程，新體的散曲承接着詞的任務，發揮音樂的功能，開創了樂府的新境界。

＊　＊　＊　＊　＊　＊

流傳至今的宋人詞專集，最早有毛晉汲古閣彙刻的「宋六十一家詞」，收有北宋二十三家，南宋三十八家。此外王鵬運的「四印齋彙刻詞」，收有北宋四家，南宋三十四家，其中三十二家毛晉刻本未收。朱祖謀「彊村叢書」收北宋詞二十七家，南宋詞八十五家，較毛、王二刻本又增收了九十二家詞。

九、戲　曲

㈠ 戲曲的淵源

嚴格說來，戲和曲是有分別的：戲是指以舞蹈的動作，配合歌曲、故事的表演；曲是指依譜而唱的歌詞，甚至是指一首歌的譜。我國從周朝開始，就有戲也有曲了，根據古代資料，周代祭祀時，巫覡藉歌舞來通神傳靈，有人認爲是戲曲的源頭；但我們現在讀到一部失去了樂譜的歌辭——詩經，和楚辭中的「九歌」以外，一般人並不認爲那些宗教性的巫舞就是戲曲，後代的戲曲，比較注重娛樂的價值。

專門作娛樂性表演的是周秦時的倡優，史記「滑稽列傳」所記的優施、優孟、優旃，在詼諧的言語中諷勸了國君，但戲劇味道還不够，而且其中並無歌舞。

(二) 戲曲的興起

我國把歌、舞、故事串合成簡單的戲曲來表演，開始於北齊（西元五五〇年以後）。那時的歌舞戲有：「蘭陵王入陣曲」，演北齊美貌年少的蘭陵王，帶着面具英勇殺敵；「踏搖娘」演醉漢蘇齣鼻醉酒毆打妻子的滑稽；「撥頭」演胡人一個孝子殺虎報父仇，情節都很簡單。隋唐的歌舞音樂，已漸漸藝術化了，此得力於君主的提倡。像唐玄宗不但愛欣賞，自己也會譜曲塡詞，並設立左右教坊，專門培植音樂歌舞人才，又在長安禁苑中設立梨園，選年少的伶人子弟和宮女，作大量專業的訓練，他時時親自去教授。當時又創作調笑的「參軍戲」，和由數十宮人連袂表演歌舞等等，唐玄宗因此被尊爲戲劇始祖，「梨園」也成爲劇壇的代稱詞。

從唐到宋，無論音樂、歌詞、歌舞技巧、故事的內容等等，都有極大的進步，像連續用多首詞來歌詠一個故事的「薄媚」，濃縮的樂曲「唱賺」，小型的歌舞「傳踏」等，又吸收唐代「變文」的說唱形式，產生了「雜劇」、「鼓子詞」和「諸宮調」等新體的戲曲。「宋雜劇」產生在北宋眞宗時，和元雜劇不同，初時只在宮廷中節日慶典時演出，每場有四段：艷（亦作豔）段一、正雜劇段二、散段一；演些什麼內容，或諷刺時政，或反映民情，已難詳細確考；但它對於元雜劇以四折爲一本的密切關係，是顯明可見的。「鼓子詞」是說唱體：唱一首曲，說一段散文，但只用一支曲調；像北宋末安定郡王趙令時，用十二首「商調蝶戀花」穿揷在十段唐人元稹的「鶯鶯傳」小說中。一曲反覆演唱，實在嫌單調，於是有杭州人孔三傳從事改良，創製出「諸宮調」，用同一宮調的幾支曲子，編成一套套曲，又由許多不同宮調的套曲，合起來唱說一個完整複雜的故事。金章宗時，董解元用諸宮調撰寫「西廂記搊彈詞」，共用一百九十三套曲子，用敍說、代言夾雜體，來講唱張珙和鶯鶯的戀愛波折，是諸宮調中最偉大的作品。

宋朝因受金人侵略南遷，建都臨安（杭州）後，戲曲便分兩途發展：一是北方的歌曲劇藝，在民間發展成「院本」，由倡妓在行院（卽妓院）中演唱，以「唱者在內，演者在外」的形式演出。據陶宗儀輟耕錄說，金、元院本有六百九十多種，可惜都沒有流傳下來。二是宋人把北方的歌曲劇藝帶到江南，和南方的音樂技藝調和，於是形成了「南曲」，和後來盛行於北方的「北曲」，在曲調、唱法和用詞上都多有不同；南方的戲曲，起初叫做「溫州雜劇」，後來叫做「戲文」或「南戲」；「張協狀元」、「小孫屠」、「劉知遠」等，都是戲文。

(三) 元朝的雜劇和散曲

元朝統一中國後，蒙古族的君主，賤視壓抑漢人的知識分子，戲曲成爲文人發洩悲憤，遺寄情懷的工具。「雜劇」因此發展到完全成熟的階段，它用純粹的代言體，由許多腳色分別扮演劇中人物，用歌詞、賓白、動作來表演故事；劇情完整複雜，用四折（即四場）演完，叫做一本四折，必要時可在折之間加短場「楔子」；像紀君祥的「趙氏孤兒」共五折，是極少的例外；長的劇情，可以增加「本」，像王實甫「西廂記」有五本，共二十折。每折限由男主腳正末、或女主腳正旦一人獨唱，甚至有四折都由一人獨唱的，稱為「旦本」或「末本」。雜劇的作家很多，名作家多到數不完，關漢卿有「竇娥冤」等六十多本，王實甫有「北西廂」等十多本，白樸有「梧桐雨」等十多本，馬致遠有「漢宮秋」等七本，鄭光祖、喬吉、宮天挺等等，許多名家和傑作，使元代在戲曲文學上登上了最高峯。明代臧晉叔精選了一百種，輯成「元曲選」，是研究元曲者必讀的書籍。

除了有故事、有動作、有唱詞、賓白的劇曲以外，元代另有一種和詩詞性質相同的「散曲」，它是由詞蛻變而來，只供合樂清唱，不用鑼鼓、沒有動作，也叫「清曲」。散曲又分「小令」和「散套」，小令以一支曲調為一首；散套是聯合同一宮調的兩三支曲調以上為一首。散曲是純抒情性的作品，被認為是繼樂府、詩、詞之後的「正統文學」，元人也稱它為「樂府」。元代散曲的作家，除了關漢卿、王實甫、白樸、馬致遠以外，也有專門只作散曲的，像張可久、張養浩、貫雲石、盧摯等，各有獨特的風格；張可久的散曲，現在還保存了小令七百五十一首，套數七套，是元人散曲作品最多的一個。近人隋樹森輯「全元散曲」一書，蒐羅賅博。

(四) 明朝的傳奇

元朝建國後，以「北曲」譜寫的散曲和雜劇，在北方迅速發展，聲勢浩大；而用「南曲」譜寫的散曲和戲文，也默默地在南方流行。元朝中葉後，北方的雜劇南移，刺激南戲的發展，漸漸興盛，演進到元末明初，產生了「琵琶記」、「荊釵記」、「白兔記」、「幽閨記」、「殺狗記」五大傳奇，從此傳奇的聲勢壓倒了雜劇。明世宗嘉靖時，崑山人魏良輔又改良南曲的唱法，創造出「崑腔」，當時名劇作家崑山人梁辰魚，首先用新腔來譜曲，撰作「浣紗記」傳奇，傳奇由於崑腔的風行南北，逐漸也發揚到極燦爛的境地。神宗萬曆時，湯顯祖作「還魂記」（又叫牡丹亭），是明代傳奇的壓軸戲。後來毛晉輯編「六十種曲」，是傳奇最流行的選本。每部傳奇，都是長篇的作品，如「琵琶記」四十二齣，「白兔記」三十二齣，「還魂記」五十五齣，每齣由各種脚色演唱，體制和元雜劇不同。這些長篇戲曲，不免常有結構鬆弛，材料不重剪裁的毛病，而且要全劇一次演完，也極不容易，因此即使最佳作品，往往也是選演精采的部分罷了。清人編的「綴白裘」，就是傳奇好戲的精選本。

明人也作散曲和雜劇，寧獻王朱權，周憲王朱有燉，都是雜劇名家，但受傳奇積極發展的聲勢影響，少有佳作，而漸趨沒落。康海的「中山狼」，用寓言諷刺社會的人情主義、黑暗腐化，比較有意義。到嘉靖以後，一種混合南北腔調，以一折或三、幾齣爲單位的短戲產生，像徐渭的「四聲猿」、汪道昆的「高唐夢」等，已變成文人遣情寄懷的案頭作品，遠離了爲場上搬演而寫作的戲曲譜撰的目的了。

(五)　清朝戲曲的式微

清中葉之前，傳奇和一折雜劇還盛行，雜劇作品由近人鄭振鐸搜輯，編成「清人雜劇」初集、二集，共八十種，如吳偉業的「臨春閣」，尤侗的「讀離騷」，都極有名。傳奇作者，李漁的通俗風趣作風，是清初名家，所作喜劇「笠翁十種曲」，風行一時。後來，孔尚任作「桃花扇」，寫南明亡國史實，洪昇作「長生殿」，寫唐明皇、楊貴妃的愛情，都沉痛悲涼，是清代傳奇戲曲的雙璧，並得「南洪北孔」的美譽。乾隆以後，稱爲「雅部」的崑腔，被「花部」的各種地方腔所取代，其中皮黃京腔又以融合二黃、徽調和各種唱腔的優點，風行於社會各階層，成爲傳統戲曲的繼承者；但在體制上，還是舊戲的形式。

＊　＊　＊　＊　＊　＊

到了民國以後，由於社會型態的改變，傳統戲曲漸趨沒落，只被當作一種藝術愛好來欣賞而已。

第九章　藝　術

李　鎏

藝術是人類的情思、活動中，表現「美」的價值的作品；藝術作品雖然由現實的生活事物中產生，但却以超越實用的目的，而另呈美觀的形態和活躍的精神境界。作品必須有藝術的成就，才會流傳到後代。在幾千年的歷史中，中國人在金玉竹木的雕刻上，在書畫的繪作上，在瓷器的燒造上，在房屋的建築上，都在實用目的之外，創造了各種美觀的風姿，躍現出藝術精神的境界。

一、雕　鑄

中國的雕鑄藝術起源極早，歷史悠久，用途廣泛，在工藝美術上的貢獻尤其大。

(一) 石　刻

舊石器時代的石刻，由出土的石刀、石鐮、石斧、石碗上，可以看出先民在實用之外，已有簡單的裝飾。商朝有一件石刻，是一隻半蹲的守墓虎，勇猛的獸面，和刻滿花紋的人身，表現出很高的藝術技巧；周朝時陪葬用的人獸石刻，在形態上多有生命感。由秦漢到唐朝，是石刻藝術的輝煌時期。漢代的石闕、碑碣、墓誌、壁雕、石經等等多途性的石刻，在書法、經典、史料上的貢獻極大，山東武梁祠的平面浮雕壁畫，亦構圖完整，人物生動，表現出樸拙厚重的技巧。佛教傳入中國以後，西域波斯、希臘的石刻風格，隨着佛像、塔寺、石窟的雕刻輸入，大大影響了中國的石刻藝壇，中國石刻家融會了中外的技巧，雕出法相莊嚴的佛像，更能表達出宗教人生的哲理精神。敦煌石窟、雲崗石窟，因有數以千計而高達五十多尺的佛像而馳名。唐人又把繪畫、書法技術溶入石刻中，佛像變成渾圓，衣褶複雜，在寫實的筆法中透現出富麗堂皇的隆盛時代的精神。碩大的石刻到宋朝後就衰微，轉向篆刻、牙刻、竹刻、小尊佛像等細件，和毫芒小刻發展，石刻藝術日趨沒落，變成小民的末技了。

(二) 玉器

玉器是中國馳名全球的工藝傑作。早在商周時代，已設專官掌管雕造，從古時的遺物看，不但玉器的品類繁多，雕琢技藝的精美，已使世界各國的考古家和鑑賞家驚服；從文獻記載看，各種玉器在商周時代的種種形式，各有意義和用途，可考知中國人所以珍愛這種礦石的原因。玉的色彩美豔而繁雜，質素堅硬，有天然的紋理和光澤，令人欣悅，但造成玉的可愛，必要經由碾琢名手，把毫不起眼的璞玉，按照它的天然形狀和紋理，切琢成各種器用，然後磋磨出它美麗的色彩和晶瑩的光澤來，用在祭祀、禮制和裝飾各方面；像周代用「六瑞」來分爵位權力的高低，用「六器」祭天地神祇，玉璽是帝位的象徵，古人因此稱玉器爲「瑞寶」。對於一般人，玉有象徵氣質的意義：溫和潤澤是仁，不易磨損是義，質素厚重是禮，堅實細緻是智，光瑩色麗是信，所以古時稱完美的君子爲「玉人」；自古中國人把玉看作「美的象徵」。累積了幾千年來的碾琢經驗，中國人在玉器上所表現的雕刻藝術，實在是融合了高度的智慧、才能、豐富的經驗和想像力各種成就，因而提升了玉的價值，使它具有靈性境界。圭、璋、璣、玦……等形狀，件件精妙；白、碧、紅、黑……等「十三彩」，色色生輝。無論是漢以前的古玉，古時陪葬的含玉，或作人物、禽獸，或作花木、器皿，我們所看到各個時代，古今新舊的玉器，眞是神態如生。像明代碾玉妙手陸子岡所雕白玉水仙簪，一尺多長，筷子般粗，花莖刻得細如毫髮，又題十個字，玲瓏精絕。故宮博物院有一青玉珮，雕成豆莢形，上面落了一隻草蟲，玉的表皮又用「烤皮子」薰染了一部分紅黃色。在玉光物態的交映中，令人不禁爲我國精美的玉石雕刻自傲。

(三) 象牙

中國的象牙雕刻也是有名於世界的一種工藝。從出土的古代骨角器來看，牙雕技術是由獸骨、獸角的雕刻演進而來，周代已有專門雕牙的工匠，牙雕已具有藝術品的水準了。經過秦漢隋唐，象牙雕飾的花紋更加繁麗，明清兩代，牙雕工藝尤其發達，明代有鮑天威、朱小松、王百戶等，清代有黃振效、楊維占、封歧等，號稱一代名手。

雕牙的技術，或尚繁，或尚細，或尚雅，各有造詣和境界。像鏤空的象牙套球，內外共二十多層，層層可以自由轉動，每一層雕刻各種圖案花紋，這就是尚「細」的精湛技藝，稱爲「鬼工」，因爲不相信是人力所能做得出來的。故宮博物院有兩隻兩寸長的象牙小船，各有可以開闔的窗戶、桅竿、小旗、茶几等，是由許多雕得極細的小牙片粘合而成，這就是尚「繁」的佳作。細和繁的牙工，多數只着重描樣和用刀的技巧，却不一定有眞正的藝術境界；牙雕藝術的境界，以能創造出「雅」韻爲上品，如故宮博物院所藏凹面浮雕「竹林七賢圖」臂擱，人物各有不同的神態，具有名畫的美感；凸面細刻三片竹葉，簡潔脫俗，這就是尚「雅」的佳構。

(四) 竹、木

竹、木的雕刻，代表着中國文化發達的開始，古人築宮室，造舟車，竹木是主要材料，而在樑棟椎輪的實際生活價值以外，竹木更是紀錄早期文化的第一功臣。孔子之時，文字是刻在木版和竹簡上，比起原先刻在獸骨龜甲和銅器等堅硬物上，容易方便得多；以竹簡、木版爲紀錄工具的意義，代表着書寫方法的進步，文字使用的普遍，文化高階段的發展，和成册書籍的完成；從出土的漢代竹木簡册，可爲明證。東漢蔡倫發明了造紙方法，由於價廉輕便，風行天下，便不再用竹木來書寫了。但建造房屋舟車，裝裱卷軸等，竹木仍然是人類日常生活上最重要的事物。

唐朝時，佛教由於宣傳的需要，發明木刻印刷佛經圖像的方法。到了宋朝，木版印書普遍而盛行，當時刻書版的刻工，態度謹嚴，刀法精鍊，校勘細密，不但字勢生動，所用紙墨亦考究，宋版書因此極受世人重視，搜購珍藏。宋仁宗時，畢昇發明膠泥活字印刷；元代王楨改製木活字；明、清又製銅活字，但活字只偶然用來印大部頭的書，一般印書，仍用雕版。宋代的高品、張從信，明代的黃子立、黃鏻、黃應瑞等，都是精刻書版的名手。書籍中的木刻插圖，由唐開始而大盛於宋，形成「版畫藝術」；繡像插圖是由宋到清的書刊的一大特色。明朝嘉靖之前，無論地理、小說、詩集、曲本所附的圖，造意新頴，神氣生動，雕工細緻，比萬曆以後的版畫雕刻，有更高的藝術價值。明、清兩代，刻板極盛，陶洪湖、孰方山，是明末的剞劂名工；清朝的「古今圖書集成」，數十册的插圖，都是出自名手所雕刻。

木刻藝術在其他方面的表現，唐時已有用紫檀木爲地，配嵌瑇瑁、琥珀等製成木畫，或雕作琵琶、阮咸等樂器。宋以後的木雕工藝，宋眞宗時有嚴氏用檀香造瑞蓮山，龕門內透雕五百羅漢和侍者，神態各異，非常細密精妙，她因此獲得御賜「伎巧夫人」的榮譽。又在木胎上雕刻人物樓臺花草，造成美麗的剔紅漆器的漆雕，是由宋至清木刻藝術的一種成就。

竹刻自從竹簡廢用以後，也向器玩方面發展，齊梁時有用竹根刻成如意，宋高宗時，詹成在竹片上刻宮室人物山水花鳥，纖毫玲瓏，觀賞者嘆爲鬼斧神工。明中葉以後，竹刻盛行，濮仲謙以竹刻巧藝名噪一時；嘉定朱松鄰、小松、三松三代的竹刻，神妙詭奇，氣韻高古，使嘉定成爲竹刻工藝的中心；此後名工輩出，侯崤曾、秦一爵等，亦明代名手。清代竹刻名家，更屈指難數，沈兼得朱三松眞傳，吳之璠以薄地陽文竹刻稱絕技，封錫祿、錫璋兄弟，以精技召爲養心殿侍直，與大哥錫爵，號稱竹刻鼎足；三人中錫祿技最精，所刻梵僧的詭奇異狀，採茶仙翁、散花天女的軒然超塵，神韻獨具；他的弟子施天章，又由封氏的峭奇生出新意，進而渾厚蒼古，神巧一時無二。清代兼工竹木雕刻的人很多，一般用黃楊或紫檀木，竹幹竹根爲刻材，藝品如筆筒、杖頭、扇骨、筆格、硯匣之類，都細巧逸雅可愛，是晚明和清代特有的藝術品。道光時，方絜善刻竹木爲人物小像、筆擱、筆筒；咸豐時袁馨、蔡容莊亦以兼長竹刻木刻名重當時。

此外，還有在桃核上雕人物山水樹木，或十八羅漢，都纖毫畢具，精巧玲瓏，康熙、乾隆時有金老和杜士元等以刻桃核絕技名世。

(五) 金、銅

金器銅器的製作，鑄形爲主，雕飾爲副；鑄要匀整明淨，觸手滑潤，雕要刻痕清晰，刀筆精確。無論鑄和雕，都以形外有情趣，才是神技妙品。中國的銅器金器在藝術上的表現，以鐘鼎彝器、銅鏡和佛像爲大宗，而且銅器多金器少，因爲價值有貴賤的不同。

鐘鼎彝器的鑄造，盛行於唐虞三代時期，尤其商周兩代的成就令人驚異。不但日用禮制各方面的用途廣泛，形式花紋，尤其富有創作精神，魚龍雲雷虎鳳，各形各狀，所刻除裝飾花紋外，銘文記當時人物事功，更是古代文化的寶貴資料；近半世紀，已成爲專門學術的一種，叫做鐘鼎文或金文。這些出土的古銅器，斑駁的多種綠色，自然透出古樸的奇趣。

戰國時發明了銅鏡，到漢代，漸加神人異獸紋樣等鑄飾，鏡銘文字，尤可珍貴；漢代傳世的銅器不少，銅鐙、銅鑪、銅符、銅印，都是漢人所創造，要以銅鏡爲第一。漢成帝時長安巧工丁緩，和木工李蘭，製七龍五鳳的常潰鐙、紫金的被中香鑪，雕鏤着奇禽異獸的九層金博山香鑪，和七出菱花鏡，是漢代有名的藝術精品。其後歷代亦有銅鏡、銅罏，在鑄雕藝術上亦有發揮。

秦始皇在驪山鑄造十二金人和鐘鐻，開啓了銅像的鑄造風氣。曹魏以銅駝銅人為工藝代表。晉朝以後，鑄造銅佛像成為社會風氣，丈八、丈六的鎚鍱銅佛像，見於東晉南北朝的文獻記載，一二寸長的小金銅佛像更多。隋時禮部尚書張穎捐宅為寺，造了十萬尊小金銅佛像，和許多大銅佛像，眞是盛況驚人。此風到唐代才漸漸衰減。宋以後，金銅工藝轉向瓷器、漆器胚胎方面發展，如用銅製胎，嵌以磁粉，就燒成五色花紋的琺瑯。其他銅器，以仿製三代兩漢的彝器鏡罏為能，如宋、元之間的姜娘子和王吉，清時吳門的甘、王兩姓，都以善於鑄造仿古銅器著名。

二、繪　畫

繪畫是用圖形和色彩來表現作者對事物的美感。中國繪畫的起源，渺遠難以確考，無論是起於象形文字，或由八卦衍化，或由紋身而來，各種說法都沒有足夠的文獻可以證明。但從古代流傳下來的工藝品來看，夏、商的陶器、銅器上，已有幾何線紋、自然物、日用品和動物等圖形做裝飾；裝飾畫也是現在所能見到的中國最早的繪畫藝術品。

(一)　周　代

周代已設有專官掌理繪圖設色之事，當時無論建築物，鐘鼎重器，祭祀食器，甚至服冕、旌旂、兵器上，莫不有畫。這時期的畫，就功能來看，是裝飾畫，甚至是推行政教的輔助物；就構圖的題材和精神來說，除圖案花紋外，也注重寫生寫實的方法。像周穆王的八駿馬，形狀奇，骨氣逸；又韓非認爲畫鬼魅最易，畫狗馬最難，已知道注重人物的輪廓和動態美了。周代的畫，瑰麗精妙而變化多，爲後代的繪畫藝術奠定了強固的基礎。

(二) 秦　漢

秦始皇時，阿房宮的畫棟雕梁，帶動漢代繪畫藝術的進步。

漢武帝設置秘閣收藏名畫。宣帝、光武帝在宮中設畫室，畫忠勤烈士和古代聖君賢后像。由於政府提倡，名家輩出，西漢有陳敞、龔寬、劉白、陽望，和因畫醜了美人王昭君而被殺的毛延壽；東漢有張衡、蔡邕、趙歧、劉褒、劉旦、楊魯等士大夫。兩漢在繪畫藝術上的表現，如武帝的未央宮，宣帝的麒麟閣，明帝的雲臺等建築，以壯麗華美的裝飾著名；又武梁祠、孝山堂的石刻壁畫，和銅器、陶器、玉器等工藝品上的花紋，各種裝飾畫都表現出渾樸的況味。尤其是銅鏡上的花紋，繁複靈活，技巧精奇，和題材廣泛的壁畫，都是漢代藝術的代表。

(三) 三國兩晉

動亂又短暫的三國，繪畫沒有顯著的進步，裝飾畫更見衰退。吳國的趙夫人，能寫各地江湖山岳的形勢，爲後世山水畫作前導。曹不興精妙如生的寫生手法，有心感手應，須臾立成的天才，是中國佛畫的始祖；他畫人物，最擅長人身線條，表現衣紋皺皺的美感，自成一種「衣描」的特殊風格，叫做「曹衣出水」。只有這兩人爲三國寂寞的畫壇，給後人留下一些影響。

社會戰亂艱苦，人民悲觀厭世的晉朝，裝飾畫仍是一片黯淡，名士擺脫了禮教的束縛，傾向自然主義。衞協、顧愷之、戴逵等，是畫佛像的能手；以山水、走獸、花鳥入畫，也漸漸蔚成風氣。晉代的繪畫，一方面受自由創作的鼓舞，一方面受印度的佛畫和波斯油畫的方法所影響，在設色、明暗和構圖上，都有超越的進步，如在畫像表現明暗的「凹凸法」。有名的畫家，除上述三人外，西晉有荀勗、張墨、嵇康；東晉有王廙、王羲之、王獻之、晉明帝、溫嶠、史道碩等等，眞如雨後春筍，各有造詣。尤其東晉顧愷之的作品，無論釋道、仕女、鳥獸、山水，莫不超邁古今，獲得「三絕」（才絕、畫絕、癡絕）的雅號；所作「女史箴」圖，神采煥發；他爲裴楷畫像，頰上加三毛而覺神情更勝；在瓦官寺畫維摩詰像，點睛時募錢百萬，都是筆墨高明的佳話。他又開論畫之風，對於畫評、畫法、畫論的精當見解，如提出作畫要注入感情的「遷想妙得」之說，更是獨步千古，對於後學者的研習探討，極有啓發作用。

㈣ 南北朝

自東晉播遷江左，漢族在南，胡人據北，南北政權對峙達一百七十年，在長期的戰亂貧苦中，佛教成為社會各階層普遍的信仰，繪畫藝術受濃厚的宗教氣氛影響，佛畫成為南北朝最光輝的藝術史頁。而南方漢族的柔和蘊藉，北地胡人的峻峭雄拔，肇端了繪畫藝術的南北派。

由於大量建造佛寺，又好用壁畫裝飾寺壁，因此產生了大量的裝飾畫和名畫家，南朝的陸探微、謝靈運為甘露寺畫壁畫；張僧繇所畫的有天王寺、安樂寺、華嚴寺和一乘寺，他在一乘寺門，用西方明暗法畫出遠看有凹凸感的花紋，一乘寺因此被稱為「凹凸寺」。北朝的建築美術，表現在壯偉的石窟開鑿和造像上，像龍門石窟、鳴沙山莫高窟等的佛龕菩薩像，無不繪有極精細複雜的圖案為裝飾，佛像和圖案，都精美絕倫。

除宗教佛畫外，南朝還有許多山水、人物、花鳥等不朽的傑作。宋代宗炳、王微的山水，顧景秀、顧駿之、陸探微的人物、花鳥、走獸，都靈妙生動；宗炳在室內四壁畫他所遊歷過的名山美水，創始了寫實山水的風氣。愛好文藝的梁武帝，使梁代的繪畫發皇鼎盛，張僧繇創沒骨山水畫法，用青綠色畫峯巒、染巉巖，是後世青綠山水畫法的先聲，和他在一乘寺畫壁所用的明暗陰影法，融合外來方法在自我的創作之中，最能表現出藝術家不墨守拘牽一隅的創造精神；所以世人合稱顧愷之、陸探微和張僧繇為「六朝三大家」；其他名家如謝赫、丁光、蕭世誠、陶弘景、梁元帝等等，各有造詣，不但畫風影響到唐宋，他們談論畫理、畫法的見解，更為後世在作畫和鑑賞方面訂立了原則。北朝雖有楊子華神態逼眞的龍馬圖、百戲圖等，開創卷軸風俗畫的新風格；劉殺鬼鬥雀圖有栩栩如生之妙，因而獲得「寫生妙手」、「畫聖」的美譽；還有田僧亮、曹仲達、袁子昂等名家，但山水、花鳥畫並沒有什麼成就。

(五) 隋唐

隋唐是中國繪畫藝術極發皇的時代，唐人最能承先啓後，善加變化而發揚光大，後代各種繪畫方法，都植基於唐代，論者認爲唐代是中國繪畫藝術的中樞時期。

隋文帝統一中國，繪畫藝術也隨着政治的一統而南北融和，奢侈荒淫的隋煬帝，搜集珍藏歷代名畫，又在各地大興土木，建造離宮四十多所，和無數的寺觀，因此卷軸畫和裝飾壁畫都很有成績。就繪畫的題材看，以釋道人物故事爲多，北方朝廷畫家展子虔、董伯仁等，把宗炳、王微以來新興的清淡山水畫，由人物背景的用途中獨立出來，脫胎於建築圖樣的筆法，創立了「臺閣界畫」，是唐代「金碧山水」畫的前導。

唐代畫壇，可分三個時期來看：

1. 初唐時期（西元六一八——七一二） 蹈襲六朝精細刻鏤的作風。好畫的唐太宗，常命畫工畫軍隊凱旋和蠻夷入貢圖來誇示皇家的威望。閻立德、立本兄弟得父親閻毗的家傳，以精描人物、禽獸的寫生技巧名重於時。立德的「職貢圖」寫蠻夷來朝進貢；立本作「歷代帝王圖」，今存陳武帝到隋煬帝等八人一段，兩圖的人物面貌神態極佳，衣紋纖麗。于闐國人尉遲乙僧用印度暈染法畫凹凸花，爲中唐繪畫注入新思想和新技巧。

2.中唐時期（西元七一三——七七九）　唐玄宗不但成就了唐代政教最隆盛的開元天寶之治，這位兼具文藝才華的皇帝，他創始了墨竹的畫法，促使繪畫藝術開出最燦爛的奇花。從此善畫的奇才，不朽的名作，繁盛如春日之花，綴滿枝頭。天才「畫聖」吳道玄（初名道子），運筆似旋風，所畫山水人物、鬼神、鳥獸、臺閣、草木，無不精妙。他在大同殿畫嘉陵江三百餘里的山水壁畫，一日畫完，使玄宗歎妙；他畫人物，改濃色重染爲淡彩微描法，用筆圓轉似蓴葉，世稱「行雲流水描」；衣帶也有飛揚的動感，時人謂之「吳帶當風」，和曹不興的「曹衣出水」並稱；「吳裝」的人物筆法，從此樹立。他在景雲寺壁上所畫「地獄變相圖」，筆法細緻，結構繁複，畫中透出地獄襲人的陰氣，使許多屠夫網魚的人受感動而改行。

發源很早的山水畫，雖經陸探微、宗炳、王微等的提倡，却仍只作人物樓臺畫的背景而已。到吳道玄畫山水，才樹立恣縱簡淡的風格，促使山水畫興盛。到李思訓更加以變化，以遒勁細密的技巧，創青綠山水（亦稱金碧山水）筆法，他的兒子李昭道，筆姿更清簡美雅，所作「春郊遊騎圖」和「明皇幸蜀圖」，雲山泉流的布局設色，極精妙完美。名詩人王維的山水，秀逸清潤，把文學詩境融入畫中，只用清淡的水墨，就在畫中渲染出文士的神韻，開創了水墨山水的畫法，和「文人畫」的風氣，宋蘇東坡說他「詩中有畫，畫中有詩」；現在還可見到他的「雪溪圖」。明時董其昌以李思訓爲北宗山水之祖，王維爲南宗山水之祖，他倆都提升了繪畫的藝術境界。

唐以前的人畫馬，只重神駿激越，不重狀貌和安徐，自韓幹畫馬，才畫出馬的骨肉和相貌雄姿。

他以眞馬爲師，所以下筆就形神逼肖，成爲千古獨步的「鞍馬大家」，所畫一人兩馬的「牧馬圖」，馬姿雄爽，人態悠閒，是寫實的極品。

3.晚唐時期（西元七八○——九○六）　隋煬帝、唐太宗等歷代帝王所搜藏的名畫，在安史之亂後，已大部分散失，肅宗、德宗又不善保全，名畫便散落民間，造成民間高價搜藏前代作品和鑑賞的風氣，卷軸便慢慢形成了「册頁」。晚唐繪畫藝術的最大成就是「花鳥畫」風格的形成。用花和鳥入畫，從商周秦漢以來就很盛行，但一直只作人物畫的背景和點綴，直到以在玄武殿畫新羅國所獻孔雀而名重一時的邊鸞出來，才爲花鳥畫舖下了一條平坦的新路。他畫孔雀，彩羽生輝；他寫花卉，光鮮艷發，眞有活色生香的妙境。

唐代的裝飾畫，由於壯麗宏偉的宮殿、寺觀的大量建築，棟樑上的圖案畫和壁畫，非常發達；石窟造像和碑版雕刻，瑰麗精美；伴隨着工商業的發展，漆器、銅鏡、陶俑、磚瓦、嵌木等工藝品的裝飾花紋都極精妙，並融合中亞細亞外來的美術形式和手法，陶鑄增光了漢族的藝術精神。

綜觀唐代的繪畫藝術，不但技巧、題材、意境上，由集大成而變化創新，陵越前代；在畫論方面，也有同步調的進展，無論是畫史源流的概述，畫家生平的介紹，畫法、畫理的論說，名畫的品評等，都有卓越的貢獻。如王維的「畫學秘訣」，裴孝源的「貞觀公私畫史」，張彥遠的「歷代名畫記」等，對後人的研習鑑賞，都有啓廸和影響。

㈥ 五　代

跟在唐朝之後的五代十國，雖然只有五十五年，却是篡奪相繼，漢胡交嬗的大混亂局面，唐代登峯造極的繪畫藝術，便轉呈蕭條沒落的景象。由於高士隱居山林，促成山水畫走向出世和文學化的自由創作途徑；南唐二主李璟、李煜，西蜀主孟昶、王建，愛好文藝，提倡書畫，使繪畫完全擺脫政教，純以表現自然美爲目的。南唐徐熙用點染法開創「沒骨花鳥」派的新局面；黃筌父子用雙鈎法奠定「勾勒花鳥」（或稱有骨花鳥）派的規範，促進花鳥畫的繁盛，二人並稱五代畫壇的翹楚。論畫的只有梁代的荆浩，他在「筆法記」中提出「神妙奇巧」四種筆勢，「有形、無形」二病，見解精闢，發前人所未發，是學畫和鑑賞的金針。

㈦ 宋　代

輕武重文的宋代，文藝學術在自由活潑的創作環境下，把性理的學術思想，和藝術技巧融和，鎔鑄成趨向氣韻理趣，重賞玩而輕裝飾實用的藝術精神，使繪畫達到最完美的藝術境界。朝廷不但擴大南唐、西蜀的畫院規模，又經由考試選舉，命官授祿，以獎勵圖畫名工。宋徽宗耽書嗜畫，竟至荒政亡國，却成爲北宋末花鳥畫的第一名家。

北宋山水畫上接五代高古雄渾的餘風，有李成、董源、范寬的「北宋三大家」，和米芾父子等加以發揚光大。李成的直擦皴法，好用淡墨畫樹節、雪景的峰巒林屋、水天空處，來表現遠近明暗的透視法；他的再傳門人郭熙，由巧工的摹寫而另成一家，二人合丹青水墨爲一體，爲畫院畫工所效法。董源用筆看似草草，而墨氣淋漓的遠觀畫，後學最盛，和巨然的清潤幽深不同，時人以「董巨」並稱。范寬師法自然，寫景能見山骨，遠望亦不離坐外，可惜繼起無人。這三家畫風，開創了宋元山水畫的新局面。繼起的二米（米芾、米友仁父子），米芾信筆薰染而煙雲掩映，得「米氏雲山」雅號；米友仁草草點滴而不失雲煙飄緲。山水畫又呈現新局面。從李成的「寒林圖」，董源的「洞天山堂圖」，范寬的「雪山蕭寺圖」，巨然的「秋山問道圖」，米芾的「春山瑞松圖」等名作中，還可看出他們奇特的構圖，無窮的變化，而不失於寫實，在千巖萬壑中透出磅礴的氣勢，而且各有蹊徑，不拘泥於成法的自由創作精神。論者稱北宋是山水畫的黃金時代。南宋雖有李唐、劉松年、馬遠、夏珪四大山水名家，但山水畫已日漸式微了。

花鳥畫自邊鸞、徐熙、黃筌父子以來，黃派風致濃麗富贍，是宋代畫院體花鳥的標準；到蘇東坡、文與可、鄭思肖等出，主張用水墨寫意，來改革工細穠麗的作風，如花鳥畫中時常用梅竹松柏象徵君子，雜樹野卉象徵小人，深受一般文士所欣賞，深深地影響了以後數百年的文人畫。人物畫以釋道爲主，李公麟的白描，取代了「吳裝」筆法，由色相工麗轉而注重筆墨的趣味了。裝飾畫在道觀壁畫、玉石竹木的雕刻，和瓷器紋色等工藝品上表現，尚差強人意。

宋代的畫論，受理學研理求實的精神影響，重視文士，鄙棄工匠，着重自然氣韻和傳寫心神，郭若虛的「圖畫見聞志」，黃庭堅論墨竹、蘇東坡論寫神，都見解精闢而善於啓示。

㈧元　明　清

繪畫藝術，無論技巧、題材和精神，經過唐宋兩代的創新發皇，已達到登峰造極的境界了。自元以後，雖有帝王政治力量的提倡，和指不勝屈的名家，使畫壇呈現熱鬧景觀，但從藝術以創新爲貴的立場說，元明清三朝的畫家和作品，都失於兢兢以復古爲念，以臨摹古法爲足，而吝於自力創造，雖亦有工巧贍麗的作品，成就一時的名聲，却不能算是第一流的畫家。

元代畫壇有兩種繪畫方向：一是以復古爲尚，如趙孟頫、錢選、陳琳等，所畫山水、花鳥、人物，都精美有唐宋風貌，造成臨摹極盛的風氣；也是中國畫道衰微的開端。一是以氣韻爲尚的文人畫，如黃公望、王蒙、吳鎭、倪瓚四大家，法古人而自具面貌，以簡淡筆墨寫生寫意，却造成後人苟簡取巧的惡習，疏於畫法而畫道愈敗。題畫之風開始於元，畫理、畫法亦有精審的見地，可算是元代繪畫藝術的貢獻。

明代帝王、文人善畫的很多，却反而因希旨榮寵而妨礙了自由創作，山水、花鳥、人物，都一味臨摹復古，文徵明、唐寅、董其昌等名家，吳、浙、皖等派別繁多，却未有創新的傑作，只強認古人爲己貌。以陳淳爲代表的文人寫意畫，隨意點染作墨戲，使繪畫文學化，亦未見有獨到成就。明人論畫的著述，品類繁多，除道濟的「苦瓜和尚畫語錄」識見高超，足以睥睨千古，獨步藝壇，唐志契的

「繪事微言」，論氣韻、用筆墨部分有獨到見地外，其餘的都無可觀。

清代順治、康熙、乾隆等帝王，都能繪畫，所以畫家人數極多，而未有傑出的成就；因為清代畫壇，仍沿襲明代臨摹之風，並且專以黃公望、董其昌的吳派為畫道正宗，雖有婁東、虞山、華亭、松江等衆多的派別，王時敏、王鑑、王翬、王原祁等大量畫家，都只知臨摹因襲。清代的繪畫藝術，可謂衰微至極，而在畫論方面較有成就，無論畫法、畫訣、畫譜，在質和量都超越前人，「式古堂書畫彙考」有助於鑑賞，「芥子園畫傳」有助於研習，叢輯的「佩文齋書畫譜」，廣搜包羅，都是具有科學組織精神的鉅著。

裝飾畫方面，明清兩代的工藝品非常發達，又吸收歐美的形式和手法，創出新奇纖巧的風格。

西洋畫在明朝輸入，清初義大利畫家郎世寧供奉畫院，參合中西畫法來作畫；光緒以後，國人學習西洋畫的風氣甚盛，中國的繪畫藝術就日形貧弱了。

三、書　法

書法就是寫字的藝術。我國的漢字，由於結構富有圖畫的美感和趣味，除作表意符號外，更有娛情欣賞的藝術價值。

(一) 甲骨文和鐘鼎文

中國文字是由圖畫蛻變而來，許多象形文字演變到今日，如山、水、日、木等，還可以想像得到古人創造這個字的原始圖形。現在所能看到中國最古的文字，是商朝時的卜辭：先用筆寫，然後用刀刻在龜甲獸骨上的「甲骨文」。甲骨文已由純粹的圖畫描畫，進步到用線條來書寫了，這些線條，雖然多數用簡單銳細的直線，已有肥瘦方圓不同的體式，表現出剛勁或柔媚的藝術美了。又有刻在商周銅器鐘鼎上的銘文，稱爲「鐘鼎文」或「金文」。比較商、周鼎上文字的點畫，可以看出周人運用毛筆的技巧，和字體的圓熟，字的結構和運筆，已較商朝人進步多了。

㈡　篆書和隸書

周宣王時，太史籀變造鐘鼎古文爲新體，稱爲「籀文」；到秦始皇時，丞相李斯把「籀文」加以整理簡化，改造成筆畫停勻、大小一致，長方而對稱的字體，叫做「小篆」，流行天下，而稱渾樸自然的籀文爲「大篆」；後世亦稱小篆爲「秦篆」，也是秦朝統一天下文字的標準字體。

小篆是秦朝的官用字體，在奏章、祭祀等嚴肅鄭重事情上使用，由於書寫費事，又由程邈整頓，改成筆畫簡直、字形方正的「隸書」，以便民間、隸徒日常使用。秦代文字除常用的小篆和隸書外，還有大篆、蟲書、刻符、摹印、署書、殳書等，合稱秦書八體。

㈢　八分、草書、楷書、行書、飛白

講究書法藝術的風氣，開始於漢代，朝廷設立書法考試制度，選拔好字的讀書人，授以官職。史游、蕭何、蔡邕、張芝等，是兩漢善書的宗匠。

漢代沿用秦代的八體書，以隸書最通行；在磚瓦上刻字都用隸書，特稱爲「瓦當文」。後來又漸漸由隸書變出「八分」和「草書」。八分書的結構寬扁，筆法有挑有波（捺），字形左右分別相背；八是相背的意思。現在所看到的漢碑「孔廟禮器碑」等，刻的就是八分體。草書是爲實用速記而產生的字體，相傳是漢元帝時史游作「急就章」時所用，後來亦用在上表奏章上，所以又叫「章草」，或「章程書」，字體一筆而成，有縱橫奔逸之美。因而把橫平豎直都方正的八分書，稱爲「正書」或「眞書」，視爲楷模，所以又叫「楷書」。後漢劉德昇又變出介於草書、楷書之間的「行書」，以求簡易，相間流行，有風流婉約之姿，獨步當時；行書又分「眞行」和「行草」。漢末蔡邕又從楷書、小篆中變出「飛白」體，筆勢飛揚而字畫中空，得簡易飄蕩之美。

中國書法藝術的各種字體，到漢末已經完全具備了。

(四) 魏晉以後的書法藝術

崇尙風雅的魏晉時代，各種藝術的成就，實足以睥睨古今，尤其書法藝術，楷行草篆各體無不發揮；不論文人武將，帝王臣民，無不競尙。鍾繇、皇象、晉武帝、索靖、衞夫人、張華、王導、王羲之、王獻之、王徽之父子，都是第一流的名家，尤其鍾繇的高古超妙，衞夫人的低昂多姿，和「書聖」

王羲之的韻高千古，王獻之的情馳神縱，確立了楷書的標準，是後世書法家追踪的宗匠，他們的碑帖，是後人世代習字的範本。晉人寫字，不只是在字的外形上求美感，更要進一步在翰墨的揮灑之間，表現出作者精神的修養，心靈的慕望，那一個個字的點畫撇捺的結合，自然就有一種精神韻味的境界，所以後人以「氣度韻骨勝」來論定魏晉書法家的成就。晉代的書法，就像唐之詩，宋之詞，元之曲一樣，具有時代的意義。

南北朝時代，因受地域的限制，南朝發揚東晉二王清俊的書體，卷軸法帖很多，可惜少有流傳；北朝發揮漢隸秦篆波勢遒媚深厚的筆意，傳世的碑銘甚多，從中可以看到北碑的創意。羊欣、王僧虔、陶弘景等，都是這時的書法名家。中國書法東傳日本亦開始於南北朝。

入唐以後，由於太宗愛好書法，尤其崇拜王羲之，蔚成書法鼎盛的風氣，楷書、八分、草、篆、眞、行各體，名家接踵而出。唐太宗的雄邁秀傑，虞世南的渾然沉厚，歐陽詢的骨氣洞達，褚遂良的清峻超妙，最是顏眞卿的遒勁秀拔，筆力透紙背，能蕭然脫出繩墨，不泥古法，因此使唐代書法獲得「尚法」的定論。張旭醉筆作書而成「草聖」，柳公權以端謹名家。唐代書法，無論人才風氣，不亞於東晉。但唐人學書，都以鈎摹王羲之的「蘭亭序」和「黃庭經」帖爲楷式，能够獨樹一幟的極少，論者以爲除顏眞卿能陶鑄衆長，自生新法外，其他名家，不是失諸整齊、拘謹，就失於狂怪、姸媚，是書道中興的功臣而已。書法藝術亦於此時在日本盛行起來。

五代十國時的書法名家，有南唐後主李煜和楊凝式。後主作行書，瘦硬中有風神，顫筆勾曲的「

金錯刀」一法，爲十國第一家。被蘇東坡譽稱「書中豪傑」的楊凝式，兼得顏柳二王的風貌。

宋代書法，又蔚成鼎盛風氣，以書法名世的皇帝，有宋眞宗、仁宗、徽宗、高宗等；士大夫善書的更不勝枚擧，其中蘇軾、黃庭堅、米芾、蔡襄四大家，爲兩宋書法藝術的宗匠；但一般都以規彷晉唐二王顏柳等名家爲法度，只有蘇東坡、米芾、黃庭堅三人，能打破唐人範疇，從古法中闢出新天地，同以意氣豪壯各自成家，因而獲得宋人「尙意」的論定；和「尙韻」的晉朝，「尙法」的唐朝書法成就並稱。宋代富於研究精神，法帖和書道理論，也有豐富的成績。

元人書法，淸秀姸媚而特重神韻，除趙孟頫、鮮于樞、楊維楨、柯九思等宗匠外，名家亦不少。趙孟頫精善各體，力倡復古，師法鍾繇、王羲之、顏師古，優雅典麗，自成一家，主宰了元代書壇，直影響到明代中期。

明代法帖盛行，膜拜趙孟頫，追踪王羲之；解縉的傲縱精姸，祝允明的爛謾縱逸，唐寅的圓潤流媚，王守仁的韻超塵表，文徵明的蒼潤，邢侗的矯健，張瑞圖的奇逸，董其昌的跌宕，名家之盛，屈指難數；但大都固守晉唐藩籬，未能獨標奇幟。其中晚明董其昌提出不求「形似」而重「神理」，爲書法藝術開拓了新境界，和明初的趙孟頫平分明代書壇的秋色。入淸以後，趙、董書藝，更因康熙、乾隆二帝的酷愛書法，而風靡一時，並遠傳到日本、韓國、琉球等地。

淸代書壇，可分二期：嘉慶以前，步武晉唐趙董，帖學風行；嘉慶、道光以後，因受金石文字研究風氣的影響，促使碑學盛行。但帖和碑實有相輔相成之效，不但名家能兼得其長而另造書藝妙境，如鄭燮的異姿，金農的古奇，都以變體而具特別趣味；而搜羅研究的貢獻，亦在保存、整理古代名蹟之餘，獲得鑑賞、理論的提升，甚至在其他方面也有發現；像乾隆建淳化軒復刻了許多晉唐古帖，沈筌、楊賓、王澍、包世臣、康有爲等書法名家，都有精闢的書論，尤其是包世臣的「藝舟雙楫」，康有爲的「廣藝舟雙楫」兩書，對中國和日本的書藝都有大影響。總之，淸代對書法藝術的貢獻，是集商周到元明書法的大成，並在甲骨、楷、行、碑各體兼備中，探尋出新的境界。

四、陶瓷工藝

世界瓷器，以中國爲第一；中國發明了瓷器的一千五百年後，歐洲在十八世紀才仿造；自宋以後，西歐南亞各國稱中國爲「支那」(China)，可見他們對中國瓷器工藝的欽敬。

㈠漢代前後

瓷器是漢代的發明，漢以前只有陶器。上古人民，把泥土揑成食器，燒成「素燒」——原始而無裝飾的素陶。自黃帝至周朝，都設有陶正官來專掌陶器的製造。陶器由於日用普遍需要而漸漸進步，變造出各種形態，刻上花紋，加上色彩；由周代的甖、甑、鬲、豆等遺物，可知當時陶器製造已經很進步。春秋時，越國的范蠡，晚年從事陶業致富，稱爲「陶朱公」；他是江蘇宜興著名陶瓷業的創始者。秦始皇爲建阿房宮所製造的精美磚瓦，能得斷瓦殘磚，亦是古董家的珍寶。

漢人用羅馬、東歐各國輸入的琉璃藥，發明各色釉藥，而燒製出堅密、細緻、有色而接近瓷器的漢陶，和曹魏洛陽宮的綠釉瓷飾，晉代甌越窯（浙江溫州）的縹瓷（青瓷飲器），是瓷器發展過程中有名的產品。

㈡ 唐朝

到了唐朝，具有潔白、質堅、半透明三要素的眞正瓷器才燒造成功。由於唐瓷的澄亮潔白，因此有「假玉器」的美名。唐代的名窯很多，江西霍窯的白瓷，質薄瑩徹，後來發展成名震全球的景德鎭瓷器；浙江越窯的青瓷，明徹如冰似玉，嗜茶的陸羽以爲用青瓷飲器，可以增加茶色之美；河北邢窯素瓷的細潤，四川蜀窯瓷的堅雅聲淸等，都華美可愛。還有陶硯和用鉛黃、綠、青等色燒典雅富麗的「唐三彩」，也是唐代陶瓷藝術的傑作。

㈢ 五代

中國評瓷家有一句通行話：「柴、汝、官、哥、定。」就是拿這五窯的瓷器，作爲古今評鑑瓷器的標準。

柴窯在河南鄭州，是五代時後周柴世宗所創建，他要瓷工燒造「雨過天青雲破處」的色澤，於是淡藍的青瓷，就成爲柴窯的主要特色；柴窯瓷質薄如紙，明如鏡，聲如磬，紋理細，滋潤妍媚，勝過以前各代。

四 宋朝

宋朝是瓷器的鼎盛期，輸往歐、亞和南洋的商品，以瓷器爲大宗。宋瓷除各色和表面各種碎紋外，刀刻的畫花，針刺的繡花、印花、錐花等裝飾法更見進步，除了集前代技巧的大成外，又創出光怪奇麗的「窯變色」，使瓷器精進至登峯造極的境界，成爲工藝品中的奇葩。一時官窯私窯並興，而以汝、官、哥、定四窯的產品，能繼柴窯之後，爲一時的代表。

汝窯在河南汝州，用細潤如銅的瓷泥，造成或厚或薄的瓷器，釉色以近於柴窯的淡青爲主，厚釉的地方如凝膏堆脂，更襯映出羊肝色的無釉處，有純靜深穆的美感。

官窯是北宋徽宗在汴京所建造，專製御用瓷器，土質細潤，釉薄如紙，以月白色最好，其次是粉青色。南宋在杭州建窯，亦稱官窯，因承汴京舊官窯的技術，更精製出粉青色、瑩澈無紋的青瓷「紫口鐵足」器；紅斑或蝴蝶形的窯變色，更爲可愛。

哥窯是浙江人章生一所建，本名琉田窯，因他弟弟生二亦建龍泉窯燒製瓷器，兩窯產品不相伯仲，所以時人以哥窯、弟窯稱呼。這兩個民窯的瓷器，品質足與官窯抗衡。哥窯瓷的土質細薄，釉色以濃淡不同的青色爲主；弟窯瓷薄如紙，潤如玉，粉青、翠青二色無斷紋的產品，有「眞玉器」的瑩澈。

定窯在北宋時建於河南的叫做北定，南宋時在江西景德鎭建的叫南定。定窯瓷細膩質薄，以似粉的白色玻璃質釉爲主，故通稱「粉定」或「白定」。體輕而釉似淚痕的是上品；亦有土定、紫定、黑定。南定瓷多數用仿古銅鏡的花紋爲裝飾，典雅絕倫。

其他河南均窯專造各種彩色艷麗的厚釉瓷，尤以紅紫最華美；歷史悠久的景德鎮瓷器，在景德年間所燒造的質薄膩、色滋潤的御瓷，享譽天下，由福建、廣東商人轉運輸往歐亞，價值和黃金相等；磁州窯用磁石製泥燒成的磁器，樸素豪健，亦是傑作。宋窯之多，品質、色彩、形樣的精巧進步，是中國瓷器工業最特出的時期。

(五) 元　朝

元人繼承宋代瓷業，以景德鎮所造最好，除了以奇形爲式樣外，又盛行用金來裝飾，五彩「戧金」法，璀璨華貴，最能表現蒙古政權威武的盛氣。

(六) 明　朝

明人以宋瓷的厚盛基礎，又融入波斯、阿拉伯的藝術，在瓷器上表現出完美的技術，和高境界的意匠，種種精巧，使人目眩，藝術在瓷器上閃出了異彩。明太祖在景德鎮建官窯二十二座，專製御瓷，產品精益求精；萬曆以後，景德官窯增到三百多座，加上許多民窯，於是景德鎮成爲全國瓷業重心，所產精良瓷器無數。洪武窯燒製瓷品，不計費用和時間，只求品質精良，所製靑、黑戧金的金壺琖最美，質膩體薄，民窯無法仿製。永樂窯創製脫胎素白器，薄的能映見手指螺紋，以底部繪畫的「壓手杯」最有名，並開瓷器底內繪畫的風氣；在薄瓷內雕暗花，內外都可映現青色花紋的「影青」（或叫隱青），也是永窯的傑作。宣德窯質骨如硃砂的各種產品，盌、壺、尊、盆，無不精妙，尤其光瑩似玉的白茶琖，琖內有絕細龍鳳暗花，釉下隱現花紋，就是宋瓷也不足比擬；又「輕羅小扇撲流螢」茶琖上所畫人物，毫髮可見，直把淸幽的詩意寫到瓷器上了。宣窯除了著名的靑花外，又創霽紅色，從釉裏透出帶寶石光的鮮紅，有如雨後的霽色；這種色美質佳的產品非常盛行，因而有祭紅、醉紅、際紅等許多名稱。宣窯五彩花、窯變素三彩的變幻莫測，更是技藝的絕作。成化窯所畫的人物花草，筆意精工高古，與宣窯並稱明瓷的精華。此後，正德、嘉靖、隆萬等官窯製品，奇飾繁巧，日有變化。民窯中亦多見佳製，如宜興的歐窯，建陽的建窯，雖多仿製，產品亦有盛名於法、日等國。宣德、成化二代，是中國瓷業最發達，也是最精彩的時代。

(七) 淸　朝

淸代瓷器，從產品上看，仿古和創製都有不錯的表現，從時間上看，康熙、雍正、乾隆三朝最盛。康熙時，被李自成破壞的官窯完全恢復，仿造出定、汝、官、哥等宋窯和明窯的瓷器，逼肖幾可亂眞；新創綠、黃、茄紫的素三彩，厚釉的硬彩，無不精美；又把繪畫、書法藝術，融注在瓷器的裝飾上。雍正又解除了幾千年來陶瓷工列爲賤民的地位，士大夫亦漸漸投入瓷器的生產行列中，陶瓷工藝因此大步躍進；御窯督理年希堯，協理唐英、劉伴阮等，都是一時名工，琢器精雅，所繪人物、花卉宛然如生，青瓷復興，上追柴窯，並流傳到日本；新發明的粉紅色「胭脂水」釉，和各種「軟彩」顏色，製成嬌艷雅逸的年窯瓷器，風靡一時。清代瓷器以乾隆時最盛，集中外陶瓷藝術的精華，極盡奇妍佳妙，尤以古月軒的琺瑯彩瓷最名貴，工緻秀逸，即使是仿製品也都價值高昂。嘉慶以後，陶瓷業一蹶不振，民國以後，洋瓷充斥，廣東的廣窯仿造洋瓷，以產品絢麗取得海外廣大市場。

綜合說來，中國的陶瓷工藝，經過宋、明、清三朝的發皇，留下了極非凡的成就。

五、建築藝術

宮殿式的中國建築，是我漢民族所獨創的一種居住藝術，流傳到日本、韓國和越南、泰國等地，成爲東亞洲主要的建築體系。

㈠ 宮室住宅

中國傳統形式的建築，以宮室爲本位，着重平面的開展，一幢幢長方形的樓閣屋宇，作左右均齊的配置，由迴廊聯成一整體，合成規模龐大的景觀，像歷代宮城的樣式，最能表現出帝王的氣度和威嚴。

斜面凹曲線形的屋頂，簷的兩端向上翻轉，是中國建築最具藝術美的特色；自從防水琉璃瓦發明後，青、黃、紫、綠各色的屋頂，遠看好像一頂金碧輝煌的華冠，成為世界建築中一種最奇美的形象，映襯着承托屋簷的彩色斗栱，紅色的門柱窗櫺，和屋下白色高亢的臺基，徹底發揮了力的均衡美、和靈活舒放的視覺美感。

以木材為主的中國建築，在結構和裝飾上，最能表現靈活多變的手法和巧思，由天花板、柱梁，到窗櫺、門戶、欄杆等的雕鏤，花樣設色，都變化無窮，奇趣洋溢，不但使用了繪畫、雕刻等工藝技巧，又用自然物、幾何文等形狀；由器用到文字，由實物到想像，各種圖形，無不恰當運用，極盡精妙。加上防腐油漆用強烈的紅色為主色，配合着青、綠、藍等鮮艷的色澤為裝潢，更加把建築物漆染得輝煌典麗。

(二) 陵　墓

中國人重視死葬，住所以外，又講究陵墓的建築；周末秦漢厚葬風氣盛行，今日還可看到秦始皇和漢代的皇陵，除了巍峩廣大的氣勢外，陵前的石闕碑碣，石人石獸；和武梁祠內石刻的壁畫，不但是中國古代建築的遺跡，另有石刻藝術和歷史文物的價值。歷代陵墓建築的遺跡，今日還可以看到的很多，像山東的少昊陵、孟母祠。

(三) 寺　塔

中國建築，在清末以前，以木為基本的架構，一直沒有大變，功能和樣式，却各有時代的精神。秦漢以前的建築，宮室為主，魏晉南北朝以後，佛教盛行，寺廟、寶塔等宗教建築物日見增多，印度、西亞的建築形式，和裝飾的花紋，滙入中國固有的建築中，融和成一種新風貌、新趣味的藝術，劃出中國建築史上的新紀元，寺塔道觀，遍佈我國各地。像河北通縣古塔，高十三層；北平香山的琉璃塔，金碧輝煌。像四山峨眉萬年寺，山西五台山的顯通寺。湖北武當山的道觀，有八宮、二觀、三十六庵、七十二岩廟、三十九橋、十二亭等。這些建築，都是今日可以看到的，表現出宗教肅穆厚重的精神。隋唐時，這種新建築藝術就遠播到朝鮮、日本和波斯。

(四) 園　林

宮室和宗教建築的主要功能，仍偏於實用，而在居住之餘，還要講求生活的藝術美感的，是宋代以後的園林建築。園林興建的風氣，開始於南宋杭州等地，漸漸盛行於明代。主要是把自然界的山水風光，遷移到城市的住所之中，除了利用天然的地理環境外，又加上人工的鑿造，以求生活的藝術化，和精神的舒放愉悅；影響所及，繪畫、木石雕刻等工藝，亦因而大有進步。到清朝順、康、雍三朝盛世，朝廷又提倡「崇儉斥奢」，不修建宮殿，造成園林大量建造的盛況，像暢春園、圓明園、頤和園的設計建築，不但是清代建築的精華，也是中國建築藝術的精華，自然活潑的風景配置方式，更是世界建築上獨具一格的手法。燬於八國聯軍戰火的圓明園，以宏奇瑰麗馳名中外，獲得和法國凡爾賽宮合稱世界園林史上兩大奇觀的美譽。

圓明園在北平城外西北方，康熙四十八年開始修建，經過雍正、乾隆兩代的踵事增華，先後擴建，又乾隆六次下江南遊歷後，搜集了許多奇峰異石，在園內摹建各地的名勝古蹟，來滿足他對天下名勝美景的嚮往心情。圓明園周圍七十里，水的面積佔大半；其中另有長春、萬春兩園，合稱「圓明三園」。三園各有特色，共有一百多景，名景四十；每一景內，包括許多樓閣軒榭，都建築壯麗，配映自然，意趣無窮。圓明園的建築，以宮殿式爲主，而配置靈活，門、亭、橋、院的排佈裝飾，處處新奇有創意；湖光山色，有如仙境。如「麯院風荷」是仿造西湖名景；「蓬島瑤臺」是照宋趙伯駒名畫「仙山樓閣圖」來建造；長春園是義大利人郎世寧和法國人蔣友仁所設計的中西合璧建築，蔣友仁的「大水法」噴水池，郎世寧「西洋樓」的西式宮殿建築，不但新奇別緻，也是中國西式洋樓建築的嚆矢。

清咸豐十年（西元一八六〇）秋，圓明園被八國聯軍焚成廢墟。中國名園的景色，現在還有北平的頤和園可供觀賞。頤和園在北平城外西北，有萬壽山、昆明湖、玉泉西山等天然風景。光緒十四年，慈禧太后挪用海軍軍費修築，在三點四平方公里的範圍內，水面佔四分之三，園景設計善用因、借、正、變等變化手法，利用自然地勢，極得襯托之妙；白天湖山爭媚，入夜燈光交映，令人嘆爲觀止。

第十章　科　技

黃麗貞

自清朝後期，西方的勢力侵入中國以來，由於列強船堅礮利，這才使一向以文明自負的中國人，爲本國科技的落後，震驚不已，爭着學習西方的科學知識和技能。民國建立後，國父呼籲國人迎頭趕上西方的科學。先總統　蔣公亦以「倫理、民主、科學」爲國人建國的方針。就今日世界科學已邁入太空時代而言，中國實應積極求科學發展。但從科技的發展史來看，中國有許多發明與技藝，曾領先世界各國，如電磁兩極的知識，火藥的發明，首先製造生鐵等，對世界都有極大的貢獻。可惜我國自古過於重視農業，對百工技藝的發明與研究，未曾積極地獎勵，致使我國科技不能神速進步；而且只憑經驗改進，不去探求原理原則，建立理論，以致不能和後起的歐美科學相抗衡了。

現在，爲了讓國人認識我們祖先在科技上的成就與貢獻，特就我國過去農業等十個項目，加以簡介。

一、農　業

㈠耕作方法

中國農業，始於神農辨別植物，教人耕種。黃帝的元妃嫘祖，教人採桑養蠶。此後農耕、蠶桑的方法，逐漸推廣改良。

堯帝開始設立農官，命令棄任后稷，教人民耕種方法，羲氏、和氏觀察氣象，教民無違農時，要配合大自然來耕種：春耕夏育，秋收冬藏。后稷的裔孫叔均已用牛犂田，節省許多人力。周朝時，農耕方法已相當進步，已知使用糞便、草木灰做肥料，根據土地的肥瘠，採用輪耕方法。宋代農業專家陳旉發明了堆肥，又用胡麻的渣粕和石灰製人造肥料。後人逐漸研究，知道種植各種不同的穀物、蔬菜、果樹、花卉，要注意它們的特性，採取不同的方法，有的下種，有的壓條，有的接枝，有的要搭架，有的要多移栽，有的要旱地，有的要水田，有的要沙地，在累積的經驗中，我們的祖先對耕作方法已經很進步。

(二) 農　具

神農氏揉木爲耒，斲木爲耜，用來耕種。後來，農具也隨着鑛冶發展，而不斷改進。商朝時當已有銅製農具，還有石杵石臼，用以舂粟。周初已有鎛（挖土用）、錢（除草）、鐮刀（收割）。戰國時代，農具已改用鐵製的犂、鍬（挖土）、耨（耘土）、耰（摩土）、鑱（鏟土）、鉏（鋤）、銚（大鋤）、銍（短鐮）等，對深耕、除草、平土，大有助力。漢武帝時設計出「人輓犂」，一天可耕二三十畝；後漢用牛拖的「三犂」，可耕一百畝田地了。又有鐵製的耬犂（播種用）、鏟、鋤等新農具。唐朝，江東用於水田的農具，是可以調節深耕的「反轉犂」，又用爬、礰碎翻土，碌碡軋平。引水灌溉，有手轉的「拔車」，足踏的「踏車」，用牛力廻轉的「水車」。北方旱田用畜力來犂、耙，小麥產量大增。宋代新農具，有細土的「耖」和揷秧的「秧馬」，灌溉用具有竹製的「筒車」；又有石礱、颺車，是舂穀去殼用具。元朝創製了除草具「耬」。此後，農具沒有什麼新發明。

㈢ 農產品

農作物方面，品類非常豐富，無法計數。商朝以前。已經生產粟、稷、麥、麻等。周代有秬、秠、粱、穈、芑、稻、菽。秦漢時有大小豆、胡麻、青稞、穄、粳、葡萄、苜蓿由西域傳入。南北朝有棉花自南海林邑、交趾或西域高昌傳入。唐代改良水稻品種，在兩湖、江西、四川等地栽培苧麻、甘蔗。宋初，甘肅、陝西、廣東、福建的農民已開始種植棉花，使我國的衣料起了很大變化。明萬曆間，菸葉從呂宋島傳入福建。落花生由福建推廣到東南沿海各省。福建、廣東大量種植甘蔗，增加了糖的產量。清代後期，受商業需求的影響，棉花、落花生、菸葉、罌粟的栽種較受重視，政府獎勵種植甘薯。

㈣ 農業著作

漢代之前的農耕知識，只零星散亂地附見於各類書籍中，如「周禮」地官司徒部分已有農業行政與技術的記載，「禮記」內「月令」及「夏小正」是論農時最早的著作。「呂氏春秋」的「務大」、「正農」、「任地」、「辨土」、「審時」五篇，研究農業政策與技術，可能是世界上最古的有系統的農學著述。漢氾勝之的著作，後漢崔寔的「四民月令」，還是經過後人的搜輯才重見的。後魏賈思勰撰「齊民要術」，是世界上最古的綜合農工業的著作。唐時武則天有「兆人本業」，李淳風作「演齊人要術」，韋行規「保生要錄」，韓鄂「四時纂要」等，可惜都早已散佚。宋陳旉有「農書」。元朝司農司有「農桑輯要」，王楨作「農書」。明徐光啓輯「農政全書」，李時珍作「本草綱目」。清人程其濬著「植物名實圖考」，都是有關農業的巨著，其中尤以「齊民要術」和「農政全書」最重要，影響最深遠。

二、數　學

㈠ 兩部最古的數學書

中國的數學，相傳創始於黃帝的臣子隸首，但商朝以前的數學書籍，早已散失。現在所能見到中國最早的數學書籍，是周朝時的「周髀算經」和「九章算術」。

「周髀算經」討論直角三角形的性質，使用表竿、圓和矩形來測高度和距離，並涉及太陽一年的變動，二十四氣的日影長度，藉觀測太陽的出、沒，以決定子午線的方法，和星象周期等天文學事情。它的計算，已使用分數乘除，求公分母、平方根等方法。但有些內容涉及秦時呂不韋的事，後人認為是漢朝的著作。

「九章算術」的內容，比「周髀算經」完備而進步，是中國古代最重要的數學書，分為九卷。它的內容是：1.方田：定圓周率為三。根據簡單幾何圖形，矩形、梯形、三角形、圓形、弓形，使用分數加、減、乘、除和約分等方法，以計算田地的面積。2.粟米：用百分法，求粟和米的變換比率。3.衰分（差分）：以差配分，討論合資比例、不同品質的商品稅、與等差級數、等比級數等。4.少廣：計算積冪方圓。詳論開平方、立方、球積等問題。由面積和已知邊求出未知邊。5.商功：多論求立方體、圓柱、錐體等體積等方法，計算積實與容量。6.均輸：計算運輸的時間、勞費與遠近。7.盈不足：提出過多過少的問題，導出代數觀念。8.方程：使用正、負數，研究一次聯立方程式。負數的使用，比世界任何國家為早。9.勾股：利用直角三角形性質，計算高深廣遠。

(二) 漢魏數學

漢朝徐岳著「數術記遺」，討論非常大數的等差級數，留下最早的整數論，和四種算盤的紀錄資料。三國時魏國劉徽註釋「九章算術」，並附錄所作「海島算經」（又名「重差」）一卷，研究相似直角三角形的性質，用垂直關係來測量高度和距離，如山高、水深、河寬、城市大小等，對軍事和社會，很有實用價值。

(三) 由晉到唐的數學

自晉至隋，「孫子算經」、「五曹算經」、「夏侯陽算經」、「張邱建算經」等數學名著，先後出現。「孫子算經」對乘除法的使用，面積體積的測量，分數的處理，平方根、立方根的求法，有詳明直截的解說；列出金、銀、銅等各種金屬和玉石的密度表；提出可能有無數組解答的方程式解決問題，是不定解析問題的最早世界紀錄。「五曹算經」「夏侯陽算經」二書，沒有特別的貢獻。「張邱建算經」採用相似直角三角形來測量，亦用百分、虛位法、聯立方程式、比例、開方和不定解析等法計算；又用等差級數和等比級數來計算紡織問題。南北朝時，最有名的數學家是甄鸞，他註解了許多前代的數學著作，又寫了一部「五經算術」。祖沖之的「綴術」，對圓周率的值，和天文、曆法的差分理論，有精確的見解，因為比較高深，了解的人不多，而沒有流傳下來。唐代官方提倡數學，集印前代數學書籍，列為政府考試用的標準教科書。王孝通作「緝古算經」，解出了三次方程式，是唐人在數學上的貢獻。

(四) 宋朝數學

宋代數學書籍的刊行極豐富。掌管工程測量事務的沈括，決定圓弧弧長的方法，奠立球面三角法的基礎，所作「夢溪筆談」，紀錄了當時有關代數、幾何的有趣資料不少。「海島算經」、「張邱建算經」、「九章算術」先後印行。數學列爲政府考試的一科。數學研究，受到鼓勵，宋代的數學著作，宋人尤袤編「遂初堂書目」，列出九十五種之多。南宋後期，秦九韶作「數書九章」（西元一二四七，與「九章算術」無關），提出大衍求一，複雜的面積和體積，十次方程式的處理，圓形城垣的直徑和周圍，符號的配合，用零和正負數解高次方程式等方法。北方金朝的李冶，作「測圓海鏡」（西元一二四八），和「益古演段」（西元一二五九），提出集中排列係數的「天元術」來解方程式。不久，楊輝補充秦、李的著作，出版「詳解九章算法纂類」（西元一二六一），後來又增入其他作品，合成「楊輝算法」（西元一二七五），研究等差級數、混合問題、複比例、五個未知數的聯立方程式、小數處理等。這幾位代數學家，都爲宋代的數學結出輝煌的果實。

(五) 元代數學

元代的朱世傑，把中國代數提升到高水準，「算學啓蒙」（西元一二九九）訂出代數加法、乘法的符號，和應用在算盤上的乘法表，影響及於日本；「四元玉鑑」（西元一三〇三）利用假定的補助未知數，用消去及代入法解聯立方程式。郭守敬將數學應用在天文學上，球面三角法，四次方程式，求冪級數之和的「招差」法等，雖然原著沒有流傳下來，但影響後代數學的地方不少。收入「永樂大典」的元代後期的數學著作，有丁巨的「丁巨算法」（西元一三五五），嚴恭的「通原算法」（西元一三七二），都是較單純的著作。

(六)明清數學

明代數學，到嘉靖（西元一五二二）以後，才有人才和著作，唐順之有「弧矢論」等五種著作，他的數學成就是圓的度量。顧應祥的「測圓海鏡分類釋術」（西元一五五〇），用係數的符號來區分各種次數的方程式；「弧矢算術」（西元一五五二）輯錄組合所有關於弧與弓形的公式。但宋、元兩代在代數上的成就，明代沒有發揚或繼承的人。萬曆中，程大位印行「算法統宗」（西元一五九三），說明珠算的用法，是一部最具實用價值的書；此外，研討求積法，特殊形狀的平面面積，合金混合成分等問題，後來被譯成法文。神宗萬曆時，意大利人利瑪竇等耶穌會教士，到中國來傳教，也把西人的數學著作帶了進來，有利瑪竇、徐光啓合譯的歐幾里得的「幾何原本」（西元一六〇七），利瑪竇口授李之藻筆錄的「同文算指」（西元一六一四），湯若望等人編的「新法算書」（西元一六六九），穆尼閣的「天步眞原」等書，先後出版，結束了純中國的數學階段，幾何、測量學等知識，日愈高深。

清順治十年（西元一六五三），薛鳳祚製作出中國第一部對數表。康熙以後，「律曆淵源」（西元一七一三）、「數理精蘊」（西元一七二二）等數學書籍，由皇帝命令編撰而成的很多。由於西方數學的帶動，中國的數學文獻不斷激增，却不再是純中國式的了。

中西數學結合，始於明代。在十三世紀之前或更早時，中國數學曾傳播到印度和歐洲，提出這個意見的，有中外的學者，但還待搜尋更多有力的證據來論定。

三、天文學

天文是世界最古的科學。自堯、舜時設官觀察天象，已明瞭四季變化，日月星辰運行的道理。歷朝史書裏，也有天官書、天文志的記載。直到明末西方曆算傳入之前，中國不但觀察天文的方法相當精密，制訂曆法的有七八十家，測天的工具也相當進步；古代天文資料的紀錄，也以中國最豐富、最正確，有價值，已獲得世界天文學者的公認。可惜自古占卜家也雜用星曆來驗證吉凶之理，宋元明理學家又用理氣來解說宇宙現象，使得中國的天文學資料，顯得混雜紛亂，沒有綱紀。尤其明末耶穌會教士到中國後，由於語言文字的隔閡，他們研究我國天文資料，根本無法了解，甚至造成誤解，而中國學者能够周知歷代天文學的體系，能够爲他們說明的人，也非常少，因此造成許多爭論。明末開始引用西法觀測天文。十九世紀以後，西方的天文學突飛猛進，中國反而遠落塵後。

㈠ 古代天文觀念的建立

堯帝設羲仲、羲叔、和仲、和叔四官測天；舜帝用璿璣觀望天象，定出三百六十六日的周期爲一年，配合閏月分成四季，以太陽定日，太陰(月亮)計月；一日開始於夜半，一月開始於朔旦，一年開始於正午日影最長的冬至。商朝人用十天干、十二地支相配成六十甲子來計算日數，奠立了中國天文曆法的基礎。春秋末，才測定冬至在牽牛初度，立春在營室五度，冬至夜半，日月五星（指代表東南西北中五個方位的金、木、水、火、土五行星）同在一緯度上時，有如合璧聯珠，是歲首的起算點，叫做「上元」。以後才創制黃帝、顓頊、夏、殷、周、魯六種曆法。呂不韋採用顓頊曆，以十月做「歲首」，粗具曆法的模型。

日月合璧，就是日食和月食；古代日月食的紀錄，見於「尚書」、「詩經」、「春秋」中的，多數正確可信。彗星隕石，「春秋」亦有紀錄。第一本天文書籍是「甘石星經」，據說是合編戰國時楚人（一作齊人）甘德的「天文星占」八卷、和魏人石申的天文八卷而成，也叫「石氏星經」，是世界第一本恒星錄。天星的名稱，都創始於甘、石二人，可惜受秦始皇焚書的災禍而燬亡。周秦間，周天二十八星宿的距度，與黃道、赤道的區分，已經相當詳備了；又以二十八宿配合十二節氣，來定觀象授時的基礎。

(二) 漢代天文學

漢朝劉安的「淮南子・天文訓」，談到天文、曆法、氣候各種問題。至於中國曆法的系統，到漢武帝時才完全建立。鄧平等二十多人制定太初曆（西元前一〇四）。後來劉歆根據太初曆，又作三統曆（西元前七）。後世更改曆法，都不能出三統曆的範圍。漢代在觀測、儀象、曆法改制、天文學理的發展著述，都呈現出輝煌紀錄。當時人探求天象，有三種說法：

1. 蓋天說　周髀家說：天圓像一張車蓋，地方像一枰棋局。整個天向左旋轉，日月右（東）行，却隨天左轉，所以向西沉沒。

2.渾天說　是西漢落下閎提出，設想天體像個大雞蛋，地渾圓的像雞蛋中的一個小蛋黃，天一半覆在地上，一半繞在地下，星辰在天空中不斷運行，所以二十八宿半隱半見。東漢揚雄的「法言」，張衡的「靈憲」，都對此說有所發明。張衡並作出一架天文儀器「渾天儀」，在各層銅圜上，刻着種種星象，運轉情況，和天空中星兒的運行，非常符合。

3.宣夜說　東漢郄萌所提出。認爲天了無形質，高遠無極，是一個無限的空間，日月星辰自然浮遊在這個虛空之中，由於無所根繫，所以行止各異。這和現代銀河系說的觀念頗相符合。

由「淮南子・天文訓」、「史記・天官書」、「漢書・天文志」、「尚書緯・考靈曜」、蔡邕「曆數議」等，都可以看出漢人對天文的觀念。

㈢　魏晉六朝天文學

晉朝虞喜作「安天論」，發現歲差，知道由今年冬至點到明年冬至點，太陽不能歸復原處，使中國天文學邁入新紀元。後秦姜岌對於早晨時朝日大而紅，中午時太陽小而白，是因「蒙氣差」的影響。因朝日接近地平面，光線受空氣的折射，產生視高大於眞高的現象，和近代學理相符。魏晉人論星象，雖多用來談說占驗，但有關天漢的起訖，銀河的星象；彗星（掃帚星）受引力作用，頭恒向太陽；日中黑子的數目和形狀等，都出於實測的經驗，正確可靠，爲後人所信用。

南北朝時，名天算家祖沖之造「大明曆」（西元四六三），對月自交點環行一周的日數，得二七・二一二二三日，推求頗爲周詳。祖暅承受其父沖之的天文學，利用歲差證明北極星亦移動，並定天樞爲極星，又在嵩山上造水平銅表，創立水平法。他所作的「天文錄」，殘存在「開元占經」中。由祖氏父子的帶動，北齊著名的曆學家很多，張子信測天三十年，發現不但月行有快慢，太陽的年周焦點也有距離，多至前後，地球因距日近而運行最快，夏至因距日最遠而運行最慢，是以橢圓爲軌道，因此在視覺上覺得太陽的運行有盈縮，多至爲極盈，夏至爲極縮。劉焯據此創立「盈縮躔差法」。後人才知道多至不在近日點，夏至不在遠日點。梁末武密的「古今通占」，王希明的「步天歌」，影響了後來各世紀的天文學；李播的「天文大象賦」敍述星座。

(四) 唐代天文學

唐代國力強大，版圖遠，文化傳播及於印度、波斯、阿拉伯，而領先西歐。高宗時，李播的兒子李淳風編造「麟德曆」（西元六六四）、僧一行的「大衍曆」（西元七二八）影響及於宋、元。唐代天文的實測儀器，比以前精密進步。李淳風造「六合儀」，可以測得黃道、赤道和地平的經緯；梁令瓚造「水運渾天儀」，上具列宿，注水激輪，晝夜自轉一周，旁立二木人，能按時自動擊鼓報時，製作極盡精巧。僧一行用銅儀測驗恒星（西元七二四），所得度數和古代不同，因此知恒星亦移動，比英人哈雷在西元一七一八年測得天狼星的移動，早了一千年。唐朝掌管天文機構，有太史令、渾天監、渾儀監、司天臺等。

(五) 宋代天文學

宋代特重天象的推定，由於儒家和術數家門戶之爭，改曆次數多，「宋史」中收曆學一百五十七種，以「紀元曆」（西元一一〇七）最精密。北宋蘇頌對機械最有巧思，所造的「三層臺」（西元一〇八九），上層觀星象，設自動升降的望遠筒；中層有自動運轉的晝夜機輪，儀表呈現和天象相合的星座度數；下層管報時辰，有報時木人，完全利用水力的升降來轉動機輪，設計非常精密。北宋亡後，「三層臺」被金人佔有，蘇頌製臺的書籍「新儀象法要」三卷，雖然附有很多說明圖，後人已看不懂，因此不能再造。宋代記載天文資料的書，有王應麟的「六經天文編」，黃鼎的「管窺輯要」，庾季才的「靈臺秘苑」。

(六) 元代天文學

元代在天文學上有很具體的成就。焚燒了陰陽迷信的書籍，儀器製造更精良，所以天文學完全排除占驗玄虛的迷信，由實測走上正確的科學途徑。元世祖延攬金人曆數名家耶律楚材，造「西征庚午曆」，創里差法，是後世經度的源頭。郭守敬創「授時曆」（西元一二八〇），氣朔、日躔、月離等，由密測推算極精密。儀器的創造，郭守敬的成就最富，有簡儀、仰儀、候極儀等十三種，圖三種，都很精密，可惜都沒保存下來。

(七) 中國天文學的衰微

明代在天文學上，是融會中西的時期，古今曆法變革的關鍵。除王禕重修元趙友欽的「革象新書」，王大可作「緯象新書」外，沒有特別成就。神宗萬曆以後，意大利人利瑪竇來中國傳教，著書立說以提倡西法，徐光啓又加以發揚，並造各種儀器，西法漸漸盛行，於是中國天文學漸漸衰退。更由於西方天文學飛躍進步，近代談天文學，中國便瞠乎其後了！

四、氣　象

古代雖然沒有「氣象學」這個名詞。但對於密切影響到日常生活的一切氣候現象，自然關心觀察。中國的氣象紀錄，比西方早而完整，但古人常把氣象變化附會到君王政教的盛衰上。因此，中國的氣象學，總是帶着濃重的迷信色彩，缺少科學精神。

(一) 氣　候

中國位於北半球，各季節的氣溫有很大的差異。在清朝比利時敎士南懷仁將溫度計傳入我國之前，民間有「數九寒天」的習俗，認爲冬至以後的八十一天，是一年中天氣最冷的時間，每九天的天氣就有一期的變化，九個九天之後，天氣就回暖了。此外，因地形、季風、風暴、氣旋等，也影響氣溫的變動，大抵中國氣候北部寒冷，南部溫暖，中部適中。對氣候變遷，「詩經」、「禮記」月令、「呂氏春秋」、「淮南子」和「逸周書」中，都有些零星的記載。

(二) 風

風的觀測，也多是零星的記述。「淮南子」中以爲一年有八個風季。宋王讜的「唐語林」却更細分爲二十四番花信風（花信風，是指東南季風，或稱信風）。在颶風和颱風之前，有特別的「鍊風」。測驗風向的設計，「淮南子」提到「綄」，漢人解釋爲「候風扇」。三國後用在軍事上的「五兩」，晉崔豹的「古今注」稱爲「相風烏」。明王逵「蠡海集」中認爲最早的測風儀器是「風箏」。

(三) 雨　雪

由於在舜帝時洪水泛濫全中國，歷代河川暴漲的水災也多而嚴重，計量雨量的方法開始得很早。「淮南子」中已談到用榆木焦炭，和一盤等重的土作重量比較，利用乾輕濕重的原理，來測量空氣的濕度，預測降雨量。秦九韶「九章算書」中，也談到測雨器的問題。各都會都設有測雨器；對於雪形、雪量也加以辨識。宋代並令各縣將當地降雨量和降雪量的記錄，傳送京師，以便推算各地雨量，和修築堤防與公共設施的參考。雨太多造成水災，太少造成旱象；因此，中國人對於變幻莫測的天氣，過去有許多占卜和祈雨祭、止雨祭。

(四) 彩虹

中國人對地上的水，蒸發成爲天上的雲霞，大氣周流循環的道理，早有認識。商朝人看到雨後天上的彩虹，認爲「雨龍」出現，這個觀念一直到宋朝沈括才改變，沈括認爲虹是浮游在空中的水氣，受太陽光的反射而生的現象。

(五) 日暈、幻日和氛祲

彩虹不是大氣中最瑰麗的現象，「日暈」和「幻日」更令人目眩，當高雲層的大氣中含着六角形、三角錐形的冰晶，柱狀或片狀的冰塊，而徐徐下降時，在太陽的周圍，就現出內紅外紫的鮮彩，這就是「日暈」；同時在太陽的兩旁，又出現四個白色光亮的「幻日」。「幻日」也可能出現在太陽一百八十度的對面，或一百二十度的兩側，在九十度兩側出現的幻日比較少見。「周禮」春官已有日暈的記載，當時的星象歷官認爲天象突變，是上帝對人事的吉凶有所啓示。「淮南子」書中說堯帝時出現了十個太陽，正是日暈幻日的最完整現象。「晉書」中也有「十煇」的記載。

懸浮在空中的水氣，受旭日和落日的蒸發而形成靄，自晉郭璞已有說明，他稱它爲「氛祲」；海市蜃樓的幻景，明人陳霆「兩山墨談」中已有正確的解釋。

(六) 海潮

海上潮水，每日漲落兩次。我國由於東邊和東南邊是瀕海的地區，海潮的漲落，相差很大；錢塘江的浪潮，又是世界上兩處最大怒潮之一；因此我國人對潮汐很早就有許多推想和研究。漢初枚乘在「七發」中說大潮出現在每月的十五。東漢王充「論衡」批駁漲潮是春秋時伍子胥鬼魂作怪的說法，認爲潮汐是受月亮的影響。晉葛洪推求潮汐問題，沒有滿意的結論，另提出天上銀河泛濫，引動了海底浪濤洶湧的說法。

潮汐的知識，直到唐、宋時才有比較進步的說法。唐竇叔蒙的「海濤志」，說每天早晚有兩次漲潮，初一和十五有兩次大潮，說明月亮是潮汐漲落的主因。李吉甫「元和郡縣圖志」說錢塘江潮在上下弦時潮小，朔望時潮大。盧肇「海濤賦」認爲潮汐是大小宇宙相互呼應的現象，很受後人贊同，又提出「海潮之生兮自日，而太陰（月亮）裁其大小也」的說法。現在已知太陽和月亮對海潮的引力，約爲三與七之比。宋燕肅的「海潮圖論」，提出日潮在春夏最大，夜潮在秋冬最大。沈括的「夢溪筆談」，認爲海潮滿漲，每在月臨中天時分。清俞思謙把唐、宋人的潮汐學說，輯成「海潮輯說」一書。今日看來，我國從前潮汐的理論，也頗爲眞確。

(七) 雷電

「淮南子」說：「陰陽相薄，感而爲雷，激而爲霆。」一般人對閃電和打雷，却都不免於迷信。認爲遭雷劈死，是上天給人的報應，叫做「天譴」。宋蘇洵認爲不孝的人，才被雷擊死。沈括認爲雷電不是人的智慧見識所能理解的。西方科學家也是到了現代，對於電光雷鳴的現象，才有了解釋：雷電的成因，是由於地面的潮熱空氣上升，在空中形成雷雲；當雷雲上端的陽電和下端的陰電，以及地面的陽電，發生巨大的電位差的時候，雲層下端就會冒出電光，向下閃擊，地面的陽電子也會產生對應的電光，向上躍起，當觸及雲層中下擊的電光，上下電路就接通，形成了一種氣態的導路，白光直衝雲層，就成了閃電。這時，導路上的溫度突然增高，使四周空氣逸散，衝破了音障，就造成了隆隆的雷聲。

(八) 北極光

大氣中放電的現象，在高緯度空氣稀薄的高空上，常常導致「極光」的出現：光呈弧形，白中略帶黃色或淡黃綠色，間呈紅紫色，有時弧中射出流光，形成船帆和帳幕形，有時幾度弧形同時呈現，非常輝煌壯觀，絢爛耀目。我國位居北半球，常常見到「北極光」的出現，「左傳」、「周禮」中已有不明顯的記載。最早的紀錄在秦二世二年，最後見於明崇禎十二年。在「文獻通考」中記有四十次北極光出現，在「圖書集成」中有六十次記錄，但述說不周詳，名稱多而雜，更沒有觀測的紀錄。漢惠帝二年和景帝三年，都有極光顯現，京房的「妖占」書中，認爲是刑法太重所招致的天變，漢人稱爲「天裂」或「天劍」。但關於極光現象的成因，卻完全不能設想。

五、地　理　學

我國的地理知識，無論人文地理或自然地理，都資料豐富。

㈠ 地理學文獻

夏禹治平了洪水，把中國區畫爲九州，列舉各州的土壤、產物和河川；「尚書」的「禹貢」篇，曾詳記其事，可說是我國最古的一篇地理文字。此後，無論官方和民間的地理文獻，都很宏富。官方有關地理的著作，如歷代正史都有「地理志」，像「漢書・地理志」，專記各地地名，行政區域，以及山脈、河流、物產等。周朝有地官「掌方志，以知地俗」早就有專記一個地域的「地方志」存在。漢袁康的「越絕書」和東晉常璩的「華陽國志」，已具相當的規模。以後作者日多，恐怕不下上萬部，後來幾乎一省、一府、一州、一縣，以及重要的山水也都有「地志」。這大都是地方政府與人士所合力撰成，且代加修補。

民間有關地理的撰作，更多不能殫記。如蕭德言等撰的「括地志」、樂史的「太平寰宇記」、王象的「輿地紀勝」、耐得翁的「都城紀勝」、顧祖禹的「讀史方輿紀要」等，都是名著。有關水文與海岸的地理著作，有桑欽的「水經」，酈道元的「水經注」，單鍔的「吳中水利書」，傅寅的「禹貢說斷」，傅澤洪的「行水金鑑」，齊召南的「水道提綱」，方觀承的「兩浙海塘通志」。隨着使者、探險者的脚步，記外國地理的作品亦不少。如法顯的「佛國記」，玄奘的「大唐西域記」，徐兢的「宣和奉使高麗圖經」，鄭和七下西洋，先後產生「西洋番國志」、「星槎勝覽」、「瀛涯勝覽」、「西洋朝貢典錄」四部書，記所到之處的人民、物產，翔實而豐富。這些地理文獻，都是中國文化的珍藏。

㈡ 製　圖

當西方人對繪製地圖一無所知的時代，中國人已開始有地圖了。用於政治的，如「周禮」夏官職方氏「掌天下之圖」。用於軍事的如「管子・地圖篇」說：「凡兵主者，必先審知地圖轘轅之險。」先秦以前，地理製圖已經很發達。當劉邦攻佔秦都咸陽時，蕭何首先注意到的就是律令「圖」書，這是治理國家最需要的。漢以後，對繪製地圖繼續發展，但並不很精審，有輿地、括地各種地圖。在製圖方法上，值得一提的，是張衡用長方格，繪製地形圖（西元一一六），從此，奠立了「方格製圖」的制度。

晉武帝時，司空裴秀作「禹貢地域圖」十八幀，並訂定六點製圖體制，採用方格法，並已採用寸里比例的方式來繪製。到唐代，賈耽作「海內華夷圖」，長三十尺，高三十三尺，採用一寸對一百里的方格比例尺製成；所以這幅亞洲圖的涵蓋非常廣大，東西應達三萬里，南北應達三萬三千里。其他如李吉甫、李德裕父子，元稹、李播、李淳風父子等，都是製作地圖的名家。宋代的地圖，量多而精確。現在還可以在陝西長安舊府學內的碑林，看到宋紹興七年（西元一一三七）刻在石碑上的「華夷圖」和「禹蹟圖」；其海岸線和河流系統網極其正確，已合現代水準，遠超過當時西方各國。紹興二十五年（西元一一五五），楊甲所編的「六經圖」，是世界第一張的印刷地圖，比歐洲印刷地圖早了兩個世紀。

元人朱思本在正大四年（西元一三一一）至延祐七年（西元一三二〇），繪製大地圖，叫做「輿圖」，除中國外，並及於當時的邊疆地區，正確地畫出非洲的地形，是尖端指向南方的三角形，李澤民繪「聲教廣被圖」，道士淸濬繪「混一疆理圖」，都是世界地圖。明朝，羅洪先把朱思本的「輿圖」原稿修正放大，在嘉靖三十四年（西元一五五五）印成「廣輿圖」，除總圖外，另有分省圖、諸邊圖、黃河圖、大運河圖、海運圖、朝鮮、朔漠、安南、西域圖。三寶太監鄭和的船隊，遠到南海和印度洋，見於第元儀所作「武備志」（西元一六二一前）後面，附有鄭和航海圖，說是依據鄭和留下的記錄發展成，沿着航線，記明羅盤刻度、時距和沿海岸的地名，是非常精確的。

自從利瑪竇在明萬曆十二年（西元一五八四）爲中國學生繪出世界圖後，他所用水平球面、平行緯度和彎曲經度法，使中國的製圖學邁入了科學與藝術的新境界。入淸之後，由於康熙帝對於統治範圍的興趣，命耶穌會士繪成「皇輿全覽圖」，是當時全世界最精確的中國地圖；康熙五十七年，由馬國賢把圖刻在銅版上，在中國和歐洲，先後複印好多次，因而使西方的地理學者，對亞洲獲得認識。

乾隆時，又繪出「中國內府輿圖」，採用比例一百五十萬分之一，先刻木版，又刻銅版（西元一七七五），更使中國的繪製地圖成就，遙遙領先世界各國，帶動世界地理學的進步。

(三) 測量

中國繪製地圖技術的輝煌成就，自然是植基於測量方法的正確。周代已有利用水平儀及垂線原理的「日圭」，和規、矩、懸和水平等測量儀器。漢人的渾天儀，已利用「望筒」測量高度。魏晉時，鄧艾、裴秀等又利用相似直角三角形等實用幾何學估測高度和距離。歐洲在十四世紀時的測量儀器「交叉測棒」，利用測棒上已知的長濶度，測算遠距離的長度。這種交叉測量法，我國在漢代已經有了認識。

(四) 地質學

中國人很早就致力於地質的觀察，分別土質，以利農作；探尋鑛物，可以致富。

1. 地面的形成　唐宋時，佛家和理學家認爲土地是由水沉積而成，所以山丘的起伏，還保持着海浪的形態；神仙家「滄海桑田」的說法，則認爲海陸是交互變換的，在高山上有螺蚌嵌在石頭上，可以證明，這種由海底隆起的山脈，地層受到侵蝕，以致「神州陸沉」爲海洋的觀念，漢唐以來，極爲普遍。宋沈括在「夢溪筆談」中，對於河道沉積爲陸地的地質基本理論，已解釋證明得很透徹。

2. 風化和侵蝕　杜綰的「雲林石譜」，說明了山石風化和侵蝕的原理。道士隱居在山洞裏修煉，對於山洞和洞裏的石筍和石鐘乳，也因而有很多記載和研究，甚至認爲鐘乳石、薑石等，都可以作藥用。

3. 地質和鑛物　地下暗流和井水、泉水的關連，對地質和鑛物的影響，中國人很早也注意到了。「流沙」和「弱水」，常見於古書中。甘肅、四川等西部地方，滲出油苗，不能載木片或羽毛，大概即古人所謂的「弱水」，並已知可以用作車輛潤滑劑，和取碳製墨。在漢代以前，已知利用天然氣。漢晉之時，開始認識地層的動植物化石，歷代各種筆記中記錄甚多，在近代科學興起以前，中國人在古生物和化石方面的文字，遠超過歐洲各國，可惜缺乏條理和系統。

(五) 地　震

1. 地震紀錄　中國自古以來常常遭受大地震的禍害，因此，我們的地震紀錄資料，比世界任何國家更持久而完備。「圖書集成」中專論歷代地震的資料有六卷，記錄自周幽王二年（西元前七八〇），至清順治元年（西元一六四四）止，共有九〇八次地震。根據這些資料，可以研究地震區域、發震周期等問題。但古人對於地震原理，並無多少認識，並且附會到陰陽盛衰的迷信觀念上。

2. 地震偵測儀器　東漢科學家張衡發明了世界第一座「候風地動儀」，用青銅鑄造，由八個龍頭各銜一個銅球，下面造八個青蛙，向上張口，當某一方向發生地震時，那一方的龍口銅球就墜落到蛙口內，並發出警報的聲音，即使本地無感的地震，也能引起反應。北齊信都芳在「器準」一書內記有地震儀。隋唐臨孝恭著有「地動銅儀經」，可惜都和張衡的「候風地動儀」一起散佚，並且後繼無人。

中國的物理學，自周朝時就有領先世界的成就，只是一向賤視百工技藝，而從事工藝的人也不講求學理和改進，更談不上紀錄文獻，使得一代代的成就，都隨着個人短暫的生命而湮沒，終於被西方人後來居上。

六、物　理

(一) 磁石和指南針

中國物理學上最偉大的成就，是認識磁石互相吸引的特性，在西元前二千七百年左右，黃帝就利用磁石，發明了指南車。後來用在棋弈、占卜、用羅盤看風水（堪輿術）方面。似乎到了北宋，應用到航海。

從秦、漢堪輿術盛行以後，由磁羅盤的棋戲而認知天體星斗，對磁極的阻力，磁石的方向性，鐵的磁化方法，磁針的製作，磁偏角的發現和應用等，也都有正確的認識和應用，並且由荷蘭和葡萄牙人西傳歐洲，爲歐洲人在磁學宇宙觀念上奠立了基礎。明神宗時，耶穌會教士利瑪竇挾西方科學來中國傳教，精于堪輿術的李應試，爲了入耶穌教，在西元一六〇二年，把和耶穌教教律抵觸的占卜術的珍藏手抄書籍三滿箱焚燬；三年後，瞿太素又因入教而燒了三、四擔各派學說的印本和手抄本書籍，

使中國有關「磁石」的科學文獻，遭到無可補救的厄運。

(二) 力學的應用

度量衡標準器的製定，在周代已普遍使用了。秤和天平，是利用槓桿求力的平衡，觀念非常明晰；「墨經」中有�車，是滑輪和秤錘的綜合使用。可知當時對於力學的基本，力的平衡和組合，運動力學等原理，都能實際應用。其他由「欹器」認識力的重心，比重、浮力、密度等也偶有提及。但除了實用效能外，都沒有人從學理上作專門研究。

(三) 光學的認識和應用

古人對光學原理的認知，在「墨經」裏紀錄較多：對於物體擋住了光源而成「影」；移動了物體，所成的影是否移動；影和物體的大小、位置的關係；光的反射、折射等問題，都已談到。利用鏡來反射光、照出物像外，又用鏡聚集太陽光來點火。早在西元前一世紀至三世紀之間，我國已製成雙面玻璃凸透鏡，見於王充「論衡」中。鏡面的平、曲，造成物像的大小，和利用曲率反射出鏡背花紋的「透光鏡」（亦叫幻術鏡），在沈括的「夢溪筆談」中已有合理的基本解說。「針孔」聚光透入「暗室」（攝影箱原理），造成物像的倒影，從「墨經」中提出後，唐、宋人在實驗時發生興趣，「夢溪筆談」亦有實驗的記述；西方人直到十五世紀末以後才開始了解。但我國一直沒有人對光學作專門系統的研究，或用於爲衆生謀福利之上，以至眼鏡也遲到明朝從廝六甲傳入，當時叫做「靉靆」；却把光學應用於迷信、娛樂上，如「影戲」開始於漢武帝時，道士（齊人少翁）爲武帝招李夫人的亡魂；唐、宋的影戲、走馬燈等，都是光學的應用。

四　音　律

中國古稱禮樂之邦，故音樂的發揚甚早，孔子整編古代史料爲六經，也有「樂經」，可惜被秦始皇燒掉了。中國的音律制定，相傳肇始於黃帝時的伶倫，但沒有文獻可爲證明。不過，宮、商、角、徵、羽五音，周朝以前已經產生；周朝初年，又加入「變宮」和「變徵」兩個半音，合成完整的七音階；分別相當於 Do（宮）、Re（商）、Mi（角）、Fa（變徵）、Sol（徵）、La（羽）、Si（變宮）。春秋戰國時，七音逐漸增加成十二律：黃鐘、大呂、太簇、夾鐘、姑洗、仲呂、蕤賓、林鐘、夷則、南呂、無射、應鐘，不但使樂音有更多的變化，而且是根本於「三分損益」（三分增一或減一）的物理原則來制定的。用長短大小不同的十二根竹管，按吹奏時的振動頻率的數理法規而求得；又用「隔八相生」的方法決定一組音程，非常正確。後來又本於十二律旋相爲宮（十二律都可作一音階的主音）的法則，把七「音」和十二「律」配合，於是產生了「調」（後來稱爲宮調）。調原本應有八十四種，從漢到唐，已經不能完整地使用保全。南北朝時，胡樂輸入，唐人所用的四十八調，已經是中外音律混合了。但記音所用的名稱，從周朝到宋朝，未有改變。直到明朝以後，世俗才以「上、尺、工、凡、合、四、一」，取代宮、商、角、徵、羽、變宮、變徵等音名。

七、化　學

中國古代沒有化學這個詞，但基於實用，早已應用化學原理，製成了許多日用品和藥物，其方法完全出於自創，有它特殊的成就。

(一)　製　鹽

鹽是人類生活的要素。相傳黃帝時夙沙氏就知道煮海爲鹽。鹽有海鹽、池鹽、井鹽和崖鹽四種，除崖鹽是天然結晶，任人刮取之外，其他三種，都要用人工煎煉。海鹽要先開築攤場、灰淋、晒水，成滷後再煎滷成鹽。池鹽出產地是寧夏和山西，春天時引池水入畦隴，到夏秋之後，強力的南風吹一夜，就結出大塊的顆鹽。井鹽產於西南地區，鑿井二三百丈，見黃水或黑水滲出，就汲出燒煮成鹽。

(二)　煉丹和煉金術

煉丹和煉金術，是化學中最神秘的部分，而且各自秘保，不肯公開示人。丹可使人長生，金能致富，所以煉丹煉金都曾盛行一時。

1.煉丹　煉丹可以長生，源出於戰國時方士的傳說。晉代葛洪就是一個熱心煉製金丹的道士，他已知藥物效能及萬物變化的原理。時人稱他「葛仙翁」，著有「抱朴子」。歸納古人所謂「金丹」，不外是汞（水銀）、硫、鉛等的混合物，燒煉成合金罷了。煉丹用的丹砂，就是硫化汞。在化學知識幼稚的當時，把丹砂、雄黃、硫黃都看成金，叫做「煉金丹」。金丹的煉法和配方，古書上都記得玄虛難明，十分費解。

2.煉金　煉丹術中，有「黃白術」的名稱，也就是煉金銀的方法。由於古人私心很重，所以記載也艱深難明，大抵是燒鉛煉汞而成銀，又在銷熔的銀中投入他種物質，凝爲黃金；但這都不過是顏色像金的合成物，不是眞金。中國煉金術雖然沒有獲得理想的成就，但認識金屬互變的方法，比世界其他國家早了七八百年，並影響到西歐的煉金術。

(三) 鑛　冶

道士的煉金術，是着重在超物質的觀念上。中國眞正金屬的冶煉，發源得更早。相傳燧人氏已知冶鑄術。黃帝和蚩尤的涿鹿之戰，已經使用劍、鎧、矛、戟等武器。殷商時代，青銅製器已很發達。春秋時代，探鑛知識亦具備。戰國時鐵器已用於農具、釜甑、兵器等等方面。在官制上，周官設有卝人、冶人，掌理冶鑄的事，在「考工記」中，已記到合金的發明，對於合金的分量配合、性質和用途，也說得很詳盡：如用六分金配一分錫的合金來鑄鐘鼎，四金一錫鑄戈戟，三金一錫造大刃。金、錫是五金的代稱：金包含鐵和銅，錫包含銀和鉛。並且能從煅煉時的火候焰色來觀察精煉的程度，可知冶煉經驗的豐富。秦漢以後，冶鑄業更形發達；秦鑄十二金人；漢代所鑄鏡、鐙、鑪等銅器很多。自唐至清，銅、鐵、金器用的精巧，名傳於後代。

(四) 陶　瓷

用火煅燒物質，製成器具，比冶金更享盛名的是陶瓷的燒造。陶和瓷合稱「瓦器」，陶粗糙而瓷精細。相傳燧人氏始作陶器，神農作瓶甕，黃帝作盌碟。黃帝時已設陶正官了。到堯、舜時，陶器的名目繁多，除盌碟外，還有專用於祭祀的公尊、瓦大、泰尊等。夏、商以後，建築已用甎瓦。到了漢代，由陶進步到瓷，因受歐洲琉璃輸入的影響，發明了各色的釉。曹操銅雀臺的磚瓦，曹丕裝飾宮殿的綠釉瓷，都留名於後代。隋朝何稠發明綠瓷，取代琉璃，使陶瓷製造邁入了新里程，並促成了唐、宋瓷陶藝術的興盛。唐武德時，浮梁縣昌南鎮民陶玉，以高溫燒造的「假玉瓷」，質性非常完美，號稱「陶窯」。唐瓷又由以前單純的青色，變造出青、黑、白、褐和「三彩」等多種色澤，當時各地名窯所造的瓷器，都是後代珍視的藝術品。到宋朝，瓷器發皇到鼎盛，加上宋人把字畫上的創意發明，融入陶瓷中，朝廷又設立官窯監造，景德窯、哥窯等名窯的產品，無不細膩潤澤，花色絢麗，品質精良。明代瓷器的精細色美，又更超越前代；從琉璃變造而成的景泰藍，尤其是獨享美譽於世界。明代有關陶瓷的著作亦不少。清代前期的帝王，重視學術文藝，瓷器分從仿古創新兩途製造，都精雅優美，和唐、宋、明三代的產品，一起蜚聲中外藝壇。

陶瓷燒製法，在「陶瓷圖說」中述說甚詳，由淘練泥土，裝匣修模，畫坯磨光，入窯升火，燒三日窨一晝夜後開窯，白瓷又加彩復煉等，過程繁雜艱苦。燒磚亦要由驗辨土色、汲水滋土，踏成稠泥，到成坯入窯，百鈞要燒火一晝夜，磚多就要加時燒煉，時間要嚴密控制，火候太少的嫩火磚，不但本色雜現，一經霜雪就鬆散成土；火候太多，就會龜裂縮小，屈曲堅硬如碎鐵。造瓦要用無砂黏土，按用途造成溝瓦、滴水瓦、雲瓦等等，製法和造磚相同。

(五) 油　漆

漆是中國的特產，發源早，應用廣。在文字創始的初期，還未有墨，一般人用竹子點漆書寫，舜帝時已用漆來塗飾食器，夏禹時製祭祀用的漆器，尙書已列漆爲貢品。周朝以後，用漆塗飾車子、武器、房屋、棺槨等等，使用範圍非常普遍。漆的功能，可以堅固物品的本質和增添文采。在漢之前，都由百工因需要而自造，到漢朝才特別設置專職的漆工。東漢申屠蟠就是有名的漆工；漢朝並且盛行以漆作畫，王妃侯王的用品，用漆畫裝飾，繪刻十分美妙。由朝鮮樂浪出土的漢代漆器，已有金箔、銀箔的裝飾。唐宋兩代的剔紅、雕紅等漆器，花色製作的精巧，和當代的瓷器同爲器用藝術放出了異采。明永樂、宣德年間，張德剛所製剔紅，和當時的塡彩漆器，精巧又勝過前人。明人黃成所作「髹漆錄」一書，記述各種漆器的製造法，是中國惟一的漆工專書。淸代的雕漆器具，以乾隆、嘉慶時內廷的珍藏最精美，卽使屛几匣瓶，也刻得穠纖巧密，極爲珍貴。道光、咸豐之後，因國家多事，漆器製造衰微，但福建沈紹安所製輕如紙的脫胎漆器，仍以精巧可愛而馳名於世界。

古代採漆法非常簡單，把竹筒揷入漆樹上，漆液就順竹管流出。這種生漆，用日曬或加熱法除去水份，就成熟漆。但用漆造成器具，除了先由木工用脆松薄片造成胎骨外，漆工還要分別用牛皮膠、麤灰、細灰等調成膠漆，分次敷布，陰乾車磨，修色、鍍水，用細針刻畫，挑嵌金銀，手續繁多又精細。

㈥火　藥

現代人都知道火藥是中國人所發明。東晉鄭思遠（第四世紀初期）在「眞元妙道」中說：「有以硫黃、雄黃，合硝石，並蜜燒之，焰起，燒手面及燼屋舍者。」蜜燃燒後成炭，加硫及硝，就是火藥的主要成分。這是世界有關試驗或製造火藥的最早文獻。隋煬帝時，已有用火藥製成的爆仗和烟火。「火藥」的名稱及配製成分的記載，最早見於宋仁宗時「武經總要」（西元一〇四〇）書中。用於製造武器，當在唐末五代，至晚在北宋初年。南宋時，虞允文已用火藥製霹靂礮，魏勝製礮車，成爲軍事利器。經金、元的改良，效力更大。隨着元代兵威遠揚歐、亞，火藥槍礮便漸向西傳。明人又承受元人的成果加以改良，火藥的爆炸力更強烈，當時的火器有萬人敵、地雷、百子連珠砲等，名目繁多，只是軍隊不能普遍使用，以後並沒有再積極地帶動發展了。

古代製火藥的主要原料，是硝石和硫磺。硝產於近山的地方，川硝產於四川，鹽硝產於山西，土硝產於山東。刮取後，先用水消溶，除去雜物，然後煎乾水份，就製成硝。硫磺是將硫石和煤炭同時放入土爐內煉成。把硝一錢和硫磺一兩同碾，就合成粉末狀的火藥了。

(七) 製墨

墨的發明在什麼時候，已難確實查考。但用墨來書寫，時間約在周朝之前。早期是用墨石磨汁。到魏晉間，才發明用漆烟和松煤，合成墨丸。唐代製墨技術已很進步，李珽珪父子所製的墨，堅硬如石，最爲耐用。宋代以後，製墨多用油烟，並加入樟腦、麝香等藥物，製品更加精良。明沈繼宗有「墨法集要」一書，詳述油烟墨造法，是後代製墨的寶典。清康熙時，徽州墨工曹素功的「紫玉光墨」，名盛天下。

古來製墨，不外用松烟、油烟、膠、藥四種主要原料。先用松枝、油戧燒製松煤、烟煤；用鹿、牛的皮、角、魚鰾煎爲鹿膠、牛膠、魚鰾膠；墨中加藥的功能是增添色澤和香味，又可使墨經久豐膩，歷代所用的藥物有眞珠、麝香、樗木、水犀角屑、膽礬、馬鞭草、巴豆等等。製墨時，把藥和膠煮成汁，乘熱和煙煤捻和成軟毬，裹布蒸透搥揉，擀形上模，取出放在灰中蔭乾，上蠟包裹便成。製墨最要配合時令，溫熱時，膠易腐臭，風高水寒又易乾裂，以十一、十二、正月三個月最理想。

(八) 染色

中國自黃帝創製衣裳，又用色彩來求美觀和定階級禮數，於是產生了染色技術。中國古代以青、黃、紅三色爲主，而配和出其他各種深淺的雜色。青色用茶藍、蓼藍、吳藍等的莖葉，加石灰浸汁攪動，沉澱而成，俗稱藍靛。紅色用紅花、梔子等擣爛，加入粟飯漿或酸粟米泔清等有機酸，使紅色素顯明。黃色用黃蘗槐花加石灰拌成；槐蕊可染綠色。布帛染色，有僅用天然染料，或加酸、鹹，或加明礬、皂礬爲媒染，如紫色是用蘇木和青礬，茶褐色是用蓮子殼煎水和青礬水，藕色是先用蘇木水，後用蓮子殼水和青礬水薄染。

(九) 釀酒

中國酒的釀造已經很久遠了，相傳是由於飯餿變成了白酒（酸），無意中發明造酒的方法。到了夏朝儀狄造的酒，就很甘美。周朝杜康造的秫酒也非常有名。好酒的酒味醇甘芳香辛辣，喝了不頭痛，不口渴，醺然酣適，恍然忘愁。酒中含有乙醇（酒精），所以能够興奮精神，流通血脈。中國酒品質精良，種類繁多。祭祀宴飲，普遍使用。大抵酒是由微生物將澱粉醱酵的原理製成，先將澱粉變糖，糖變酒，所以由酸變甜，再由甜變辛辣。所用製酒主要原料有糯米，有高粱，有麥，有葡萄……等，原料不同，製成的酒也就不同，如高粱酒用高粱，紹興酒用米。

中國人對釀酒方法，早就有文字記載，現在可以看到的，有後魏賈思勰「齊民要術」中，對釀造各種麴和酒的方法與原料配量、釀製時間，都早有詳細記載。宋時西湖隱士朱肱（翼中）著有「北山酒經」，已談到造酒需經醱酵的過程，並詳述製麴、用麴、蒸糜、合酵、收酒等方法，是「齊民要術」後，更實用有價值的釀酒專著，也是南方釀酒法的宗祖。李時珍「本草綱目」中也附「酒方」，詳製藥酒的配方。其他談釀酒的文字還不少。胡山源在民國二十八年將它彙編一集，叫做「古今酒事」，爲七三九頁的厚書。

㈩造　紙

中國很早就有了文字，也很早就注意到書寫工具的改良。秦漢以前，文字寫在木牘和竹簡上，秦漢以後，改寫在縑帛上，叫做「幡紙」；所以紙字从「糸」。縑帛很貴，寫來也不很便利。

到了東漢和帝元興元年（西元一〇五），中常侍蔡倫利用破布等造紙，稱「蔡侯紙」，成爲世界上第一個發明紙的人。現在也有人認爲中國在蔡倫以前，已經有麻紙；蔡倫只是一個紙的改良者。此後造紙的技術不斷改進，如東漢末的左伯紙，魏時的子邑紙，都名聞一時。晉代因書畫名家輩出，紙的製造更精美。張華獻「博物志」，晉武帝賜給他南越入貢的側理紙（用海苔製造）；王羲之用蠶繭紙寫「蘭亭集序」。

唐時有名的紙是蜀箋；高宗時，宣州僧人用沉香浸水種楮樹來造紙，叫做宣紙；從此，安徽宣城、寧國、涇縣、太平都以產宣紙有名。宣紙也有用竹和草來製的。武后時，薛稷因善造紙，拜楮國公，「紙」便有了「楮先生」的別名。唐人好寫佛經，特別用味苦的黃蘗染紙，叫「硬黃紙」，可避蟲咬，又可以用雌黃塗改寫錯的地方；後來硬黃紙又用來寫誥令。憲宗時又有薛濤的紅箋，窄小雅緻。從此，色紙盛行，精心研製，以求勝過他人。益州謝公所造的，有十色之多。宋人最珍視李後主的澄心堂紙，仿造很多。元代，紙的種類繁多，除上品的麻黃外，還有粉箋、蠟箋、黃箋、花箋、羅紋箋、白籙紙、觀音紙、清江紙等等。明代書畫家愛用宣德所製的尙覺仿古紙，吳中的麗金箋、松江的譚箋，也很有名。清代，羅紋紙盛行於康熙，粉箋盛行於乾隆時。

現在關於古人造紙的書籍，有胡韞玉的「紙說」和明宋應星「天工開物」。談到舊時造紙的方法，將原料竹枝、楮樹皮、桑根、亂麻、魚網等，久煮擣爛，成爲漿液，慮去渣滓，經過漂白，展鋪成型，壓去水份，再曝曬或焙乾。

蔡倫發明了紙之後，逐漸傳到中亞。中國製紙技術，由朝鮮傳入日本，時在西元六一〇年。七五一年，傳阿拉伯。又四百年後，傳入西班牙，終普遍於歐洲各國。自此，造紙工業便在世界各地燦爛地發煌，這是中國人對人類文化的一項非凡貢獻。

(十二) 製革

獸皮的應用，由蔽體取暖開始，像羊裘、狐裘就是連皮帶毛，一起縫綴穿用。周代製革的工人叫做鮑(卽鞄)；在東周時齊人所撰的「考工記」，就有記較皮革的品質和製造的方法。舊法製厚牛皮的過程是：浸水軟化，浸石灰、脫毛，撒硝在皮面，煙燻，曬乾，便成黑皮或黃皮。製羊薄皮，是先去肉、浸灰、脫毛、脫灰、放入芒硝溶液的熱鍋內，反覆搓揉，洗淨晾乾，便成白皮。現在這些皮革用來製造鞋、帽、皮包、皮衣。

(十二) 製　糖

我國製糖開始於周朝，最初用米和蘗（麥芽）煮成濃稠的液汁，叫做飴、餳、餔，就是麥芽糖。賈思勰在「齊民要術」中詳記造飴的方法。煎煉蔗汁，製造結晶糖，始於唐代宗大曆時，叫做「糖霜」，就是今日的冰糖。明宋應星的「天工開物」中，對於古人各種蔗糖的製造，有很詳備的記述。

(十三) 製　香

漢朝以前，中國人對於「香」的意義，指草木自然的香氣，如蘭、蕙、芷、桂、杜蘅等。武帝時威震四夷，海外如南粵以香品入貢。自此以後，歷代後宮中以香湯沐浴，添粧增妍，表示皇家的豪侈生活。佛教、道教好燃香「烟」，來製造宗教神秘氣氛，香就逐漸普遍使用了。

古代香料如龍腦香、沉水香、乳香、安息香、檀香、龍涎香，多產自外國南海、波斯、大食（阿拉伯）等，只有麝香、甲香、丁香出中國。中國人用香，大抵供薰焚，多配製成線、丸、餅的形狀。也有製成香粉、香油、香露，用以美容潤髮，像現在婦女所用的化粧品。傳說商紂時已有臙脂鉛粉。漢、唐宮中對製香線、香餅，已有配方傳下，而盛於宋、明以前。宋、明人製香與化粧品（香粉、潤髮油）的方法，在陳敬「香譜」，洪芻「香譜」，是齋「售用錄」，周嘉胄「香乘」，沈立之「香譜」，無名氏「香史」……等書中，都有記載。

㈣ 油　脂

飲食、潤滑、照明、油漆等，都要使用油脂。古書對油脂的發明應用，說法很多，以創始於黃帝時為最可信。古人用植物、動物製油，如烏臼子油、黃豆油、胡麻油、菘菜子油、桐油、柏混油、莧麻油、多青子油、花生油、豬油、羊脂、牛油等。古代製油法，有榨取或煮取、磨取、舂取，其法詳見明宋應星「天工開物」書中。

㈤ 醬　油

對飲食滋味考究的中國人，把豆製成豉，用豆、麥合成醬，作為食物的重要調味品，源始於秦漢時。古人製造醬豉，都在溫度適宜的地窖內進行，叫做「蔭」。後魏賈思勰「齊民要術」書內，詳記製醬豉的方法。製醬豉時的汁液，就是醬油和豉油。醬油用大豆、麥粉、食鹽和水等煮製成醬麴、醬醅，經一季的發酵後，便可壓榨出醬油。豉油的原料只用大豆和鹽、水為原料，製造方法和醬油一樣。

八、建　築

自從有巢氏構木爲巢，肇始了中國的建築。虞舜時已命共工爲司空，掌管土木水利等事。「周禮·考工記」，記匠人建築都城溝洫。秦設置將作少府，漢景帝時改爲將作大匠，隋朝改作將作監的專官，建築宗廟、宮殿、陵園、第宅、河渠等等土木工程，都非常宏偉；可是專門講求建築工程的著作，只有北宋都料匠喻皓的「木經」（見歐陽修「歸田錄」）將作監李誡（明仲）的「營造法式」，明計成「園冶」罷了。「營造法式」是在宋哲宗元符三年（西元一一〇〇）成書，內分三百五十七篇，是中國一部集營造大成的著作。南宋以來的寺、塔、宮殿的建築，大都是依據這部書而造。

中國的建築，不但表現出漢族人民特具的精神，也在世界建築史上放出異彩。中國式的房屋建築，大多採南北向，平面以左右均齊爲主，三間房子作一個結構單位，中央一間爲主房，兩旁爲耳房，有三合式、四合式，正中爲院落。北屋最尊，東西兩邊爲廂房。三合式北屋中央的一室，常作廳堂。外觀看來，下面砌有臺基，地位高者臺基高，低者下；中間是柱梁門窗，配以墻壁或槅板；上面是屋頂。窗槅、門扉、欄杆、簷端都極盡變化的趣味。大建築物又融和雕刻與色彩等藝術，如雕鏤的屋梁、欄杆、窗杆、窗槅、簷角等，花樣繁多；採用黃、綠、青、紫的琉璃瓦，朱紅的門柱、欄杆，青石的臺階，粉白或赭黃的高墻，天花板、藻井、雀頭、駝峯、梁、枋的彩畫，都極富麗。建築材料，以木材、磚、瓦爲主，也有用泥土、石、銅、鐵等材料。

現在分別從寺廟、宮殿、陵墓、居室、城垣、塔、橋、林園各方面，加以簡介。

(一) 寺廟

古人崇拜祖先和自然。歷代的帝王都建有太廟、明堂、壇墠，以供祖先、祭天地；普通百姓也建有祠堂。宗廟、祠堂的形制，大抵是祖先靈位安放在正殿，左右各有配殿。壇，如現在北平天壇，建於明永樂間，圓形南向，三層，藍瓦朱柱，內外圍以低垣。

國人由於多信奉佛教、道教，處處都建有佛寺道觀。自漢明帝在河南洛陽建第一座佛寺「白馬寺」；到南北朝時，佛教盛行，所建寺廟就已經非常多。北魏時單單洛陽一地，就有一千多寺，南朝也有四百八十寺的說法。佛寺的形制，大寺以宮殿、官署爲藍本，小寺仿照一般住宅。唐高宗爲文德皇后而建的慈恩寺，有十餘院，一千八百九十七間房屋，西院有三百尺高的六層佛塔。河南開封大相國寺，是唐人就北齊人所建寺廟改建，規模宏偉，結構精巧，至今猶在。明、清的佛寺，多採多進院落，大雄寶殿常在第二進。現在，浙江普陀島上有寺廟三百多座；一千多年來，屢經變化，以普濟、法雨、慧濟三寺最有名，殿堂樓閣，都非常雄偉，所供佛像羅漢，堪稱雕塑藝術傑作。西藏喇嘛寺，形狀多如碉堡；布達拉寺，依山建築，十三層，高一百公尺，極爲堂皇富麗。

唐、宋道教特別興盛。唐人在長安建道觀太清宮，各州建龍興觀；宋人在汴京建上清宮；與佛寺形式相類。湖北武當山上的道觀叢集，計有八宮、二觀、三十六庵堂、七十岩廟、三十九橋、十二亭，大都是元、明兩代興建，紫霄殿、南巖宮、銅殿，都非常雄偉，石雕裝飾，銅鑄神像，傳神精絕。回教清眞寺，外形利用中國式建築，後殿建四角或八角形的閣樓，附設浴室，供信徒淨身之用。如長安西關內學習巷路西的清眞寺，就是中國最早的一座回教寺。耶穌教的教堂建築，大都是採用西方禮拜堂的形式，如清雍正時北京所建高矗式的西什庫教堂就是。

儒家在唐代也幾成爲宗教。唐高祖時在國子學裏建造周公孔子廟；太宗以後各州縣普建孔廟。宋太祖在孔子的故鄉山東曲阜擴建孔子廟；以後各代都加擴充；清末，其面積幾佔全城三分之一，南及曲阜城南門，北達北門，城北門外爲孔林，自孔林到北門，爲極長的輦道，入孔廟大成門，凡八進，殿庭廊廡共三百十六間，尚有祭田三千六百頃。

(二) 宮　殿

中國宮殿的建築，是象徵帝王的權威。當商朝百工、人民還在穴居的時候，王室已有宮室。周朝天子有六寢，王后有六宮，都作「前一後五」的佈置。秦始皇滅了六國，在咸陽建有阿房宮，有許多宮殿、磁石門、木蘭梁，佔地三百多里。漢初，蕭何利用秦宮造未央宮，有用香椒泥塗牆的椒房殿，藏書的石渠閣，藏冰所，織室，獸圈。漢武帝時，又以金玉作鋪飾，蘭杏作雕楹，靑瑣丹墀，更見華麗；又建建章宮，周二十多里，正門閶闔門高三十五丈，有駘蕩等宮，又有玉堂等二十六殿，太液、唐中二池，內中別風闕、井榦樓，均高五十丈；又建上林苑，爲四季行獵遊玩的地方；另建柏梁臺，用香柏爲梁，香聞十里，臺上有銅柱承露盤，高三十丈；復鑿地三百三十二頃作昆明池；又起扶荔宮，種植從南越運來的奇草異木。到東漢光武，崇尙儉樸；魏晉南北朝，政局動盪；宮殿少有特殊的建築。建安時，像曹操在鄴郡建銅雀臺與文昌殿；據曹植作的「銅雀臺賦」，所寫也沒有特別宏偉奇麗的地方。只有後趙石勒就魏的文昌殿改造太武殿，有漆瓦、金鐺、銀楹、金柱、珠簾、玉壁，極其奢華。

隋、唐時，盛建別館離宮。隋煬帝時，發動役丁，在長安、洛陽及江都建築宮室，著名的建築家有封德彝、何昇、何稠等。江都宮千門萬牖，工巧非常，稱做「迷樓」。唐高宗在長安建大明宮（後名蓬萊宮），玄宗建興慶宮；肅宗在洛陽建上陽宮。這時已普遍使用琉璃瓦，木造建築達到非常完美的境界。五代十國，國祚很短，沒有什麼大建築。宋代在汴京建有大慶殿。徽宗又在萬歲山上築艮嶽，採運四方的奇石異木，布置林苑，勞民傷財，莫此爲甚。元朝人在大都（今北平）所建宮殿，亦極華麗。

明代崇尙儉樸，宮殿多以改建前代爲限。清朝到了康熙時，建暢春園、圓明園；乾隆又建長春園、綺春園等。有部分建築，引進了西洋的形式，如由意大利的傳敎士郎世寧等，在圓明園中設計一些洋樓、噴泉，混合中西建築和造景的大觀；後來毀於英法聯軍之役。光緒十四年（西元一八八八），慈禧太后移用海軍軍費，增築北平城外萬壽山清漪園爲頤和園，極盡變化的能事，後來遭八國聯軍所破壞。

中國的宮殿，大抵表現了宏壯華麗的氣象。如徐珂「清稗類鈔」所記「清宮太和殿，殿基高二丈，殿高十一丈，廣十有一間，縱五間，上爲重簷，脊四垂，前後金扉四十，金鎖窗十六。殿前丹陛，環以白石闌；陛五出，各三層，下層二十一級，中層上層各九級，三折而上。陛間列鼎十八、銅獅高十丈，臺階上有銅龜、銅鶴各二。出太和殿門，又有華表、石橋、金水河。」還有太和殿的屋簷、斗栱、額枋、梁、椽上，遍佈顏色鮮艷的彩畫和圖案，與金瓦朱楹、白石欄杆，構成富麗莊嚴的景觀。由此可見中國宮殿建築的情形了。

(三) 陵　墓

中國習俗尚土葬。夏朝以前，葬禮簡樸。殷朝才有深葬、殉葬的制度，根據考古學家在洹河北岸發掘到的殷代王墓來看，建築已經相當進步。墓作「亞」字形，或正方形，四壁直立，深十多尺，墓底平坦，放置棺木的石臺的四周，雕刻了虎、梟等頭。但殷人只有墓，尚未有墳；到周朝才有堆高泥土作爲「墳丘」的制度，墓中有石人石獸，盛屍有棺有槨。秦始皇陵，在今陝西驪山下，高五十餘丈，周圍五里多，以石爲槨，用許多金銀寶物殉葬；近年從墓道中挖出大小如同眞物之陶製甲士戰馬，多達一千餘；可見始皇陵的墓壙之大了。

漢墓用磚或石砌成，上刻人馬車獸爲飾。並因相信死者靈魂不滅，故仿宮殿城垣的規模，造成陵寢，四周有垣，垣有石闕，墳前築有石造的享堂，四壁刻死者生平事蹟，又置石獸、石翁仲、墓表等。像長安附近的西漢皇陵：高祖長陵、文帝霸陵、武帝茂陵、成帝延陵等。東漢皇陵規模較小，多在洛陽的北邙山一帶。民間墳墓，今天仍可見到的，以山東肥城縣的孝堂山的郭巨墓，和嘉祥縣的武梁祠兩石室，可爲代表，室中牆壁刻有車騎、戰爭、動物、怪異、歷史故事和死者生平事蹟。魏晉南北朝不重視葬殮。晚唐至今，盛行淺葬，墓穴不深。

明代皇帝的陵寢，自太祖的孝陵開始，一改前代墳丘的石室，改用磚木構築，有圍牆、牌樓和紅門入口，內有碑亭、享殿，供明太祖和馬皇后像；墓道左右豎立文武石翁仲八尊，高兩丈多，還有獅、駱駝、麒麟、象、馬等石獸，又有「亞」字形拱頂的石室地宮，最後的石室是陳棺所。成祖遷都北京後，除景帝陵在宛平縣金山口外，其餘都葬在河北省昌平縣北天壽山上，合稱「十三陵」，內有碑亭、石柱、人獸、石像、石橋、配殿，以至車駕更衣、皇帝駐驛等設計，非常完備。清人亦沿用明制。

(四) 居　室

商朝，除了王室有宮室，人民大多仍住在洞穴裏。到了周朝，構屋而居纔漸普遍。漢朝一般的平民住宅，大抵包括三間房屋，一堂兩房，以木材、土、磚爲材料，屋頂鋪茅茨或瓦片，四周圍以籬落或土牆。貴族的第宅，除了正屋外，還有東西廂房，正門外還有邊門（或後門），叫「閤」。至於富有的人家，也有起重閣高樓，林園池苑，相連好幾里的情形。後代的民居，大抵都是如此。

這種中央正房、附帶兩邊內房的結構，後來成爲三合式、四合式院落的建築。現在，中國北方的四合院式的住宅，是南北較長，東西稍窄，大門設在東南角或西北角，一般以南北向的爲正房，東西爲廂房；四面房屋圍着一個長方形的天井；天井是住宅的中心，也是通風、採光、通道的樞紐。房屋爲木架構造，粉牆白壁，青瓦屋頂，柱、梁、門、窗多漆紅、綠或黑色。家長住正房，兒孫住廂房。大型的四合院，亦有數重院落。

㈤ 城 垣

規畫都市，始見於「詩經・綿綿瓜瓞」一篇，記古公亶父建都於岐山下，已很有計畫。周武王建都鎬京，平王東遷洛邑，據「周禮・考工記」所載，有城邑九里見方，四面城上有角樓，對道路、宮室、市肆的配置，都已經有完善的制度，成爲後人營建城邑的規範。而最爲中外稱道的我國城市建築，則爲唐代的長安城，城爲方形，街道結構如棋盤，皇城位於正北。一切井然有序，是一規劃最爲理想之我國城市，故日人仿之築京都城。

除城市外，我國最偉大的城垣建築，則有長城。秦始皇統一天下，將過去秦、趙、燕爲防禦北方匈奴入侵而修築的長城，連接增建成了聞名世界的萬里長城，西起臨洮，東到遼東，規模浩大，亙古僅見。後歷代多予修葺以防邊。今日我們所見的「萬里長城」，係明代時的邊牆，與秦之長城略有不同，西起甘肅省嘉峪關，東到河北省山海關，約長五千多華里。

㈥ 塔

塔，在印度原是爲了保藏有德之人（佛、辟支佛、菩薩、羅漢、佛家弟子、轉輪王）的骨灰、舍利子、牙齒、頭髮而建的，用以標揚高德，供人瞻仰。印度塔的形式，在半圓形的塔頂上，有高高的寶幢（竿頭）突出，寶幢中安放佛骨。

自佛教傳入中國，塔也隨着在各地慢慢普遍興建。漢獻帝初年（約西元二世紀末），笮融在徐州建造了一座木塔，上面是累金盤（寶幢），下面是重樓——一層一層樓閣：這是印度塔和中國樓閣的混合的產物。由後代中國的一些木塔，可以想見它的規制：每一層平面成正方形，逐層向上縮小，塔中間有塔心柱（又叫刹柱、檔柱），從塔底（唐代改自第三層起）直上塔頂，繞着塔心柱，有木梯上下；露出塔頂的竿柱，形作九層圓輪，叫做「相輪」（又叫露盤、金刹、金幢、寶幢）。這種樓閣式的塔，可以登臨遠眺。像北魏永寧寺的木塔，平面作四方形，九層高九十丈，又更立十丈的金相輪，共高一千尺，周緣塔角垂掛一百二十個金鐸，四面三戶六窗，都塗紅漆。北朝在河南嵩山西麓建的嵩岳寺塔，全用淺黃色磚砌築，十五層，層有腰簷，叫做「密簷塔」，在懸崖絕壁的背景襯托下，非常壯觀。

隋唐以後，佛寺漸漸以佛殿爲中心，塔漸成附屬物，改在殿後或寺後，或在佛殿前並列兩座小塔爲裝飾，多磚造塔，平面漸由四方形變成八角形；唐代密簷塔最多，約佔十之八，外磚內木，以西安薦福寺塔最有名。但到了後期，塔外形趨向平直，多石造，不開門窗，不再是可以登臨眺望的了。

由五代到兩宋，塔式樣完全中國化。宋太宗時，汴京開寶寺八角形十三層的靈感塔，高二百六十尺，由都料匠喻皓建造，是有史以來最宏偉輝煌的佛塔，而且稍向西北傾斜，以減弱強勁的西北風力。喻皓又和郭忠恕，在汴京祐國寺創建鐵塔，八角十三層，每層供鐵佛，塔八面圍廊，六面窗櫺，表面鋪砌褐色琉璃磚，上立銅寶瓶，有「天下第一塔」的匾額。元塔以多簷磚造的小墓塔爲多；喇嘛塔初見於此時，盛行於華北，以北平妙應寺的白塔最完美。明代佛塔，以磚造八角形，五、七、十三層的建築爲多；墓塔都是小型的磚塔或石塔。喇嘛塔，因作爲墓塔，流佈極廣。清代佛塔，以北京萬壽山混合多層多簷式的琉璃塔，比較別緻；北京眞覺寺的五座塔，都是正方形，建在五丈高的五層臺上，中央塔十三層，四角各塔都是十一層，塔和塔座都是用漢白玉造成，形制非常精美。

(七) 橋　梁

「橋」，秦、漢以前也叫梁（小橋）、或杠（獨木橋）。我國的橋，按結構不同，可分爲梁橋、拱橋和索橋三種。

1. 梁橋　有木梁與石梁兩種。春秋時，用繩纜聯舟，上鋪木板，叫做浮梁，或稱浮橋。古人在河面寬廣的地方，常設浮橋。後來的人，在水道中，多疊石做橋墩（柱），兩頭順着水流方向，均成三角尖，有如「舟」形，今人叫做「分水金剛牆」，上鋪木梁或石梁。秦代的渭橋就是石梁。如福建晉江德濟門外的順濟橋，建於宋嘉定四年（西元一二一一），橋長一百五十多丈，寬一丈四尺，石砌橋墩，共三十孔，跨徑不一，最大的四丈，上鋪石梁，截面每個約三尺見方，長四丈。民國十年（西元一九二一），橋面改建爲鋼筋混凝土，橋墩依舊。

2.拱（栱）橋　橋洞成半圓形，叫拱（栱）橋。周代，中國建築物的圓柱上有枓栱，以承載梁棟。古人早用這種方法建造橋梁，就是拱（栱）橋。周末韓君墓門上，已有拱（栱）橋的雕刻，可見拱（栱）橋的建造，很早就已經存在。現在還橫跨在河北趙縣洨河上的大石橋，隋代李春所建，就是現在世界上能够看到最早的一座拱（栱）橋。

3.索橋　有竹索橋、鐵索橋和籐索橋，橋上鋪木板。陝西、四川、雲南、西康、臺灣各省，常見索橋，架設在深谷或水道上。如西康省瀘定大渡河上的大鐵索橋，建於清康熙四十年（西元一七〇一），至今猶存，可行騾馬。

(八) 園林

中國人很早就注意到林園的建造與設計，譬如周文王建造靈囿、靈臺和靈沼。靈囿內有麀鹿和鶴，靈沼中養了許多魚。秦、漢時代的皇家園林，規模非常大，不必說了，後來一般有錢的貴族官吏的著名園林，有漢朝梁孝王的菟園，晉石崇的金谷園，都名傳後代。建造庭園成一時的風氣，大概是開始於北宋。明、清時，蘇、杭、揚、湖數州，私人庭園興建日多，產生「園冶」（明成無否作）、和「閒情偶寄」（清初李漁作），有關庭園設計的書籍，也可以看出園林建造的興盛了。就拿蘇州來說，就有許多園林：其中代表宋代的，有詩人蘇舜欽的滄浪亭；元代有天如禪師倡道，後來畫家倪瓚隱居的獅子林；明代有嘉靖中御史王獻臣的拙政園；清代有盛氏的留園等四大名園。這四大名園，屢經易主，荒圮、重建，至今尚存。滄浪亭，以假山、花情、石刻三者稱勝。獅子林，以園中太湖奇石林立，狀如獅虎而有名。拙政園，以樓館廊橋，深邃曲折，推爲吳中第一。留園佔地約五十畝，溪池林壑，老樹奇石，樓閣亭臺的設計，美妙而幽雅。

此外，蘇州的網師園，北平的萬牲園，南京的亭園、又來園，上海的張園、豫園、徐園，揚州的大虹園，無錫的蠡園，順德的清暉園，勝景也極多，不能盡舉。

九、水利工程

古人對於河川，一面藉它灌溉田地，航行船隻，另一面也常因雨季，暴漲泛濫，而深受其災；歷代政府都設有專官，如堯、舜時的共工司空，秦、漢時的都水長丞、水衡都尉、都水左右使者，東漢時的河隄謁者，晉時都水臺，隋、唐、宋、元的都水監、水部郎，明、清的工部都水司等，掌管水利工作，以治理黃河，開河修渠，灌溉農田，修築海塘，興建海港等事。現在就先賢在這幾方面的努力與成就，加以介紹。

(一) 治河（附治淮）

黃河是中國第二條大河，幹流長約四千八百四十五公里，發源青海巴顏喀喇山的噶達素齊老峯，經甘肅、寧夏、綏遠、陝西、山西、河南、河北，至山東利津縣，入渤海。流域面積極廣大，平均每年要沖下四百億立方英呎的泥沙，淤積河床，水流湍急多變。自河南孟津以東，進入平原，河流落差變小，淤積極甚，河床高出兩岸地面，僅賴隄防束水，一旦山洪暴發，時常衝潰隄防，決溢成災，使兩岸盡成澤國。堯、舜時的洪水，主要是由黃河造成。由禹治平洪水到淸末，四千多年間，黃河共決溢近一千五百次，又有六次大改道，小改道不可勝數。所以「治河」成爲歷代政府首要的工作。

在大禹之前，鯀用障塞法，治水無效；禹繼父業，改用順勢疏導法，滙聚河水東流入海，其後長期沒有大患。秦漢以後，水患漸嚴重，漢成帝時賈讓上「治河三策」：上策徙遷居民，以避水患；中策鑿渠灌田，使水分流；下策修築高隄，防水旁溢。遷民極難，無法做到；而開渠分流，雖可使流速緩慢，却也更易造成淤積堵塞；只有「修隄」勉強可行，成爲後世治河的基本辦法了。漢明帝永平十二年（西元六九），王景又想出許多辦法，來治理黃河；他修築長隄，把黃河和汴渠分隔開，並且商度地勢，鑿山破磧，疏通壅積，束水攻沙，使黃河能利用快速的水流，衝刷泥沙，而不致淤積，增高河床，又可使汴渠的航運安全而暢通，使黃河又有八百多年沒有特別變遷。

元順帝至正時，河堤潰決，連年水患，都水監賈魯，研究原因，提出「修築北隄，以防橫潰」，「挽河東行，使復故道」，擔任工部尙書時就動員丁役，開掘黃河故道，並用疏、濬、塞三法，經過半年的疏鑿、建隄，終使黃河南滙淮河，又東流入海，治平了水患。明代，又連年發生水患。潘季馴認爲這時黃河的水患，是由於河水長久分流，造成了淤積暴溢的病根，主張改用猛勢的急流來沖刷河床，所以他在嘉靖、隆慶、萬曆三朝，四任總理河道都御史（西元一五六五——一五九二），採用「以隄束水，以水攻沙」的方法，修建各種隄防；又訂晝夜風雨的「四防」，官民「二守」嚴密防護辦法，大大減低了黃河的災害。清康熙時，河道總督靳輔進一步採用疏濬淤積。修築隄防，注意險汛，查修罅隙，作治河防汎的原則。黃河還時時決溢，中國人仍不斷爲整治黃河而努力。

淮河源出於河南桐柏山，東流到安徽省，聚成安徽與江蘇間的洪澤湖，再流至江蘇漣水縣，入海。本來淮河又大又深，沒有什麼水患，但自從金、元時，引導黃河從江蘇淮陰縣西南清江口入淮。淮河的下游就被黃河所侵佔，濁流所至，到處澱淤。到了明初，形成「黃河奪淮」之局，洪澤湖的面積擴大，決溢成災，許多地區成爲澤國。潘季馴在淮安西南，擴建高家堰六十里，使淮水盡流向清口，會黃河，入海；可是亦常因久雨而倒灌鳳陽、泗水等地。到了清代，高家堰築得更高，靑口漸漸淤高，水流不能暢通，淮水沒有出路，聚滙洪澤湖中洶湧翻騰，時時漫溢，或衝潰高堰，造成淮、揚一帶的災害。雖經靳輔、張鵬翮等工程家努力疏導，也沒有什麼效果。

(二) 開河修渠

利用水道，運輸貨物，是古代最便捷的交通方法，所以徵集大量民工開河修渠，也是政府所努力的地方。

中國最早開鑿人造的河渠，是開始於禹治洪水，他遇到山陵當路，就率領大家挖開剷平，像鑿開龍門山，挖通伊闕山，排除障礙，疏通洪水，使能暢流無阻。那時也不知開了多少條河渠呢。後代人爲了航運的便利，也開始用人工來開鑿河渠。統計歷代史書上記載開鑿河渠，比較著名的工程：

春秋時代，曹、衞、宋、鄭、陳、蔡六國，開鑿「鴻溝」（當在西元前七八二——前六〇二間），自河南滎陽，引黃河水和境內濟、泗、汝、淮各水相通，中原航運漸漸便利多了。吳國開「堰瀆」（西元前五〇六）運糧，東通太湖，西入長江；伍員又鑿「胥浦」（西元前四九五）；又開「邗溝」（西元前四八五），溝通長江和淮河，使航運開創了新局面。

秦始皇時，史祿在湘、桂交界，開「靈渠」（西元前二一五），溝通湘、灕二水，便利南粵北上的交通。東漢時，王景從滎陽到千乘海口，修築長堤（西元六九——七〇），間隔黃河和汴渠，使南方漕運由淮、泗入汴；北方漕運，經河、濟而西。漢末，曹操大開汴河（西元二〇四），通江、淮，堰淇水，入白溝，以通齊、魯、東北漕運；又鑿「平虜渠」（西元二〇五），由滹沱入泒水；「泉州渠」（西元二〇五），由泃河口入潞河，以通海運；「利漕渠」（西元二一三）是引漳水，東入清洹；「陽渠」（西元二一九），引洛水入汴，而達江淮，在水利上很有貢獻。

魏正始時，鄧艾又開「廣漕渠」（西元二四二），淮陽「百尺」二渠（西元二四三），溝通南北航運；修洛陽「千金堨」（西元三〇七——三一二），以利漕運。

隋朝的年代，雖然不長，但對運河的開闢，在我國歷史上佔最重要的一頁。文帝時，命宇文愷開「廣通渠」（西元五八三），由大興（隋都，卽唐之長安）至潼關，長約三百多里。又開「山陽瀆」（西元五八七），利用「邗溝」舊道，自山陽（今江蘇淮安）至揚子（江都縣南），入長江，連接淮河與長江；煬帝時發動人民一百多萬，又在東都洛陽開「通濟渠」(西元六〇五，後稱汴河)，連接洛水、黃河與淮河；於是從洛陽到江都，兩千多里，楡柳交蔭，航運通暢。又開「永濟渠」(西元六〇八，後稱御河)，利用沁水、衞水，使涿郡至黃河，二千餘里可通航；於是以長安為中心，南至江南，北到黃河以北，由水路都可以暢通無阻，轉運貨物，非常便利了。

唐高祖時，尉遲敬德引導汶、泗二水，在山東任城建「會源牐」(西元六二四)，以通餉運。中宗開泗州、漣水「新漕渠」(西元六八八)，溝通海、沂、密各州，南入淮水。玄宗時，陝郡太守李齊物，在三門開「天寶河」(西元七四二——七五五)，省了許多運費。憲宗時，開「孟瀆」(西元八一三，宋時稱淛西運河)，由京口引長江東南行，至杭州，入於浙江。五代時，周世宗疏汴水，濬五丈河，加長御河。

元朝開「濟州河」(西元一二八三)，由濟寧至東平。又開「通惠河」(西元一二九二)，連接白河與御河；「會通河」(西元一二八九)，連接御河與清泗，再會黃河，通江、淮，可直抵杭州，即是我國今日之大運河，亦是世界上最長的一條運河。明永樂時，陳瑄開「清江浦渠」(西元一四一五)，後來又開揚州「白塔河」。萬曆時李化龍開「泇河」(西元一六〇四)，避黃河三百多里的險道，使南北運河的規制更完備。清代在道光以前，全用河運，靳輔開「中河」(西元一六八七)，完成了運河的全局。

歷代還有許多疏河開渠的工程，不頂重要的，這裏也就省略不提了。

三 農田灌溉

中國農田水利，隨着農業發展，逐漸萌芽。春秋時，立井田溝洫制，已很重視農田的灌溉。戰國時，已有相當規模的水利工程的設施，像魏國西門豹引漳水灌溉田地；秦國李冰治蜀，造「都安大堰」，灌溉萬頃農田；韓國水利專家鄭國，到秦國去，策畫秦人開鑿「鄭國渠」，使關中四萬頃平原成了沃野，規模都很大。

漢高祖時，用蕭何說，在褒城東，建「山河大堰」儲水。文帝時蜀郡太守文翁開湔江口，灌田一千七百多頃。武帝時，鄭當時、徐伯表在渭南地區，開「漕渠」，灌田一萬多頃；河東太守番係，在渭北開「河東渠」，灌田五千多頃，趙中大夫白公開「白渠」，灌田四千五百頃。元帝時南陽太守召信臣建「鉗盧陂」，又在唐州開渠，每年增加良田幾萬頃，大大增加農產。順帝時，會稽太守馬臻在兩山間築隄，建水庫，叫做「鏡湖」，灌田九千多頃。靈帝時，餘杭縣令陳渾築「南上」、「南下」兩湖儲水灌田。

三國時，蜀漢在漢水的周圍，大興水利。魏文帝時，鄧艾建「白水塘」與「破釜塘」，灌田四萬二千頃。

南北朝時，梁張高引沭水灌田二百多頃。後魏幽州刺史裴延儁重新修建范陽「督亢渠」，漁陽「戾陵堰」，灌田一百多萬畝。

唐朝重視農田水利。如高祖時，揚州長史李襲譽築「勾城塘」儲水，灌溉江、儀幾千頃田地。此外，寧靜引晉水，薛萬澈開虞鄉「涑水渠」，崔翳開曲沃「新絳渠」，蕭顗開栅城「常若渠」等灌田，各有成績。代宗時，以赤山湖水灌田，調節旱潦。

宋朝獎勵農耕，獎賞興修水利的官吏。仁宗時，范仲淹在泰州築堤，防阻海水倒灌農田。唐州太守趙尙寬疏通漢召信臣的三陂一渠，灌田一萬多頃。史載自神宗熙寧三年至九年，各地興修水利，共計一萬七百九十三處，增加田地三十六萬一千一百七十八多頃。

元文宗時，修「洪口渠」，分流五縣，灌田七萬多頃。

明太祖時，陳嵩九請築東壩，杜絕了蘇、松水患。英宗時浚五渠，灌田一千三百多頃。憲宗時，築「廣惠渠」。代宗時，孫原貞利用杭州西湖，灌溉近廓田地數萬頃。

清康熙時，寧夏水利同知王全臣開「大清渠」，灌溉唐渠東岸一萬六千多畝的高地。雍正時，寧夏道單疇書開「惠農渠」，灌溉查漢托護肤田十一萬多畝。又命怡親王督治營田，設京東、京西、京南、天津水利局，疏濬溝洫，開鑿河渠，引水灌田，工程不少。乾隆時，築「龍洞渠」，專引山泉，灌溉田畝。王延贊修「漢延渠」，長二百三十里，大支渠十三道，灌田十四萬三千多畝。嵩縣知縣康基淵濬伊河兩旁的古渠，河南巡撫何裕城開河內「廣濟渠」，濬「通惠大渠」，都有利於灌溉。清代各地所開渠道甚密，成就也很大。黃河後套開挖永濟、剛濟、豐濟、沙河、義和、通濟、長濟、和塔布河八大渠之外，還有小渠無數，在灌溉工程上有出色的表現。因灌溉發達，糧食的產量自然增加。

㈣ 修築海塘

我國江蘇、浙江等臨海的地區，由於帶着鹹味的海潮的倒灌，使土壤含有鹽分，以致作物不能生長；再加海寇也常由海道侵入，所以就在海邊建造海塘（卽隄）；用以防海潮，保護農田的，就是防波隄；用以防禦海寇，保護人民的，就是防海壘。江、浙一帶的海塘，大都高厚如城，有土塘和石塘兩種。

1. 江蘇海塘　江蘇共有九個海塘，以晉成帝時，吳國內史虞潭所築的防海壘爲最早。唐玄宗時，由鹽官（今浙江海寧）至吳松江（在今江蘇寶山東南），築捍海塘一百三十里。宋、元時加修建，高過城垣，鞏固了海防。明崇禎時，松江府張岳貢、張調鼎，在松江縣（今江蘇松江縣）創建「漴闕石塘」，是江蘇防波隄的一大工程。

2. 浙江海塘　在浙江杭州東一里，沿着東海邊所築的防波大隄「錢塘」，是在漢代開始興築。後梁時吳越王錢鏐，用塡滿大石的竹籠，沉植在海底奠立穩固的塘基。到宋眞宗時，轉運使陳堯佐用薪土代替竹籠，因此叫做「柴塘」。清康熙時，杭州知府張恕可，用鐵錠扣牢，縱橫交叠石塊，築成魚鱗石塘，防阻險惡的潮水。此後，增建或修築海塘，常用魚鱗石塘法。

十、醫　學

㈠中國醫學的起源

在日常生活中，人人無法避免生病和受傷，所以醫藥的起源很早。上古時代，因打鬥畋獵而受傷，塗裹包紮就是外科治療；由於飲食不衞生，腸胃發生疾病也特別多，內科的治療也逐漸積聚了許多經驗。

中國的醫藥，相傳由神農和黃帝建立：神農品嘗百草，辨別性質，當然也會體驗出一些藥草的特殊作用，如瀉下、致吐、鎮痛、止血之類，所以他能夠用催吐法治心胸脹悶，用促瀉法治腹脹便閉，並傳著有「本草經」；因此，他被尊爲「藥神」。另外傳說黃帝和大臣歧伯討論經脈，合撰了一部醫書「內經」，創立了醫療原理。因此，後世稱名醫爲「歧黃」，黃帝也被尊爲「醫祖」。

㈡先秦的醫學

古人不明病源，認爲生病是鬼神作祟，有病的人，都向鬼神禳禱，請「巫」來治病，「醫」字最早寫作「毉」。後來有商朝伊尹用藥草煎湯的記載，便把伊尹稱爲方劑創始者。到西周時，醫和巫才分開，醫事制度漸漸完備，在天官下設有專門醫官：醫師、食醫、疾醫（內科）、瘍醫（外科）、獸醫，分科很細，治療各種疾病。戰國時，名醫扁鵲（姓秦名越人，約在西元前六世紀），採用切脈方法，加上望（看氣色）、聞（聽呼吸）、問（問病因、病情），是診病技術的一大進步。秦朝設有太醫令、侍醫等官職，制度更完備，醫緩、醫和、李醯、夏無且等良醫很多。

周、秦以前的醫藥著作，有三：一、是「黃帝內經」，後人分做「素問」、「靈樞經」，是我國最早用陰陽五行的哲理，解釋醫學的書籍，談到病源、脈理、解剖、針法等問題；二、是「神農本草經」，是古代的藥典，載有三百六十五種藥物，分藥物爲延年不老的上品，抗病補虛的中品，除邪氣破積聚的下品三大類。這兩部著作，可能是西漢時人所僞託。三、是「黃帝八十一難經」，一般認爲是扁鵲所作，和「內經」互爲表裏。治病的方法，也不全靠藥物，已知用砭石、針灸、按摩、導引和心理治療等法，配合使用。

㈢ 漢魏南北朝的醫學

漢朝，設有太醫令丞、太醫監、藥丞、尚藥監、本草待詔等官；中國醫學自此走上隆盛的時期，醫學人才輩出。尤以淳于意（倉公）、張機（仲景）、華陀三人最有名。淳于意（西元前二世紀）始創了病歷的記載，注重經驗，是實驗派的始祖。張機，內科的名醫，著有「傷寒雜病論」，後人分爲「傷寒論」和「金匱要略」兩書，敍述各種雜病原理，和醫療方法，至今是中醫奉爲經典的讀物。華佗是外科名醫，和張仲景同時，也是世界上第一個用麻醉方法（麻沸散）進行外科的切腹手術的專家，比西方醫學界使用「全身痲醉法」開刀，要早了一千六百多年。在婦產科方面，他貢獻也不少。

晉朝，王叔和擅長脈理，作「脈經」十卷，是中國發明脈學的第一部巨著。針灸是中國醫學界特別的物理療法，起源很早，春秋戰國以後逐漸盛行，到了晉代的皇甫謐，把針灸作全面的研究和發揮，提挈出歷代針灸著作資料中的精華，寫成「針灸甲乙經」（西元二六五——三一六），對針灸的生理、病理、診斷、治療等，有了系統化的專著。中國的針灸術，現在影響到日本、朝鮮和法國。葛洪（西元三一七——四二〇）以煉丹術著名，是用化學方法製造藥物的先驅，著作和醫學有關的，有「金匱藥方」、「神仙服食方」、「玉函煎方」、「肘後急要方」等。「肘後急要方」記述天花、肺結核、馬鼻疽等症狀和病源等。這時有關藥物的書籍很多，有藥法、藥律、藥對等數十種。

梁陶弘景（西元四五二——五三六）也因醉心煉丹修仙，在化學、醫學上有貢獻，採集各種植物、動物、鑛物煉丹，在研煉時記下新發現、新資料，寫成「神農本草經集注」和「名醫別錄」，比「本草經」增收了三百六十五種藥物，共七百三十種。

（四）隋唐的醫學

隋朝，設有太醫署、藥藏局。巢元方的「諸病源候總論」，論述各種病情症候，是我國第一部病理學專著。他發現了疥蟲、痢疾、痲瘋病的病源病況，還談到人工流產的問題。

唐朝名醫輩出，醫藥著作很多。名醫孫思邈（西元五八一——六八二）曾說：「人命最貴重，勝過千兩黃金。」所著「千金要方」、「千金翼方」，和王燾的「外臺秘要」（西元七四二——七五五），王冰（約西元七六二）注釋「黃帝內經素問」，都是結合了唐以前的各種驗方而寫成的醫書。孫思邈對婦科病、糖尿病、肺結核、霍亂、狂犬病、夜盲、脚氣的認識與治療，貢獻尤大；後來傳入日本和朝鮮，成爲日、韓兩國漢醫的基礎。李勣、蘇敬（恭）等二十二人奉命撰「新修本草」（西元六五九），記載藥物八百四十四種，收有外國底野加（鴉片）等藥材，附有藥圖，是我國第一部藥典。比西方的紐倫堡藥典（西元一五四二），要早八八三年。此外，還有孟詵的「食療本草」（西元七一三——七三九）等等，可以看出唐代醫藥的輝煌成就，流傳日、韓、印度、阿剌伯各國。由於對外交通發達，外來醫藥的知識，也隨着輸入，爲中國醫學界所吸收。

(五) 宋朝的分科醫學

宋朝，設有太醫局、惠民和劑局。太醫局有大夫、教授、提擧等醫官。由於印刷術的進步，醫藥書籍出版很多。這時醫藥治療，逐漸趨向專科化，各科各有專門著述。藥物學重要的有醫士劉翰、馬志、翟煦等奉命編撰「開寶本草」（西元九七三），增新藥一百三十三種。唐愼微編撰「經史證類備急本草」（西元一〇八八——一一〇六），約六十幾萬言，又增新藥五百種，載約一千四百五十五種。後來還有許多增修本。陳師文等編「和劑局方」（西元一一〇七——一一一〇），是官定配方手册。政和中（西元一一一一——一一一七）出版「聖濟總錄」，收有二萬多處方，是醫藥學的大叢書。

法醫有宋慈的「洗冤錄」（西元一二四七）。病理學有陳言撰「三因極一病證方」。治療學的著作，以沈括、蘇軾所撰的「良方」，和敕撰的「聖濟總錄」最爲重要；李迅撰「集驗背疽方」，是外科文獻；錢乙發揚唐代「顱顖經」的學理，被尊爲「小兒科之聖」；陳自明撰「婦人大金良方」，佚名撰「產育寶慶方」，婦科醫學走向獨立。

(六) 金、元的醫學四大派

金、元時，設有太醫院與御藥院。醫學界有了四大學派：金有劉完素（守眞）主張用涼藥降心火益腎水，稱爲「寒涼派」，著有「運氣要旨論」、「素問玄機原病式」、「傷寒直格方」等書；張從正（子和）主張用汗、吐、下三法治病驅邪，尤其偏重攻下，稱爲「攻下派」，著有「儒門事親」；元有李杲（東垣）以脾土爲主，發明補中益氣和升陽散火的方法，稱爲補土派，著有「脾胃論」、「醫學發明」、「用藥法象」等書；朱震亨（丹溪）精研前三人學說而加推衍，創「陽常有餘而陰常不足」一說，偏重滋養以強身，稱爲「滋陰派」，著有「格致餘論局方」、「本草衍義」。四派各有學說和發明，爲金、元醫學的代表。

(七) 明代的醫學與李時珍的「本草綱目」

明朝設有太醫院、藥局、生藥庫、惠民藥局、醫藥提舉司等。著名醫生很多，有滑壽、呂復、戴思恭、張景岳、王肯堂、汪機、江瓘、陳司成、李時珍等。王肯堂的「證治準繩」，搜求極繁富。江瓘的「名醫類案」，貢獻尤其大。陳司成的「霉瘡秘錄」（西元一六三二），是我國第一部記載梅毒的醫學專著，總括了百年以來傳入我國梅毒的症狀與治療法。有關藥學著作，有汪機「本草會編」等數十種，以李時珍（西元一五一八——一五九三）的「本草綱目」最著名，足爲代表。

李時珍研究歷代本草，發現「藥物」由漢到宋各朝，雖已增收到一千五百八十種，但仍有不少遺漏、錯誤、混雜，花了三十七年光陰，親自旅行各地搜集各種動、植、鑛物標本，研讀各種書籍，再加行醫經驗，終於寫成「本草綱目」五十二卷（西元一五八七），約二百萬言，增加新藥三百七十四種，共收藥物一千八百九十二種，並將各種植物的名稱、產地、形態、氣味、主治疾病等，繪有圖片，另附藥方一萬一千零九十六條，集我國十六世紀以前醫藥成就的大成。這部空前的巨著，已有二十多種版本，並有俄、日、英、德、法、拉丁等文字譯本，成爲世界性的藥學文獻，各國藥物學家，都公認爲藥物學的寶貴資料。

(八) 清朝的醫學

清朝，吳謙和喻嘉言、張路玉號稱三大家，受命編「御纂醫宗金鑑」。康熙、雍正的公家機構集體編撰「古今圖書集成」，其中「醫部彙考」有五百二十卷，幾收我國十八世紀以前關於醫藥、植物所有的文獻。是乾隆以後五朝學醫者必讀的書籍。清人有關本草的著作，大都據前人著作注釋、刪節、改編罷了，只有趙學敏的「本草綱目拾遺」（西元一七六五）補充李時珍遺漏藥物，如西洋參、金鷄勒（金鷄納）、鷓鴣菜……等。著名的大醫師有徐大椿，用藥神施鬼沒。王凊任在解剖學上，有革命性的創見，著有「醫林改錯」。

(九) 明清時西方醫藥傳入與影響

西方醫術在明神宗萬曆年間，隨同教士傳教流入中國，起初並未引起國人的注意。西方醫術逐漸在中國傳播，是由於清嘉慶時傳入了種痘法。到了道光時，郭雷樞在廣州設立了中國境內的第一所西方醫院；此後，西方人來我國各大都市行醫，設立教會醫院及診所，設立教會醫學院，作傳教工具，有如雨後春筍，中譯本的醫學書籍漸多。道光末年，廣東香山人黃寬到美國、英國攻讀醫學，是我國第一個學西醫的留學生。他在咸豐七年（西元一八五七）返國行醫。清廷利用西醫，開辦軍醫院（西元一八六三），設立北洋醫學堂（西元一八九三），上北洋軍醫學堂（西元一九〇二）。此後西醫逐漸盛行，及今已取代中醫之地位。

＊　＊　＊　＊　＊

其實，中國醫藥在治療高血壓、腎炎、肝硬化、傳染性肝炎、流行性感冒、乙型腦炎、急性蘭尾炎等病症上，都有極高的療效。現在，我們對中國醫藥，應該採用科學方法研究、發揚，是當前的急務。

本章主要參考書目

十三經注疏附校勘記四百十六卷六十三册（唐孔穎達疏，清嘉慶二十年江西南昌府學重刊本）
四書集註十七卷六册（宋朱熹注，上海中華書局聚珍仿宋本）
子書百家四百九十六卷六十册（清崇文書局編輯，清光緒元年刊本）
諸子集成（世界書局出版）
二十五史九册（開明書店鑄版）
中國文化史三册（柳詒徵編著，正中書局印行）
中國哲學思想論集五册（牧童出版社出版，內收有關中國哲學思想論文八十二篇）
中國哲學史二册（馮友蘭著，九龍中國圖書公司出版）
中國哲學史概論（渡邊秀方著，劉侃元譯，商務印書館發行）
中國正統思想發展史概論（馬問耕著，商務印書館發行）
中國學術思想論叢（吳錫澤著，商務印書館發行）
中國哲學思想要論（徐崑生編著，商務印書館發行）

佛學概論（蔣維喬撰，河洛圖書出版社發行）
佛學講義（高觀如撰，河洛圖書出版社發行）
中國倫理學史（蔡元培著，商務印書館發行）
中國倫理思想史（楊君勱著，商務印書館發行）
中國倫理思想（佘家菊編著，商務印書館發行）
先秦政治思想（王雲五著，商務印書館發行）
兩漢三國政治思想（王雲五著，商務印書館發行）
晉唐政治思想（王雲五著，商務印書館發行）
宋元政治思想（王雲五著，商務印書館發行）
明代政治思想（王雲五著，商務印書館發行）
清代政治思想（王雲五著，商務印書館發行）
中國政治思想史（陳安仁著，商務印書館發行）
中國古代法理學（王振先著，商務印書館發行）
中國古代的治道（鄭壽彭述，商務印書館印行）
中國歷代政治理論（杜奎英等著，商務印書館發行）
中國法律思想史（楊鴻烈著，商務印書館發行）

中國政治理想（劉麟生著，商務印書館發行）
古代政治思想研究（謝无量著，商務印書館發行）
中國教育史（余書麟著，師大出版）
中國教育史（胡美琦著，三民書局發行）
中國教育思想史（任時先著，商務印書館發行）
孔子教育學說（程發軔著，復興書局出版）
中華農業史（沈宗瀚、趙雅書等編著，商務印書館發行）
中國古代經濟思想及制度三册（田崎仁義著，王學文譯，商務印書館印行）
中國民食史（郎擎霄著，商務印書館發行）
中華商業史（王孝通著，商務印書館發行）
中國商業小史（商務印書館編審部著，商務印書館印行）
唐代經濟史（陶希聖、鞠清遠合著，商務印書館印行）
宋元經濟史（王志瑞編，商務印書館印行）
中國工業三册（張玆闓主編，中華文化出版事業委員會出版，收有嚴恩棫「鋼鐵工業」、孫景華「非鐵金屬工業」、杜殿英「機械工業」、周茂柏「造船工業」、孫運璿「電機工業」、黃煇「電力工業」、程宗陽「固體燃料工業」、沈覲泰「液體及氣體燃料工業」、姚文林「基本化學工業」、湯元吉「化學肥料工業」、王國琦「橡膠工業」、郭質良「製糖工業」、于桂馨「造紙工業」、趙星藝「紡織印染工業」、龔桂仁「榨油工業」、沈慈輝「造漆工業」、趙堣熊「製藥工業」等十七篇)
中國營業稅史(王坤一著，商務印書館發行)
中國稅制史二冊(吳兆莘著，商務印書館發行)
中國田賦史(陳登原著，商務印書館發行)
中國交通史(白壽彝著，商務印書館發行)
中國阿刺伯海上交通史三冊(桑原隲藏著，馮攸譯，商務印書館印行)
中華幣制史料兩種(張家驤、徐滄水合著，學海出版社出版)
中國度量衡(林光澂、陳捷合著，商務印書館印行)
中國社會史料叢鈔三冊(瞿宣穎纂輯，商務印書館發行)
中國社會經濟史(森谷克己著，陳昌蔚譯，商務印書館印行)
中國古代社會史(李宗侗著，中華文化出版事業委員會出版)
國語語音學(鍾露昇著，語文出版社印行)
中國家庭制度(吳自甦著，商務印書館印行)
婚俗志(婁子匡著，商務印書館印行)
中國農家經濟四冊(卜凱著，張履鸞譯，商務印書館印行)

中國佛教史概說（野上俊靜等著，釋聖嚴譯，商務印書館印行）
漢魏兩晉南北朝佛教史二冊（商務印書館編審部著，商務印書館發行）
佛學研究十八篇（梁啓超著，中華書局印行）
中國民間佛教（李紹昌譯，商務印書館印行）
道教史概論（傅勤家著，商務印書館印行）
中國天主教傳教史（德禮賢著，商務印書館印行）
秦景教流行中國碑文之研究（陳崇興編著，香港培英中學校國文教學委員會出版）
中國風俗史（張亮采編，商務印書館印行）
民俗學（林惠祥著，商務印書館印行）
節令的故事（齊治平編著，臺北空中雜誌社出版）
事物紀原（高承撰，商務印書館印行）
五禮通考二六二卷九十冊（清秦蕙田編輯，清乾隆味經堂刊本）
周禮十二卷六冊（漢鄭玄注，民國十五年上海商務印書館印行）
儀禮十七卷二冊（漢鄭玄注，賈公彥疏，清同治九年刊本）
喪服會通說四卷（清吳嘉賓撰，清光緒十一年至十四年刊本）
禮記古注二十卷八冊（漢鄭玄注，民國間上海中華書局刊本）

禮樂全書十六卷六册（清張安茂輯，清順治十三年浙江古處堂刊本）
禮書通考五十卷三十二册（清黃以周撰，清光緒十九年黃氏試館刊本）
樂府詩集一百卷（宋郭茂倩輯，四部備要本）
中國古代禮敎史（周林根著，商務印書館印行）
中國禮俗研究（何聯奎著，中華書局印行）
周代祖先祭祀制度（章景明著，國立臺灣大學中文研究所出版）
春秋吉禮考辨（周何著，嘉新水泥公司文化基金會出版）
鄉射禮儀節簡釋（施隆民著，中華書局印行）
鄉飲酒禮儀節簡釋（吳宏一著，中華書局印行）
冠禮昏禮儀式（邱恕鑑著，郁氏印獎會籌備處出版）
儀禮士喪禮既夕禮儀節研究（徐福全著，國立臺灣師範大學國文研究所出版）
中國音樂史（王光祈著，中華書局印行）
中國音樂小史（許之衡著，商務印書館印行）
中國音樂史論集（戴粹倫等著，中華文化出版事業委員會出版）
儀禮樂器考（曾永義著，中華書局印行）
中國舞蹈史（何志浩著，東方文化書局發行）

兩漢樂府研究（亓婷婷著，學海出版社發行）
中國文學發展史（劉大杰著，中華書局印行）
中國詩史（葛賢寧著，中華文化出版事業委員會出版）
漢詩研究（方祖燊著，正中書局發行）
中國散文史（陳柱著，商務印書館發行）
中國散文概論（方孝岳著，世界書局出版）
中國舊小說（方祖燊著，國語日報書和人第二七六期至二七八期）
中國小說史（郭箴一著，商務印書館發行）
中國小說史（葛賢寧著，中華文化出版事業委員會出版）
賦史大要（鈴木虎雄著，殷石臞譯，正中書局印行）
中國駢文史（劉麟生著，商務印書館發行）
辭賦史（郝立權著，民國二十年排印本）
駢文概論（金秬香著，商務印書館印行）
詩賦詞曲概論（丘瓊蓀著，中華書局印行）
中國詞史大綱（胡雲翼著，臺北啓明書局出版）
詞曲史（王易著，廣文書局影印本）

詞學通論（吳梅著，商務館印書印行）
宋元戲曲史（王國維著，商務印書館發行）
中國近世戲曲史（青木正兒著，王吉廬譯，商務印書館發行）
元明清劇曲史（陳萬鼐著，商務印書館經銷）
中國戲曲概論（吳梅著，商務印書館印行）
樂府通論（王易著，廣文書局重印本）
樂府文學史（羅根澤著，北平文化學社出版，民國二十一年初版）
魏晉樂府詩解題（方祖燊著，國立臺灣師範大學師大學報第十五期抽印本）
宋齊樂府詩解題（方祖燊著，國立臺灣師範大學國文學報第五期抽印本）
中國美術工藝（中華書局編輯部編，中華書局印行）
中國美術（鄭昶編，中華書局印行）
中國美術史（大村西崖等著，陳彬龢譯，商務印書館發行）
中國美術大綱（波西爾原著，啓明書局印行）
中國繪畫史二册（俞劍方著，商務印書館發行）
中國畫史評傳（呂佛庭著，國防研究院印行）
中華文化說苑（中央月刊叢書，中央文物供應社印行）

中國畫史研究（莊申編著，正中書局印行）
中國書史概述（張龍文著，中華書局印行）
中國的書法（陳其銓著，臺灣省新聞處編印）
中國建築史（伊東忠太著，陳清泉譯補，商務印書館發行）
中國之科學與文明十冊（李約瑟著，陳立夫主譯，商務印書館印行）
中國科技文明論集（收有梁啓超等著，有關科技論文三十四篇，牧童出版社出版）
齊民要術十卷四册（後魏賈思勰撰，清刊本；商務印書館影印本）
農桑撮要二卷二册（元魯明善撰，影元鈔本）
農書三册（元王禎撰，商務印書館影印本）
農政全書（明徐光啓撰，商務印書館影印本）
農桑輯要（元司農司撰，商務印書館影印本）
農書（陳敷撰，商務印書館影印本）
周髀算經二卷（舊題漢趙嬰注，北周甄鸞重述，唐李淳風注釋，明趙開美刊本）
九章算經五卷（魏劉徽注，唐李淳風等釋，清歙縣鮑氏知不足齋鈔本）
五曹算經五卷（唐李淳風等注，清知不足齋鈔本）
緝古算經一卷（唐王孝通撰，並注，影宋鈔本）

張邱建算經三卷（張邱建撰，甄鸞注，李淳風注釋，舊鈔本）
楊輝算法六卷（宋楊輝撰，清道光上海郁氏刊宜稼堂叢書本）
算法全能集二卷（明賈亨撰，明初刊本）
幾何原本七卷六册（泰西歐幾里得撰，利瑪竇撰，清精鈔本）
白芙堂算學叢書十七種八册（清吳嘉善撰，上海紹文書局石印本）
曆算全書六十卷三十二册（清梅文鼎撰，魏荔彤輯，清咸豐浙江汪啓淑家藏本）
古今律曆考七十二卷（明邢雲路撰，明萬曆延安知府徐安刊本）
天文學小史（朱文鑫著，商務印書館印行）
天文考古鈔（朱文鑫著，商務印書館印行）
歷代地理志韻編今釋二十卷（清李兆洛輯，上海中華書局聚珍仿宋本）
歷代輿地圖三十四册（清楊守敬撰，清光緒觀海堂楊氏刊本）
中國地質學發展小史（章鴻釗著，商務印書館發行）
天工開物（宋應星著，商務印書館影印本）
考工記圖（清戴震著，商務印書館影印本）
中國化學史（李喬苹著，商務印書館發行）
中國化學史二册（李喬苹著，商務印書館發行）

中國陶瓷史（吳仁敬、辛安潮合著，商務印書館印行）
酒史（馮時化編，商務印書館印行）
香譜（宋洪芻撰，收在明鍾人傑、張遂辰合編「唐宋叢書」中，有明刊本）
中國建築史（黃寶瑜編著，國立編譯館出版，正中書局印行）
營造法式三十六卷八册（宋李誠奉敕撰，影宋本）
中國古代農業水利史研究（黃耀能著，臺北六國出版社印行）
中國水利史（鄭肇經著，商務印書館發行）
中國醫學史（陳邦賢著，商務印書館發行）
中外醫學史概論（李廷安著，商務印書館發行）
中國藥材學二册（啓業書局印行）

方祖燊先生著作年表

一九五一至一九六二　《古今文選》精裝本四集，與梁容若、齊鐵恨、鍾露昇編註語譯，臺北國語日報社出版。
一九五七　《怎樣作文》（適合初中學生），臺北中南書局出版。
一九六一　《國音常用字典》，與那宗訓等五人合纂，臺北復興書局出版。
一九六二至一九六九　《古今文選續編》精裝本二集，方祖燊、鍾露昇主編，臺北國語日報社出版。
一九六七　《漢詩研究》（學術論文集），臺北正中書局出版。
一九七〇　《散文結構》（散文寫作理論），與邱燮友合著，臺北蘭臺書局處出版。後改由臺北福記文化圖書公司出版。
一九七一　《成語典》（辭典類），與繆天華等七人合纂，臺北復興書局出版。
一九七一　《陶潛詩箋註校證論評》，臺北蘭臺書局出版。

一九七二　《六十年來之國語運動簡史》（歷史專著），收於《六十年來之國學》（二）中，臺北正中書局出版。

一九七三　《魏晉時代詩人與詩歌》（文學史），臺北蘭臺書局出版。

一九七八　《陶淵明》（評傳，十幾萬字），臺北河洛出版社出版。一九八二年改由臺北國家出版社出版。

一九七八　《中國文學家故事》（文學傳記），與邱燮友、李鍌合著，臺北中央文物供應社出版。

一九七九　《春雨中的鳥聲》（散文雜文集），臺北益智書局出版。

一九七九　《中國少年》（少年勵志讀物），臺北幼獅文化事業公司出版。

一九八〇　《三湘漁父—宋教仁傳》（文學傳記），臺北近代中國出版社出版。

一九八一　《中國文化的內涵》（文化史），與黃麗貞、李鍌合著，收在《中華民國文化發展史》中，臺北近代中國出版社出版。

一九八二　《國立臺灣師範大學四十暨四十一級級友畢業三十年紀念專刊》，方祖燊主編，師大紀念專刊委員會出版。

一九八三　《散文的創作鑑賞與批評》（散文寫作理論），臺北中央文物供應社出版。

一九八六　《大辭典》（辭典類），與邱燮友、黃麗貞等數十人合纂，臺北三民書局出版。

一九八六《說夢》（散文雜文集），與黃麗貞合著，臺北文豪出版社出版。
一九八六《幸福的女人》（短篇小說集），與黃麗貞合著，臺北文豪出版社出版。
一九八八《陶潛詩箋註校證論評》增訂本，臺北臺灣書店出版。
一九八九《談詩錄》（學術論文集），臺北東大圖書公司出版。
一九九〇《生活藝術》（雜文集），臺北臺灣書店出版。
一九九一《現代中國語文》（小學語文課本十二冊範文），與阿濃、蔡玉明、關夕芝合撰，香港現代教育研究社有限公司出版。
一九九五《小說結構》（小說的歷史流派、寫作理論與評析年表，六十萬字），臺北東大圖書公司出版。
一九九五《教育家的智慧》（劉眞先生語粹），劉眞著，方祖燊輯，臺北遠流出版社出版。
一九九五《方祖燊全集．論文第一集》（人物、雜論、教育），臺北文史哲出版社出版。
一九九五《方祖燊全集．論文第二集》（語法、文藝文學、國語運動歷史），臺北文史哲出版社出版。
一九九五《方祖燊全集．樂府詩解題》（漢朝、魏晉至宋齊），臺北文史哲出版社出版。
一九九五《方祖燊全集．中國文化史》，與李鍌、黃麗貞合著，臺北文史哲出版社出版。
一九九？《中國寓言》（寓言新編，加中英註釋例句，外國人士學習中國語文教材），與黃迺毓合著，國立編譯館主編，（尚未出版）。

一九九？《詩》（論析中國詩歌，並附註文，中英對譯，陳鵬翔等人英譯），世界華文協進會與國立編譯館約撰。（尚未出版）。